移民政策研究
Migration Policy Review

移民政策学会 編

第 10 号
2018 Vol. 10

編集委員会

委員長　上林 千恵子

副委員長　佐々木 てる

委　員　石井 宏明／柏崎 千佳子／志甫 啓／昔農 英明／
宣 元錫／館田 晶子／人見 泰弘／皆川 涼子 (五十音順)

移民政策研究　第 10 号　目次

特集：移民政策のグランドデザイン

特集の趣旨：日本における移民政策のグランドデザイン構築に向けて
── 入国管理体制の再検討 …………………………………………………………… 5
明石　純一　筑波大学准教授

日本における国際人口移動転換とその中長期的展望
── 日本特殊論を超えて ……………………………………………………………… 13
是川　夕　国立社会保障・人口問題研究所国際関係部第2室長

移民・難民政策と留学生政策
── 留学生政策の多義性の利点と課題 ……………………………………………… 29
佐藤　由利子　東京工業大学准教授

外国人技能実習制度成立の経緯と2009年の転換点の意味づけ
── 外国人労働者受け入れのための試行過程 ……………………………………… 44
上林　千恵子　法政大学教授

外国人労働者政策の現状と改革の展望
── 労働需給ミスマッチ緩和と地域創生の視点から ……………………………… 60
井口　泰　関西学院大学教授

投稿論文

生活保護家庭に育つペルー系ニューカマーの子どもの将来展望
──「親子関係」と「重要な他者」に注目して …………………………………… 79
坪田　光平　職業能力開発総合大学校特任助教

技能実習生受け入れに対する自治体の支援と「多文化共生」
── 埼玉県川口市での取り組み事例から …………………………………………… 95
山口　塁　法政大学大学院博士後期課程

高度外国人材育成を支える日本語学校に関する事例研究
── 多様化する留学生に対応した進学予備教育及び指導の在り方に着目して … 111
文　朱姫　名古屋大学大学院博士後期課程

日本企業における外国人高度人材の採用・配置・人材育成 ………………… 129
福嶋　美佐子　法政大学大学院研究生

報告

夜間中学校における多様な生徒の受入と国への働きかけ …………………… 147
関本　保孝　基礎教育保障学会事務局長・元夜間中学校教員

入管行政からみた外国人政策の変遷と今後
――交流共生社会は可能か ………………………………………………………………………… 157
水上 洋一郎　社会福祉法人さぽうと21

書評

髙谷　幸 著『追放と抵抗のポリティクス――戦後日本の境界と非正規移民』
宮崎　真 ………………………………………………………………………………………… 172

許　之威 著『移民政策の形成と言語教育――日本と台湾の事例から考える』
山田　泉 ………………………………………………………………………………………… 174

小井土彰宏 編『移民受入の国際社会学――選別メカニズムの比較分析』
渡戸　一郎 ……………………………………………………………………………………… 176

日本政策金融公庫総合研究所 編『中小企業の成長を支える外国人労働者』
佐伯　康考 ……………………………………………………………………………………… 178

宮島　喬 著『フランスを問う――国民，市民，移民』　中野 裕二 ……………………… 179

塩原良和 著『分断と対話の社会学――グローバル社会を生きるための想像力』
西原 和久 ………………………………………………………………………………………… 181

ロジャース・ブルーベイカー 著『グローバル化する世界と「帰属の政治」
――移民・シティズンシップ・国民国家』　南川 文里 ……………………………………… 183

文献紹介 ……………………………………………………………………………………………… 186

学会報告

2017年度年次大会／2017年度冬季大会 ………………………………………………………… 190

『移民政策研究』編集規定／『移民政策研究』執筆要項／論文投稿規定／投稿論文査読規定 ………… 194

Editorial Provisions: *Migration Policy Review*/ Writing Guidelines for Authors: *Migration Policy Review*/ Provisions for the Submission of Articles/ Provisions for the Refereeing of Articles ·· 197

特　集

移民政策のグランドデザイン

**特集の趣旨：日本における移民政策のグランドデザイン
　　　　　　構築に向けて**
　　　　　　──入国管理体制の再検討

明石　純一　筑波大学准教授

1　はじめに

　2017年5月27日から翌28日にかけて成城大学で開催された移民政策学会の年次大会では，大会の二日目に，本稿のタイトルでもある「日本における移民政策のグランドデザイン構築に向けて～入国管理体制の再検討」と題するメインシンポジウムが行われた。筆者は同シンポジウムの企画に携わり，当日は司会進行役を務める機会に恵まれた。『移民政策研究』の本号では，シンポジウムに登壇した4名の報告者により執筆された特集論文が収められるため，筆者はこの場を借り，上記シンポジウムの趣旨や背景を述べるとともに，所感を記しておきたい。

2　シンポジウムの趣旨：活発な政策動向と状況の変化

　本シンポジウムが企画された背景には，昨今の日本における入国管理政策の活発な動向に加えて，諸外国から日本への人の移動，移住の持続的な増加傾向がある。前者については，例えば2016年11月に「技能実習法」（外国人の技能実習の適正な実施及び技能実習生の保護に関する法律）が公布されたことはよく知られている。同法はすでに2017年11月に施行され，新たに設けられた「外国人技能実習機構」が稼動している。条件を満たせば実習期間は最大で5年にまで延長される。その後ほどなくして技能実習の対象職種に「介護」が追加され，さらに，上の「技能実習法」の成立と同時に改正された入管法（出入国管理及び難民認定法）により，「介護」という在留資格が新設された。その上，同分野の国家試験の合格を前提として，介護実習生が「就労」のための在留資格を取得できる方向で見直しも進められている。

　上述の技能実習に関わる新法制定と入管法改正の前年には，特区制度により「外国人家事支援人材」の受入れが可能になっていた。本制度は，「創業外国人材」や「クールジャパン外国人材」の

ほか，農業分野にも解禁の波が及んでいる。2017年4月には「永住許可に関するガイドライン」が改定され，最短1年の継続した滞在により永住が許可されうる，いわゆる「日本版高度外国人材グリーンカード」が導入されたことも記憶に新しい。直近の例を挙げると，2018年には日系4世の受入れが始まる。海外からの働き手の確保に向けた国外からの働き手の受入れ枠の拡大と受入れ条件の緩和は，2012年末に復権した自民党安部政権のもとで，同政権が掲げる経済成長路線と同調するように，急速に進められている[*1]。以前は「単純労働者」と呼ばれ政策的には正面からの受入れを敬遠されていた対象も今や「人材」と称され始め，政府の姿勢の変化は，レトリックの領域でも看取できる。周知の通り，財界からの要請は今なお引きも切らない[*2]。

　政策・制度面でのかような展開よりも，現象面での変化のほうが，広く認識されているのかもしれない。海外からの日本への渡航者や日本での滞在者の近年における急増ぶりは，それほど顕著である[*3]。日本に入国する外国人の数は，短期滞在の旅行者によりその多くが占められるが，1000万人の大台に乗った2013年のわずか3年後に，その数字を2000万人台に伸ばしている。日本に在留する外国籍住民の数は，2015年末から2016年末にかけて約15万人増えている。直後の半年間にその数は約9万人伸び，2017年6月末には247万人を数えた。日本で就労する外国人の就労者も同様の傾向をみせ，2017年10月には約128万人と過去最多を更新している。来日する外国人と日本で就労する外国人の増加に加えて，過去20年の間，永住者の数は10倍の規模に膨らみ，日本に暮らす外国人のマジョリティを構成している。2017年5月時点で26.7万人に達した留学生数と，2016年に初めて1万人を超え，さらにその翌年は2万人に届かんと伸びた難民申請者数についても，近年は毎年のように記録を塗り替えている。認定に至らぬまでも難民申請を繰り返し就労に従事し続ける外国人も相当数にのぼる。

　日本の人口に占める外国人人口の割合は今も2％以下であり，先進国中の最低水準にある。しかし上の事実は，この現象を見過ごす理由にはならない。直近の5年間，すなわち2012年から2017年における日本の雇用者数の増加の約2割は外国人によるのであり，生産年齢人口が1990年代後半のピーク時から約1000万減っている日本において，一時的であれ定住が念頭に置かれているのであれ，外国人と呼ぶのか移民と認めるのかはともかくも，彼ら彼女らの経済社会に及ぼす影響力の大きさを見誤り矮小化させてはならない。

　政策に視点を戻すと，今日の日本政府は，諸外国からの労働力の確保に今まで以上の前向きさをもって努めていることがわかる。日本の労働市場の対外的な開放という最近の政策路線を端的に示すのは，2016年5月に出された「『共生の時代』に向けた外国人労働者受入れの基本的考え方」という文書である。自民党の政務調査会と「労働力確保に関する特命委員会」の連名による上の文書は，一方において，労働力不足対策として外国人労働者の受入れを肯定する姿勢を確認しつつ，他方では「移民政策」への否定的な従前の態度を踏襲するものであった[*4]。

　とはいえ現状は，この国で学び，働き，暮らす外国籍住民の増加，つまりは日本の移民社会化が不可逆的にみえる勢いで進んでいることを物語る。つまり政府・政権与党の考えの如何にかかわらず，日本社会と，事実上の，または潜在的な移民とも呼べる人々が公共空間を共有し，そのなかで日本人と移民が互いの存在を少なくとも可視的なレベルでは認め合う頻度は高まっている。

この現況はつまり、日本において外国人の受入れ条件やその処遇全般に強力な影響を及ぼしている入国管理体制のあり方を問うている。日本には包括的な移民政策が要請されている、というかつては「進歩的」に響いていたかもしれない言論も、昨今は珍しくはない。むろん移民政策は、その名を持つ本学会が10周年を迎えることからも察せられるように、今になって初めて世に求められている政策分野というわけではなかろう。しかし、その移民政策がいかなる内実を伴い、どのような役割を果たすべきなのかは、以前よりも高い切迫性を持つ問いかけとして、今日、浮上しているのではないだろうか。

　もちろん、「あるべき」移民政策をめぐり明白な共通了解が得られているわけではない。本シンポジウムでも、唯一無二の望ましい移民政策のかたちを満場一致方式で決めていくことを目指したわけでもない。ただし少なくとも、昨今の政策展開と状況変化を理解し、課題を見極め、今後の政策を展望するためのヒントを提示することは、本学会の趣旨に合致するように思える。シンポジウム「日本における移民政策のグランドデザイン構築に向けて～入国管理体制の再検討」は、以上に述べた問題意識を出発点として企画が練られ、開催に至った。

3　シンポジウムの内容と若干の補足

　本シンポジウムの背景は前節の通りであるが、移民政策に関連するサブテーマは実に多岐にわたる。それらを網羅的に捉えることは限られた時間のなかで現実的ではないため、当日の報告対象は次のように定められた。第一に、移民政策と不可分の関係にある受入れ社会の人口問題やエスニック構成である。第二に、前述の通り、近年、重要な変更があった外国人技能実習制度である。第三に、就労数において上の技能実習生に匹敵する留学生の受入れである。第四に、上記の多くに関わる、労働力移動を説明する経済理論モデルである。

　こうした選定にもとづき、本シンポジウムでは、それぞれの分野で数多くの研究成果を積み上げ、移民政策研究の発展に貢献してこられた是川夕会員（国立社会保障・人口問題研究所国際関係部第二室長／人口学）、佐藤由利子会員（東京工業大学准教授／留学生政策）、上林千恵子会員（法政大学教授／労働政策・産業社会学）、井口泰会員・元会長（関西学院大学教授／経済学）から個々に報告を受け、盛会のなか、パネルディスカッションが行われた。各パネリストによる状況分析の詳細については、本号に寄せられた特集論文に目を通していただくほかない。同様に紙幅の制約から、本テーマに関連が深いパネリストの既存の調査成果を個別に挙げることが叶わない。このことは残念であるが、当日の報告及び本号の論文が、現代の日本社会にとって時宜に適う考察を提供していることについて、筆者は確信を抱いている。

　要約的に述べれば、是川論文は、欧米と一線を画して論じられてきた日本が、その将来において、現在の欧州並みの移民の背景を持つエスニック人口を持つことを、論者により精緻に組み立てられたシュミレーションにもとづき明らかにしている。この定量的な明察により、移民政策のあり様をめぐる今後の議論においては、日本の事例を先進国中の例外や特殊とする見方は、これまで以上に成り立ちにくくなる。

佐藤論文と上林論文は，日本で働く外国人就労者の二大勢力とも呼べる留学生と技能実習生を中心に，その受入れの背景，現状，課題を論じている。前者は，日本にとって重要な「人材の供給源」である留学生が多義性を帯びている実態を筋道立てて説明することで，日本の留学生政策の現代的特徴を浮かび上がらせている。日本社会にとって可能性に満ちていながらも課題を無しとしないのが留学生の受入れであり，この実相に迫る本論考は，この分野の今後の政策形成にとって多くの示唆に富んでいる。

　後者が主に扱う技能実習制度は，正面からの外国人労働者の受入れを否定してきた日本を象徴する存在である。本音と建前，実態と形式の二面性を有し，ゆえに久しく懐疑と批判の目に晒されながらも今日まで生き長らえてきた本制度の昨今の改革は，その実効性が各所から問われることであろう。上林論文は，その前史と関連する諸制度に言い及び，さらに今日までの展開をつぶさに描写し，同制度の変質とその意味を解き明かしている。

　井口論文は，日本における労働需給ミスマッチの短期的な性質と長期的な性質，ならびに国内労働力移動と国際労働力移動の連動についての検討のうえで，外国人労働者を「使い捨て」ることのない，すなわち「人的資本投資」を伴う政策の必要性を論理的に導出している。この政策は「地方創生」や企業の取組みをも含意しており，同論考は，ともすれば一国経済を基本単位にする既存の政策論ないしは政策観に疑義を投げかけているともいえるだろう。

　なお当日は，シンポジウム開催直前に開かれていた難民をテーマとする「インタレストグループ」内の議論も，フロアから参加された滝澤三郎会員（国連UNHCR協会理事長）の簡潔な報告により会場で共有された。筆者としては，難民申請者や難民のプレゼンスは，正確にいえばその多寡は，日本の入国管理体制や「移民政策」の性格を映し出していると付言したい。難民の受入れは，『移民政策研究』本号の刊行時期に開催される，移民政策学会の2018年年次大会のメインテーマでもある。

　本シンポジウムでは，日本政府が明示的に受入れを促進しようとしている専門職・技術職のホワイトカラーや高度人材について，その重要性を認識しつつも，積極的には議論の対象としなかった。規模でいえば，主に就労系の在留資格を持つ外国人の働き手は，在留資格ベースで全体の12％，就労状況ベースでも18.6％を占めるに過ぎない。対照的に，「永住者」など身分系の法的地位の割合は，在留資格ベースで57.4％，就労状況ベースでは35.9％を占めている[*5]。この現状は以下のような認識を成立させるだろう。つまり，一方で，高度人材の誘致に積極的な政策と，他方で，専門的な知識や技術を持たない労働者，そしてより端的には移民の受入れに否定的な政策の両立を目指す日本政府の意図は，今のところ達せられておらず，現れている実態はむしろ逆である。

　上に論じた政策対象を筆者なりに整理すれば，以下の図のように示される。日本で就労に従事する外国人を主に在留資格に準じて類型的に布置したものであり，縦軸は職務の専門性の程度を，横軸は定住性の程度を表している。本稿では個別の対象に触れることはできず，具体的な解説は筆者の他稿に委ねるが，同図からも，上述した日本政府のねらいと社会実態の乖離がうかがえる。加えて，入国管理体制の機能の検討や移民政策の設計という観点から，日本で働く外国人の経済的上昇や法的地位の安定化の過程を動態的に捉える視点の必要性を，ここに強調しておきたい。

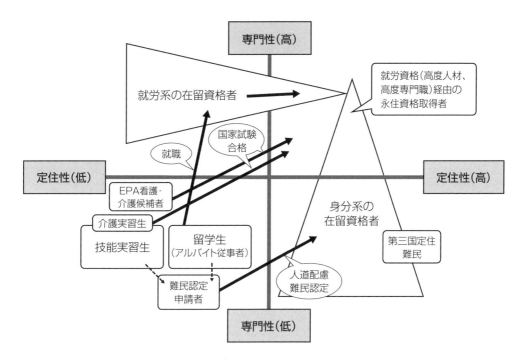

図　日本における外国人就労者の属性と法的地位

注：グループ間の位置関係や図形の大きさは実態を厳密に反映したものではない。
出典：明石（2017e）

4　まとめにかえて：移民政策の射程を思考する

　本シンポジウムの副題にも付した「入国管理体制」は，かつてより今に至るまで，「閉鎖的」と批判されやすい対象であった。もとより外国人という存在は，その入国，滞在，就労等の各局面において入管法制上の規定を全面的に受けているのであり，当該政策の立案と実施の過程から管理や規制の色が消え去るということは，およそ予見しにくい[*6]。他方で，先述の通り，日本に暮らす外国人の過半数は，すでに定住性が高い人々である。ここで留意したいのは，もちろん対象の全てではなく，場合によっては真逆の方向で機能するのであるが，彼ら彼女らの在留期間を延長し，在留資格の変更により安定的な法的地位を認めてきたのは，ほかならぬ入管当局であるという点である。換言すれば，日本の移民社会化の現実は，入国管理の行政執務上のルールに則った日々の運用が招いた社会的帰結でもある。

　日本の移民政策の今後を展望するとき，あるいはそのグランドデザインの構築に臨むにあたって，上に述べたことは顧慮されてよいものと思料する。つまり，閉鎖的といわれてきた入国管理のもとでさえも，程度や速度の差こそあれ，移民社会化は生じうる。ゆえに日本に現出する移民社会の性質は，入国管理体制のみならず，同等かあるいはそれ以上に，入国管理と属する分野を違える有形無形の「何か」にも多分に依存する。

　過去に本学会でも取り上げたマイノリティへの差別等ヘイト行為に対する規制などは，その何か

の一例であろう。具体的には2016年5月，慶應大学で開催された本学会のミニシンポジウムの題目が，「人種差別禁止法案について考える～ヘイトスピーチをめぐって」であった。まさに同月には，日本でヘイトスピーチ解消法（本邦外出身者に対する不当な差別的言動の解消に向けた取組の推進に関する法律）が衆院本会議で可決されており（公布・施行は翌月），時勢が色濃く現れ出た当日の議論が今も思い出される。2016年度から2017年度にかけて開催された上述以外のシンポジウム及びミニシンポジウムでは，医療政策や医療通訳，企業のダイバーシティやインクルージョン，基礎教育といったテーマが扱われている[*7]。こうした課題設定は，外国人の入国，滞在，就労の規模が記録ずくめの今日の日本で，その重要性を増している。

「移民政策のグランドデザイン構築に向けて」という本シンポジウムは，つまるところ，一見すると異なる政策上の課題や対象を意識的に突き合わせて思考すべきことを，改めてそのテーゼとして導いたと言えないだろうか。仮に，日本の移民政策の役割のひとつに，ホスト社会と移民の間の互恵的な関係の構築を求めるとしよう。その場合，入国管理とは別種の規範を内在する上述の公共政策や民間の取組みもまた，移民政策が担うはずの役割から無縁ではいられない。

当該政策を立案し遂行する立場にあるものにとって，入国管理の有効性や他の政策領域との整合性は，かつてよりも今，いっそう重い責任を伴って問われている。それを問おうとする研究者も，その責任の一端を負うべき時代なのかもしれない。日本の入国管理が公正かつ包括的な移民政策へと変貌を遂げることを期する声は，今後とも増すであろう。矛盾を孕む現実の追認ではなく，ただし現実味を欠きエビデンスに立脚しない理想論でもなく，その道筋はいかに描かれうるのか。移民政策のグランドデザインは，社会そのもののグランドデザインにさえ通じる。この先繰り返し想起されるであろう，日本社会にとっての避けがたい命題である[*8]。

[*1] 近年の政策展開やその特徴については，明石（2017a, 2017b, 2017e）を参照。
[*2] 最近では，日本経済団体連合会「外国人材受入促進に向けた基本的な考え方」（2016年11月）や日本商工会議所・東京商工会議所「今後の外国人材の受け入れのあり方に関する意見～『開かれた日本』の実現に向けた新たな受け入れの構築を～」（2017年11月）など。
[*3] 外国人の入国，滞在，就労等の規模や推移について本稿で示している数字が依拠しているのは，法務省の「出入国管理統計」，「在留外国人統計」（旧登録外国人統計），厚生労働省の「外国人雇用状況の届出状況まとめ」など。留学生数については，独立行政法人日本学生支援機構の「外国人留学生在籍状況調査」にもとづく。
[*4] 移民あるいは移民政策についての国会議員の言説事情については，明石（2017d）を参照。
[*5] 算出に用いた「外国人雇用状況の届出状況」には，在留資格「外交」や「公用」ほか，「特別永住者」である在日コリアン等は含まれない。
[*6] 当該政策分野における管理強化の背景や現状については，明石（2017c）を参照。
[*7] 過去の大会の内容については，移民政策学会ホームページの「年次大会・研究大会」（URL: http://www.iminseisaku.org/top/conference/index.html，2018年3月31日アクセス）から閲覧できる。
[*8] 本シンポジウムを実施するにあたっては，企画を進めていた当時，本学会の常任理事で企画委員長を務められていた池上重弘会員（静岡文化芸術大学教授・副学長）を筆頭に，開催校の西原和久会員（成城大学教授），登壇者はもちろん，多くの方から協力と支援を頂きました。ここにあらためて感謝の意を表します。

《参考文献》
- 明石純一,2017a「海外から働き手をいかに招き入れるか——日本の現状と課題」『日本政策金融公庫論集』34 号,日本政策金融公庫,87〜107 頁
- 明石純一,2017b「安倍政権の外国人政策——労働と生活に与える影響」『大原社会問題研究所雑誌』700 号,法政大学大原社会問題研究所,12〜19 頁
- 明石純一,2017c「現代日本の入管法制の展開——管理強化の経緯と現在」大久保史郎・樋爪 誠・吉田美喜夫編『人の国際移動と現代日本の法——人身取引・外国人労働・入管法制』日本評論社,329〜343 頁
- 明石純一,2017d「日本の人口減少と移民政策」渡戸一郎編集代表・塩原良和・長谷部美佳・明石純一・宣元錫編『変容する国際移住のリアリティ——「編入モード」の社会学』ハーベスト社,184〜203 頁
- 明石純一,2017e「現代日本の外国人労働者——昨今の政策動向とその含意」『労働調査』569 号,労働調査協議会,4〜10 頁

Towards a Grand Design in Japan's Immigration Policy:
Reexamining the Immigration Control Regime

AKASHI Junichi

Tsukuba University

Key Words: Japan, immigration policy, immigration control regime

The main symposium, entitled "Towards a Grand Design in Japan's Immigration Policy: Reexamining the Immigration Control Regime," was held on the second day of the annual conference of the Japan Association for Migration Policy Studies at Seijo University, May 27-28, 2017. The theme of the symposium reflected active policy developments and the increasing number of international migrants living in Japan. As is well known, the Japanese government has attempted to attract more foreign workers; meanwhile it has continued to maintain a "no immigrant policy." However, it is irrational to refuse to acknowledge the reality that the sustained population inflows onto the islands make Japan an irreversible multi-cultural society. The significance of immigration policies for Japan is self-evident as they determine the relationship between Japan as the host society and migrants. In creating more mutually beneficial relations between the two, key questions to ask are whether the existing immigration control regime is adequate, and under what conditions the regime could function effectively in accordance with other public policies. Such considerations should become an integral part of designing a fair and comprehensive immigration policy in Japan.

特集：移民政策のグランドデザイン

日本における国際人口移動転換とその中長期的展望
―― 日本特殊論を超えて

是川 夕　国立社会保障・人口問題研究所国際関係部第2室長

キーワード：国際人口移動転換，移民的背景を持つ人口，将来人口推計

　国際人口移動転換とは，それまで移民送出し側であった国，地域が移民受入れ側に転換する現象を指し，日本は1990年代にこれを経験したとされる。その結果，日本は1990年代以降，外国人人口の急増を経験し，それによって引き起こされた各種社会変動は多くの研究の対象となってきた。しかしながら，こうした変化が中長期的にもたらす社会人口学的な影響について検証した研究は少なく，その結果，日本の移民研究はマクロな社会的文脈における位置づけを見失いがちであったといえよう。

　本研究では従来のように外国籍人口にとどまらず，帰化人口や国際児人口も含めた移民的背景を持つ人口に焦点を当て，日本のエスニシティ別人口の推計とその中長期的な変化を将来人口推計の手法を用いて明らかにする。

　その結果，日本において移民的背景を持つ人口は2015年時点で約333万人，総人口に占める割合で2.6％と，国勢調査で把握された約178万人（総人口割合1.4％）[*1]の倍程度になることが明らかになった。また，将来的な推移をみると，25年後の2040年には約727万人（同6.5％），50年後の2065年には約1076万人（同12.0％）となることが示された。これは現在の欧州諸国の移民人口規模と同程度であり，現在程度のペースで外国籍人口の流入を経験した場合でも，日本は移民受入れ国として十分な程度のエスニック構成の変化を経験することが示された。これは日本が「移民の時代－the Age of Migration」において何ら例外的な国ではないことを意味するものである。

1　現代日本における国際人口移動転換と移民人口の増加

　国際人口移動転換とはそれまで移民送出し側であった国・地域が移民受入れ側に転換する現象を指し，現在，国際的に拡散している現象である。その結果，米国やカナダ，そしてオーストラリアといった古典的な移民受入れ国だけではなく，戦後の高度経済成長期には西欧諸国が，1990年代以降には，イタリア，スペインといった南欧諸国が新しい移民受入れ国として登場してきた。特に冷戦崩壊後，世界経済がグローバル化し，国際移動が活発化する中でこうした現象はより広範な国，

地域へと拡散していっているとされる (Castles et al., 2014：16)。

　日本も1990年代以降，外国人人口の急増過程を経験しており，2017年12月末時点で約223万人のニューカマー外国人が日本に居住している。彼女／彼らは国連やOECDの定義に従うならば，移民と見なされる人々であり，その観点から日本は既に移民受入れ国として捉えられるといえよう。石川（2005）は，こうした現象を指し，1990年代に日本が国際人口移動転換を経験したと結論付けている。つまり，このことは他の西欧社会と同様，日本社会も今後，国際移民の受入れから様々な影響を受けていくであろうことを意味する。

　実際，これまでも外国人人口の急増は様々な社会変動の引き金となっており，こうした変化に関する数多くの研究が行われてきたことが，それを如実に物語っている。代表的なものだけでも，新宿や池袋などの東京のインナーシティエリアに急増したアジア系外国人の生活実態を明らかにした奥田，田嶋らの研究（奥田・田島，1991，1993）や，北関東や東海地方に集住する日系ブラジル人の生活や労働の実態を明らかにした梶田ほか（2005）の研究等が挙げられる。これらの研究では，職場や地域社会において，日本が着実にマルチエスニックな社会へと変化していく様子が描かれている。

　しかしながら，日本においては，国際人口移動転換が引き起こした社会変動に焦点を当てた研究は数多く行われてきたものの，その前提となる日本社会のエスニック構成（ethnic composition）の推定や，その将来的な推移に関する研究はほとんど行われてこなかったのが現状である。こうした社会人口学的研究は欧米では様々な研究の前提として位置づけられるものであり，自らの社会を移民国家として認識する根拠となってきたのに対して，日本では，依然として90年代以降の外国人人口の急増を日本固有の経験として捉える向きが強い[*2]。

　こうした状況を受け，本研究では国際人口移動転換の人口学的側面に焦点を当てることで，日本社会におけるエスニック構成の現状，及びその中長期的展望を明らかにする。具体的には，各種公的統計に基づき，帰化人口や国際結婚から生まれた国際児人口から構成される移民的背景を持つ人口の規模を明らかにするとともに，それを踏まえた将来人口推計を行うことで，その中長期的な見通しについても結果を得る。これらの分析により，1990年代に見られた国際人口移動転換とその帰結を定量的な形で示すことが可能になる。

2　先行研究の検討：国際人口移動転換の人口学的影響

　国際人口移動転換[*3]の影響がより大きな欧州諸国や，1965年以降，新しい移民が増加した米国においては，こうした変化によるエスニック構成の将来的な見通しについて研究が行われている。

　まず，西欧諸国における移民人口の急増を国際人口移動転換による主要な社会変動として明らかにした研究として，Coleman（2006）による「第三の人口転換」理論が挙げられる。同研究によると，欧米の先進諸国では1950年代以降，多くの移民を受け入れてきたが，1980年代以降，特にこうした傾向が強まると同時に，受入れ国の出生力が低く推移したことから，国際移民の流入は人口学的に極めて大きなインパクトを与えることとなり，「第三の人口転換」（the third demographic transition）と呼ばれる大きな変化が起きるとする。また，同論文は実際にオーストリア，イングラ

ンド&ウェールズ，デンマーク，ドイツ，オランダ，ノルウェー，そしてスウェーデンの将来人口推計を比較し，多くの国で今後 50 〜 60 年ほどの間に外国人，ないしは移民及びその子孫（第二世代まで）の人口に占める割合が大幅に上昇するなど大きな社会変動を経験するだろうと予測した。

更に，Coleman と同じ視点に基づき，より新しいデータに基づいて EU 加盟国における外国人，あるいは移民及びその子孫の人口規模を推計した Lanzieri（2011）によると，2011 年に EU 全体で 15.6％であった移民及びその子孫の人口規模は 2061 年には 32.6％まで上昇すると見込まれている。また，このような変化は流入人口の若い年齢構成や，移民の高い出生力を反映し，若年層から先行して進むと指摘している。Coleman（2009）も，英国に関する最新のデータを用いて，人種，エスニシティ別の独自の人口推計を行っており，Lanzieri（2011）や自身の過去の研究の成果を再度，支持している。

一方，米国では，センサス局が行う将来人口推計において，人種，エスニシティごとの人口推計が行われている（Colby and Ortman, 2015）。それによると，2014 年時点で 62.2％を占めている非ヒスパニック系白人は，2044 年までには総人口の半数を割り込み，2060 年には 43.6％にまで減少すると見込まれている。また，同推計においては外国生まれ人口（foreign-born）の推計も行っており，2014 年時点で 13.3％であった同人口割合は 2060 年には 18.8％まで増加すると見込まれている。

更に以上の推計を基に，Lichter（2013）は 1965 年以降，新たな移民の流入を経験した米国社会では，若年層を中心とした移民の流入や，その相対的に高い出生率により，今後，若年層からエスニシティの多様化が急速に進むとしている。そして，貧困率の高い移民の子どもが全体に占める割合が大きくなっていくことで，アメリカにおける社会的格差の拡大，及びそれによる社会的分断が，若年層から先行して起きていくとしている。

これらの研究はいずれも，現行の水準の国際人口移動転換が受入れ社会の人種，エスニック構成を大きく変化させることを明らかにすると同時に，それが若年層から先行して進むこと，及びその結果として社会的格差の拡大や社会的分断が生じる恐れがあることを予測したものといえよう。

一方，日本においては，佐々井・石川（2008）が国立社会保障・人口問題研究所が平成 18 年に行った将来人口推計（国立社会保障・人口問題研究所，2006）に基づき，外国人の国際移動を 0 とした封鎖人口との結果を比較することで国際移動の人口構造に与える影響を明らかにしている。その結果，外国人の流入量の増加は総人口の減少や高齢化をある程度抑制することを明らかにしている。

また，石井・是川（2015）は，同研究所の平成 24 年推計（国立社会保障・人口問題研究所，2012）をもとに，毎年 10 〜 20 万人程度の外国人を受け入れた場合のわが国の人口構造の変化や，その結果，公的年金財政にどのような影響があるかについて明らかにしている。その結果，受け入れた外国人が厚生年金に加入する場合には所得代替率の上昇効果が見られるのに対して，国民年金に加入する場合にはそうした効果があまり見られないこと，及び，受け入れた外国人に厚生年金を適用する場合，基礎年金の給付水準の低下を抑制することを明らかにしている。

これらの研究は，公的推計をベンチマークとしつつ，日本において国際移動の人口学的影響を明らかにしようとした点において画期的であるものの，もっぱら，国際移動が日本の人口構造に与える影響を明らかにするということが主眼とされており，欧米の研究に見られるように人種，エス

ニック構成の変化自体を分析対象としたものではない。

　なお，主に欧米の研究においては，エスニック構成の多様化を論じるに当たっては，分析対象を，外国籍人口（foreign citizen），外国生まれ人口（foreign-born population），外国に起源を持つ人々（foreign-origin population / persons with a foreign background），あるいは人種／エスニック・グループ（racial / ethnic group）といった概念で示してきた。もちろん，統計データの利用可能性という意味では，外国籍人口，ないしは外国生まれ人口を利用する場合が最も多い。ただ，これらの概念は帰化や世代を経ることで自国民との区別がつかなくなるという問題を有している。一方，米国のセンサスのように自分のエスニシティを記載する場合にはエスニック・グループごとの人口規模がわかり，エスニック構成の多様化について論じる際にはこれが最も望ましいとされる（Coleman, 2006：416；Lanzieri, 2011：10）。

　このようなデータ上の限界を抱えつつも，先行研究においては可能な限り，対象となる人口を広げるような工夫が見られる。例えば，本人の国籍にかかわらず，労働力人口などの統計を使用して基準人口に両親のいずれかが外国生まれである第二世代人口を含めることに成功したLanzieri（2011）等が挙げられるだろう。

　日本においても，国勢調査や在留外国人統計といった公的統計は外国籍人口しか含まないことから，帰化人口や国際児人口を考慮するに当たっては，このような工夫を参考にする必要がある。

3　日本における国際人口移動の歴史

(1)　戦前の状況

　日本を取り巻く国際移動の歴史は，近代国家としての歩みを始めた明治期以降に始まった。近代以降の日本は旺盛な人口増加も寄与して，主に移民送出し国として位置づけられてきた（Watanabe, 1994：121）。実際，戦前には約270万人の日本人が海外に居住する一方で，その約半数の130万人の外国人，及び旧植民地出身者が国内（内地）に居住していたことから，日本は送出し超過，つまり移民送出し国であったことがわかる。

(2)　戦後の状況と1990年代の国際人口移動転換

　しかし，こうしたバランスは，太平洋戦争の終結によって一挙に変化した。具体的には，日本国内（内地）に居住していた旧植民地出身者の半数超の約70万人近くが出身国へ帰国するとともに，海外に居住していた日本人の大半が帰国した。そして，その後40年間程度，日本をとりまく国際移動の状況は低調であったといえよう。

　こうした動きに変化が見られるのは1970年代に入り，日本経済の成長発展に伴い，日本企業の海外進出が見られるようになったことによるものである。これにより，多くの日本人が企業の駐在員として海外に赴くようになり，日本人の国際移動は出国超過へと転換した（Watanabe, 1994：131-133）。こうした傾向は1980年代以降強まり，近年になるほどその傾向は著しい。実際，1960年には約24万人であった海外在住日本人は，68年には約33万人，80年には約45万人と増加し，

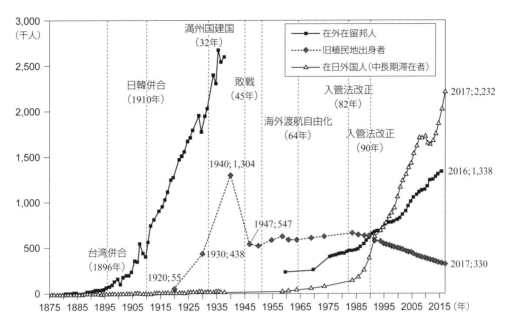

図1　在日外国人，及び在外在留邦人人口の推移

注：戦前期の在外在留邦人人口は日本長期統計総覧（日本統計協会，1987）に基づく。これは海外植民地等（朝鮮，台湾，樺太，関東州，南洋諸島）及び外国に居住する日本人人口の合計。戦後の在外在留邦人人口は，海外在留邦人統計（外務省，1961, 71, 76-2016）に基づく。戦前期における在日旧植民地出身者人口については同様に日本長期統計総覧を参照した。戦前期の在日外国人人口については，日本長期統計総覧より外国人人口を参照した。戦後は在留外国人統計（法務省，1959b, 64b, 69b, 74b, 84b, 86b, 88b, 90b, 92b, 94b-2018b）の内，中長期滞在者に該当する在留資格人口を用いた。
出典：各種資料より筆者作成

2016 年には約 134 万人に達している。

　一方，外国人の流入圧力の高まりについては，高度経済成長期以来の労働集約部門における深刻な人手不足，及び日本経済の国際的なプレゼンスの高まりを背景として，1980 年代以降，急速に顕在化した。例えば，外国人労働者に対する需要面での推移を見る指標として超過滞在者数に注目すると，同人口は 90 年には 10 万 6497 人，そして，94 年には 29 万 3800 人へと急増し，ニューカマー外国人（中長期滞在者）と超過滞在者を合わせた外国籍人口の 29.2％ を占めるに至っている。このことは，この間の外国人労働者への需要が急速に高まっていることを証明するものといえよう。

　更に，こうした状況の変化に対応した 1989 年の入管法改正においては，就労を目的とした在留資格が 6 種類から 16 種類へと大幅に増加するとともに，研修生の受入れの拡充や日系人の受入れといった，その後，主に非熟練労働力の受入れの機能的等価物としての役割を果たすこととなる制度が創設された。その結果，これらの在留資格を中心として外国人の入国者数は一挙に増加することとなり，1990 年に 40 万 7603 人であった外国籍人口（中長期在留者[*4]）は，早くも 92 年には 64 万 5529 人と特別永住者（図1の旧植民地出身者）の 59 万 193 人を超え，2000 年には 108 万 1732 人と 100 万人，2017 年 12 月末では，223 万 2026 人と 220 万人を超えた。これは，日本が 1990 年代に国際人口移動転換を経験したという石川（2005）の結論と一致する。

4　本研究における命題，及び方法等

(1)　命題，及び探究課題

　以上を踏まえ，本研究では以下の命題を検証する。それは，日本においては1990年代に国際人口移動転換を経験した結果，今後，中長期的に見た場合，現在の欧米の水準と同程度のエスニック構成の多様化を経験する，というものである。これは欧米先進諸国が国際人口移動転換の結果，大きな社会変動を経験していることを念頭に置いたものである。

　同命題を検証するに当たって，本研究では以下の探究課題を設定する。第一に，日本の現在のエスニック構成，つまり移民的背景を持つ人たちの人口規模がどの程度かというものである。本研究において用いる移民的背景を持つ人口とは，外国籍人口，帰化人口，及び両親のいずれかが外国籍である国際児人口からなる概念である。これは，国勢調査や在留外国人統計では把握できない，帰化人口や国際児人口を含めた移民的背景を持つ人口を最大限考慮したものである。

　第二に，移民的背景を持つ人口は，今後，最も現実的なシナリオに沿った場合，中長期的にどのように変化するのか，というものである。これは仮に外国人を大量に受け入れた場合，あるいはまったく受け入れなかった場合といったwhat ifを問うものではなく，あくまで現状を踏まえた現実的な仮定に基づきつつ，移民的背景を持つ人たちの人口規模や割合の推移を明らかにすることを目指すものである。

(2)　方法

　本研究では，国立社会保障・人口問題研究所が行う全国将来人口推計に採用されている標準的な人口推計の手法を用いて以上の命題，及び探求課題に答えることを目指す。

(a)　基準人口に係る修正

　基準人口に関しては，国立社会保障・人口問題研究所が行う将来人口推計と同様，最新時点（2015年）の国勢調査の結果を用いることとする。その際，在留外国人統計を用いて，国勢調査における外国籍人口の捕捉率の低さを修正すると同時に，通常，日本人人口に含まれている帰化人口や国際児人口を別途，取り出すことで別々に取り扱うことを可能にする。これは，管見の限り，日本において初めての試みである。

　外国籍人口の捕捉率の低さを修正するに当たっては，より正確な捕捉率を有すると考えられる在留外国人統計（法務省，2015a，2016a）の男女，各歳別人口を代わりに用いることとする。その際，在留期間の上限が決まっており，かつ家族の帯同も認められていない技能実習生を除いた値を基準人口として用いる。

　その結果，外国籍人口は国勢調査による177万5446人から201万5495人へと約24万人増加する[5]。これは，国勢調査では捕捉されていない人口と考えられることから，増加分はそのまま国勢調査人口にプラスされる。

帰化人口を推計するに当たっては，総務省統計局より公表されている「人口推計」（総務省統計局，1987-2016）の内，参考表として掲載されている「年齢（各歳），男女別人口の計算表──総人口，日本人人口」にある国籍の異動による純増減数を外国籍からの帰化人口と見なし，これを積み上げることで2015年10月1日時点の帰化人口の推計値とした。その際，出生や死亡の影響についても考慮するため，過去の外国人女性の出生率や日本人の死亡率に沿って出生や死亡が発生するとして推計を行った[*6]。なお，対象とした帰化は各種データがそろう1987年以降に発生したものに限定した。その結果，2015年10月1日時点で46万2737人の帰化人口が存在すると推定される。これは，本来，国勢調査の日本人人口に含まれていると考えられることから，これを日本人人口から差し引き，移民的背景を持つ人口に同数を加えた。

　最後に，父母のいずれかが外国籍である国際児人口について推定する。国際児人口の推定に当たっては，父母の国籍に関して情報が得られる1987年以降を対象に人口動態統計から父母のいずれかが外国人である子の出生数を求め，これに対して出生や死亡の影響を考慮して推計を行った[*7]。その結果，2015年10月1日時点で84万7173人の国際児がいると推定される。彼女／彼らは国籍上，日本人に含まれると考えられることから，これを既存の日本人人口から差し引き，移民的背景を持つ人口に同数をプラスした。

　以上の結果，2015年10月1日時点における日本における移民的背景を持つ人口は332万5405人と国勢調査で把握されている外国籍人口の約2倍の人口となり，総人口に占める割合も1.4％から2.6％へとほぼ倍増することとなる。

(b) 人口動態率に係る仮定

　本研究では，国立社会保障・人口問題研究所が行う将来人口推計と同様，国際人口移動に係る各種動態率として，毎年の外国人入国超過数，入国超過外国人の年齢構成，日本人の入国超過率，外国籍人口の帰化率（国籍異動率），及び外国籍女性の産んだ子の内，日本国籍児の割合について仮定を設けている。

　外国人の入国超過数に関して，国立社会保障・人口問題研究所が行う将来人口推計では総務省統計局より出されている「人口推計年報」（総務省，1987-2016）の参考表に掲載されている外国人の入国超過数の実績値にロジスティクス曲線を当てはめ将来に向かって補外することで仮定値としている。ここに掲載されている外国人の入国超過数は日本国内での滞在期間が3か月以上の者に限って集計されたものであり，中期的に日本に滞在することが想定される在留資格を持った外国人に相当する。

　しかしながら，過去の入国超過数を積算し，これを同期間の在留外国人統計の中長期滞在者の増加と比較すると，前者は後者の6割程度にしか達しておらず，過少推定であることがわかる[*8]。その一方で，技能実習生のように中長期的な滞在が予定されていない外国人を中長期的な将来人口推計に含めることは望ましくない。よって，在留外国人統計の中長期滞在者に該当する人口から技能実習生相当数を除いたものの前年からの差分をとったものにロジスティクス曲線をあてはめ，将来に向かって補外したものを仮定値とする[*9]。その結果，外国人の入国超過数は毎年約9.9万人とな

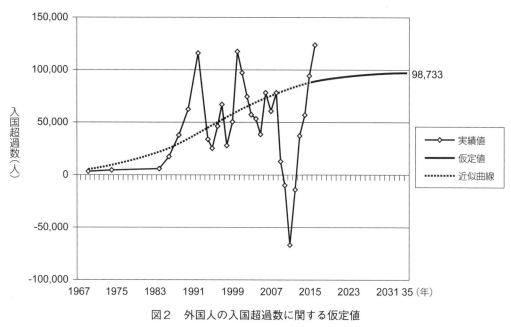

図2　外国人の入国超過数に関する仮定値

出典：筆者作成

る（図2）。これは国立社会保障・人口問題研究所が平成29年推計において置いた仮定値（約6.9万人／年）より大きいものの，現状のトレンドの延長であることから現実的な仮定といえよう。

　外国籍人口の帰化率については，移民的背景を持つ人口に帰化人口を含める場合にはこれを0[*10]とし，帰化による日本人人口への繰り入れを行わないこととする[*11]。同様に，移民的背景を持つ人口に国際児人口を含める場合には，外国籍女性の産んだ子の内，日本国籍児の割合についてもこれを0とする[*12]。なお，移民的背景を持つ女性の出生率については，国立社会保障・人口問題研究所の推計で用いられている外国籍女性の出生率[*13]を用いた。

　これ以外の仮定値については，以下の通りとした。出生率と死亡率については，国立社会保障・人口問題研究所から平成29年に公表された全国将来人口推計（国立社会保障・人口問題研究所，2017）と同じ値を用いた[*14]。また，日本人の国際人口移動については，国立社会保障・人口問題研究所が行う将来人口推計と同様の手法を用いて最新のデータに基づいて作成された値を用いた。

　また，本推計では国際児人口を推計するに当たり，日本人女性が産んだ子どもの内，国際児の割合について，人口動態統計における過去5年間の父母の国籍別出生数の内訳から，父外国人－母日本人の割合の平均を求め，これが将来にわたり続くものとして仮定した。なお，第二世代以降については，直系親族に移民的背景を持つ場合，すべて同カテゴリーに分類されることとした。

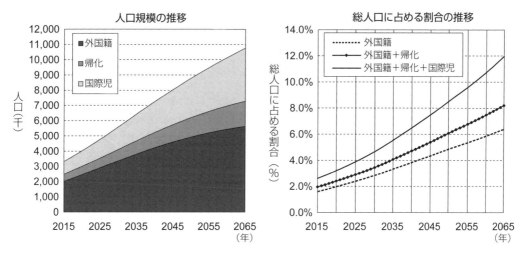

図3 移民的背景を持つ人口の推移（総人口，総人口に対する割合）

出典：筆者推計

5 推計結果

(1) 移民的背景を持つ人口の推移

移民的背景を持つ人口の推移をカテゴリー別に示したものが図3である。それによると，外国籍人口のみを移民的背景を持つ人口とした場合，2015年時点で201万5495人であった同人口は，25年後の2040年には422万8975人，50年後の2065年には562万3167人へと増加し，総人口の6.4％にまで上昇する。一方，移民的背景を持つ人口に帰化人口を含めた場合，2015年には247万8232人であった同人口は2040年には522万9240人，2065年には727万1262人へと増加し，総人口の8.2％を占めるようになる。最後にこれに国際児人口を含めた場合，2015年には332万5405人であった移民的背景を持つ人口は2040年には726万732人，2065年には1075万6724人へと増加し，総人口の12.0％を占めるようになる。

(2) 年齢別パターン

外国籍人口，帰化人口，及び国際児人口の構成を人口ピラミッドによって図示したものが図4である。これを見ると，国際児人口はデータの制約から推計期間の初期においては若年層でのみ見られる反面，帰化人口はすべての年齢層に満遍なく分布していることがわかる。また，外国籍人口は留学や就労を目的とした入国が多いことを反映して，20歳未満が非常に少ない。

また，時間の経過とともに国際児人口の年齢の上限が上昇し，2065年には国際児人口の上限は78歳に達する。また，外国籍人口，帰化人口について見ると，若い世代からより上の年齢層への分布が見られるようになる。このように，移民的背景を持つ人口は他の国における事例と同様，若年層から先行して増加を始め，次第に上の年齢層へと広がっていくことが見て取れる。

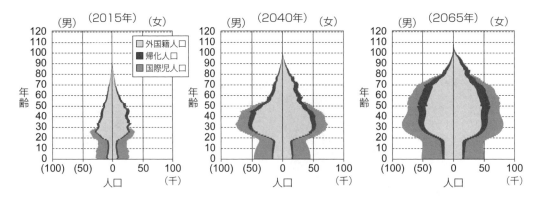

図4　外国籍人口，帰化人口，及び国際児人口の年齢構成（2015, 40, 65年）
出典：筆者推計

　こうした特徴は時間の経過とともにより顕著になる。例えば，0～5歳人口に占める移民的背景を持つ人口の割合は2015年時点で5.8％であるものの，2030年には10.3％，2065年には20.9％に達する。更にこうした傾向は上の世代にも次第に影響を及ぼし，例えば20～44歳人口における同割合を見ても，2015年には3.8％であったものが，2030年には9.1％，2065年には17.9％へと上昇する。このように若年層におけるエスニシティの多様化が全体に先行して進み，その後，より上の世代（図5・6）に急速に広がっていくことがわかる。

考察：避けられないエスニシティの多様化

　日本は1990年代に移民送出し国から受入れ国へと転換する国際人口移動転換を経験し，その結果，外国籍人口の急増を経験した。こうした変化は日本が今後，より多くの多様な移民を受け入れる可能性を示すものといえよう。

　このような変化は1990年代にかけて世界的に見られた国際移動の活発化と，それに伴う国際人口移動転換の波及過程の一つと捉えることが可能であり，日本に固有の経験ではないことが先行研究において指摘されてきた。また，戦後大量に移民を受け入れることになった欧米社会を中心に，国際人口移動転換による中長期的なエスニック構成の変化に関する研究が行われてきた。そこでは今後，マジョリティとマイノリティの逆転も含めた大きな変化が起きることが予想されている。

　しかしながら，日本では1990年代に経験した外国人人口の急増過程に注目した研究は数多く行われてきたものの，それを国際的な国際人口移動転換の一つとして位置づけ，その中長期的な影響までを視野に入れた研究はまれであった。その結果，日本における移民研究はこうした一連の変化をあくまで日本固有の経験として捉える向きが強かった。

　本研究はこうした経緯を踏まえ，日本において移民的背景を持つ人口の推定，及びその中長期的な変化を標準的な将来人口推計の手法を用いて明らかにすることで，以下の命題の検証を行った。それは，日本においては1990年代に国際人口移動転換を経験した結果，中長期的に見た場合，現

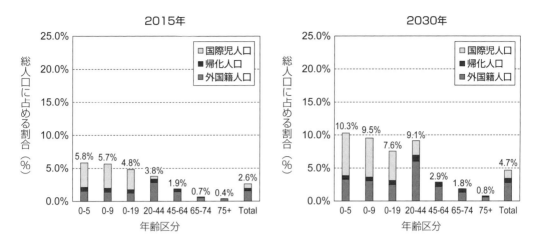

図5 年齢階層別にみた移民的背景を持つ人口の変化（2015, 2030年）
出典：筆者推計

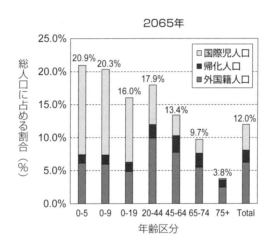

図6 年齢階層別にみた移民的背景を持つ人口の変化（2065年）
出典：筆者推計

在の欧米の水準と同程度のエスニック構成の多様化を経験する，というものである。また，その検討のために設けられたのは下記の探求課題である。第一に，日本の現在のエスニック構成，つまり移民的背景を持つ人口規模はどのようなものか，というものである。第二に，移民的背景を持つ人口は，今後，最も現実的なモデルに沿った場合，どのように変化するのか，というものである。

推計を行うに当たっては，国立社会保障・人口問題研究所が平成29年に公表した全国将来人口推計の手法に基づきつつ，より現実的な推計とするため，基準人口，及び入国超過数や帰化率といった動態面においても修正を行った。

その結果，2015年時点における移民的背景を持つ人口が総人口に占める割合は国勢調査のみを用いた場合（1.4%）と比較して，外国籍人口に限定した場合で1.6%，帰化人口を含めた場合で2.0%，

表1　主要先進国における移民的背景を持つ人口の総人口に占める割合

	2015年	2065年
米国	22.5%	56.4%
英国	16.6%	39.5%
ドイツ	17.8%	45.1%
フランス	15.8%	21.8%
イタリア	12.7%	40.1%
日本	2.6%	12.0%

注：英国，ドイツ，フランス，イタリアに関する値は外国籍，非正規滞在，そして移民第二世代以降の人口を含んだもの。欧州諸国に関する値はそれぞれ2011年，及び2061年における値。米国に関する値は非ヒスパニック系白人以外の人口の2014年，及び2060年に関する値。
出典：Lanzieri (2011), Colby and Ortman (2015) 及び 筆者推定値

　国際児人口を含めた場合で2.6%となった。また，2030年時点では同割合はそれぞれ2.8%，3.5%，4.7%へと増加し，2065年時点ではそれぞれ6.4%，8.2%，12.0%へと達する。また，欧米における先行研究が示すのと同様，エスニック構成の多様化は若年層から先行し進み，例えば0～5歳では全期間を通して総人口に占める同割合の倍程度の水準で推移することが示された。
　こうした結果，上記命題に対して以下のように答えることが可能であろう。それは，日本は1990年代に経験した国際人口移動転換の結果，今後，中長期的に見て欧州諸国の現在の水準とほぼ同程度のエスニシティの多様化を経験するだろう，というものである。実際，この点について本研究の結果と最も整合性のあるLanzieri (2011) と比較すると，2065年の推計値である12.0%は現在の欧州の主要国の下限にほぼ等しい水準であることがわかる（表1）。同結果は，移民受入れを想定せず，国内の外国籍人口の増加をあくまで一時的なものと捉えてきた日本においては，十分に注目すべき水準といえよう。つまり，現在の受入れ水準が続いた場合であっても，日本は移民国家として十分な量の移民を受け入れることになるのであり，「移民の時代－the Age of Migration」において日本は何ら例外的な存在ではないことが明らかになったのである。
　更に重要なのは，こうした変化が若年層で先行して進むとの結果が得られたことである。エスニシティの多様化が実際に問題となるのは，多くの場合，学校や職場といった若年層が多くを占める場であり，若年層でエスニシティの多様化が先行して進むということは，こうした場でのエスニシティ間の摩擦や移民的背景を持つ人たちの包摂が全体に先行して先鋭化することを意味する。実際，移民的背景を持つ人口に国際児人口を含めた場合，2030年時点で0～19歳，20～44歳人口のそれぞれ7.6%，9.1%が移民的背景を持つ人口によって占められると予想され，更に同割合は2065年時点ではそれぞれ16.0%，17.9%へと達する。この場合，移民的背景を持つ人口の存在は量的にも無視できる存在ではなくなり，現在とは大きく異なる社会的光景が見られるようになるだろう。
　こうした結果は，欧米の先行研究で示されたのと同様であり，このような「下からの多様化」はLichter (2013) において強調されているように，移民第二世代の高い貧困率や低い教育達成といった特徴と相まって，若年層からの窮乏化といった事態を招きかねない。日本においても既に移民第二世代の教育問題が取りざたされていることは，こうしたことの兆候であり，これは今後ますます

強まっていくと考えられる。

　また，Coleman (2006) において示されたように，このような変化が意味を持つ前提として，エスニシティの境界が今後，どのように変化するかといったことも重要な要素となるだろう。量的な変化と同時にエスニシティの境界も変化していくのであれば，それは現在，想定されるのとは異なるエスニック関係を帰結することもありうる。米国の移民研究では1920年代までに到来した欧州からの移民が，その後，白人多数派に吸収されていく様子を明らかにした研究が多く見られるが，そこで起きたことこそ，まさにエスニックバウンダリーの変化といえるだろう。つまり，量的に示された変化と同時に，移民的背景を持つ人口内部における質的な変化がどのように起こるかといったことが，本研究の結果を読み解く上で非常に重要になってくるのである。

　今後の課題は，移民的背景を持つ人口内部の質的な多様性にも注目した上で，同人口の中長期的な推移を明らかにすることである。そのためには，人口学的側面に注目した研究のみならず，学歴，職業といった代表的な社会経済的属性に注目した研究を行っていくことが重要である。

　※なお，本研究は厚生労働科学研究費補助金（H26-政策-一般-004）による助成を受けて行われたものである。

*1　年齢不詳人口を按分したもの。
*2　こうした点については明石（2010：39-50）によって「日本特殊論」として詳しく論じられている。
*3　本稿では国際人口移動転換による社会人口学的影響について論じることから，国際人口移動転換そのもののメカニズムについては言及しない。参考にこの点について代表的な理論的枠組みを挙げると，人口動態と国内，国際移動との関連について包括的な理論構築を試みた Zelinsky (1971) による Hypothesis of Mobility Transition, 国内労働市場における需給バランスから国際労働力移動の転換点である Lewis-Fei-Rains Turning Point について論じた（Lewis, 1958；Fei and Rains, 1964, 1975；Bai, 1985），アマルティア・センの Capability 理論から経済発展の過程でむしろ中産階級の国外流出が起こるとした Capability and Aspiration Hypothesis (Castles et al., 2014：46-51；de Haas, 2010)，近年の先進国における常態化した低出生力状態が移民の流入を生むとする Second Demographic Transition (Van de Kaa, 1999, 2002) 等が挙げられる。
*4　「中長期在留者」とは，法務省によると入管法上の在留資格をもって我が国に在留する外国人のうち，次の(1)から(4)までのいずれにもあてはまらない者を指す。なお，次の(5)及び(6)に該当する者も中長期在留者にはあたらない。
　　(1)「3月」以下の在留期間が決定された者
　　(2)「短期滞在」の在留資格が決定された者
　　(3)「外交」又は「公用」の在留資格が決定された者
　　(4) (1)から(3)までに準じるものとして法務省令で定める人（「特定活動」の在留資格が決定された，亜東関係協会の本邦の事務所若しくは駐日パレスチナ総代表部の職員又はその家族）
　　(5) 特別永住者
　　(6) 在留資格を有しない者
*5　在留外国人統計では80歳以上の高齢部分については一括掲載となっているため，国勢調査の80歳以上の年齢分布を基にこれを各歳別に按分した。
*6　死亡率については，国立社会保障・人口問題研究所より公表されている日本版死亡データベース（JMD）（国立社会保障・人口問題研究所，2016）を用いた。出生率については，統計法第32条の規定に基づき得られた人口動態統計（厚生労働省，1987-2016）の個票データを再集計することで得られた外国人女性の年齢別出生数を分子に人口推計（総務省，1987-2016）から得られた外国人女性人口を分母として求めたものを用いた。国際移動については考慮していない。

*7 国際児の出生率については外国籍人口と同じものを用いた。死亡率については日本人と同じものを用いた。なお，国際児の国際移動については考慮していない。

*8 両者はもともと法務省の出入国管理統計，及び在留外国人統計に基づくものであることから，この差は統計の出所の違いによるものとは考えにくい。よって，この差は，入国時点で3か月未満の滞在しか予定していない者の内，一定数が事後的に中長期滞在者に相当する在留資格へと変更したことを反映したものと考えられる。

*9 ロジスティクス曲線のあてはめに当たっては，データを入手可能な年についてすべて行い，特定の年を除外するといった措置はとらなかった。これは，一時的な変動も含めた平均値が真の入国超過の傾向を表すとの考えに基づくものである。

*10 実績ベースで見て年間1万3000人である。

*11 この仮定において，帰化人口の内，一定数は移民的背景を持たないパートナーとの間に子どもを持つと想定されるが，その割合は国立社会保障・人口問題研究所推計における外国籍女性の産んだ子の内，日本国籍児の割合に相当すると仮定する。また，移民的背景を持たない女性の内，一定数は帰化男性と結婚すると考えられるが，その場合，その女性の産んだ子は移民的背景を持たない人口に繰り入れる。なお，本研究ではいずれも国際児に相当すると捉える。

*12 母日本人・父外国人の組み合わせについては，日本人女性の産んだ子の内，過去の実績（直近5年分）から求めた一定の割合（1.64％）が国際児であると仮定した。

*13 ちなみに同推計における外国人女性の出生率は日本人女性よりも低い（2065年で1.19）点に注意。

*14 出生，死亡とも中位仮定を用いた。

《参考文献》
- 明石純一，2010『入国管理政策──「1990年体制」の成立と展開』ナカニシヤ出版
- 石井 太・是川 夕，2015「国際人口移動の選択肢とそれらが将来人口を通じて公的年金財政に与える影響」『日本労働研究雑誌』No.662，労働政策研究・研修機構，41～53頁
- 石川義孝，2005「日本の国際人口移動の転換点」石川義孝編『アジア太平洋地域の人口移動』明石書店，327～351頁
- 外務省，1961, 71, 76-2016『海外在留邦人統計』外務省
- 奥田道大・田嶋淳子編，1991『池袋のアジア系外国人──社会学的実態報告』めこん
- 奥田道大・田嶋淳子編，1993『新宿のアジア系外国人──社会学的実態報告』めこん
- 梶田孝道・丹野清人・樋口直人，2005『顔の見えない定住化──日系ブラジル人と国家・市場・移民ネットワーク』名古屋大学出版会
- 厚生労働省，1987-2016『人口動態統計』厚生労働省
- 国立社会保障・人口問題研究所，2006『日本の将来推計人口──平成18（2006）～67（2055）年－平成18年12月推計－』国立社会保障・人口問題研究所
- 国立社会保障・人口問題研究所，2012『日本の将来推計人口──平成23（2011）～72（2060）年－平成24年1月推計－』国立社会保障・人口問題研究所
- 国立社会保障・人口問題研究所，2016『日本版死亡データベース（JMD）』(http://www.ipss.go.jp/p-toukei/JMD/index.asp，2017年3月15日アクセス)
- 国立社会保障・人口問題研究所，2017『日本の将来推計人口──平成28（2016）～77（2065）年－平成29年推計－』国立社会保障・人口問題研究所
- 佐々井司・石川 晃，2008「わが国における国際人口移動の動向と将来推計人口への影響」『人口問題研究』64巻4号，国立社会保障・人口問題研究所，1～18頁
- 総務省統計局，1987-2016『人口推計年報』総務省統計局
- 日本統計協会，1987『日本長期統計総覧 第1巻』日本統計協会
- 法務省，1949a-2016a『出入国管理統計年報』法務省
- 法務省，1959b, 64b, 69b, 74b, 84b, 86b, 88b, 90b, 92b, 94b-2018b『在留外国人統計（登録外国人統計）』法務省
- 法務省，2014c『外国人労働者の受入れについて』法務省入国管理局
- Bai, M. K., 1985, "Industrial Development and Structural Changes in Labor Market: The Case of Korea,"

- in Bai, M. K. and Kim, C. N., eds., *Industrial Development and Structural Changes in Labor Market-Korea and Southeast Asia*, Tokyo: Institute of Developing Economies.
- Castles, M., Haas, H. D. and Miller, M. J., 2014, *The Age of Migration: International Population Movements in the Modern World*, 5th edition, London: Palgrave Macmillan.
- Colby, S. L. and Ortman, J. M., 2015, "Projections of the Size and Composition of the U.S. Population: 2014 to 2060," *Current Population Reports*, U.S. Census Bureau, pp.25-1143.
- Coleman, D., 2006, "Immigration and Ethnic Change in Low-Fertility Countries: A Third Demographic Transition," *Population and Development Review* 32(3), pp.401-446.
- Coleman, D., 2009, "Divergent Patterns in the Ethnic Transformation of Societies," *Population and Development Review* 35(3), pp.449-478.
- de Haas, H., 2010, "Migration Transitions, a Theoretical and Empirical Inquiry into the Developmental Drivers of International Migration," International Migration Institute Working Papers, pp.1-46.
- Fei, J. C. H. and Rains, G., 1964, *Development of the labor Surplus Economy: Theory and Policy*, Homewood, Illinois: Richard D. Irwin for the Economic Growth Center, Yale University.
- Fei, J. C. H. and Ranis, G., 1975, "A Model of Growth and Employment in the Open Dualistic Economy: The Cases of Korea and Taiwan," *The Journal of Development Studies* 11(2), pp.32-63.
- Lanzieri, G., 2011, "Fewer, Older and Multicultural? Projections of the EU Populations by Foreign/National Background," Eurostat Methodological Working papers, Eurostat, pp.1-37.
- Lewis, W. A., 1954, "Economic Development with Unlimited Supplies of Labour," *The Manchester School of Economics and Social Studies* 22(2), pp.139-191.
- Lewis, W. A., 1958, "Unlimited labour: further notes," *The Manchester School* 26(1), pp.1-32.
- Lichter, D., 2013, "Integration or Fragmentation? Racial Diversity and the American Future," *Demography* 50, pp.359-391.
- OECD, 2011, *International Migration Outlook: SOPEMI 2015*, OECD Publishing.
- Van de Kaa, D. J., 1999, "Europe and its Population: The Long View," in van de Kaa, D. J., Leridon, H., Gesano, G., and Okolski, M. eds., *European Populations: Unity in Diversity*, Dordrecht etc.: Kluwer Academic Publishers, pp.1-194.
- Van de Kaa（福田亘孝訳），2002『先進諸国における『第二の人口転換』』『人口問題研究』58巻1号，22〜56頁
- Watanabe, S., 1994, "The Lewisian Turning Point and International Migration: The Case of Japan," *Asian and Pacific Migration Journal* 3(1), pp.119-147.
- Zelinsky, W., 1971, "The Hypothesis of the Mobility Transition," *Geographical Review* 61(2), pp.219-249.

Migration Transition in Japan and Its Mid- to Long-term Consequence:
Beyond the Japanese Exceptionalism

KOREKAWA Yu

National Institute of Population and Social Security Research

Key Words: migration transition, population with migrant background, population projection

Japan has experienced migration transition in the 1990s as has been recently seen in other developed countries, which is defined as a phenomenon in which a traditional country of emigration becomes a country of immigration. As a result, the number of foreign citizens living in Japan has grown rapidly, which has caused many social changes so far. However, the migration studies in Japan tend to focus on micro aspects of these changes, rather than analyzing them in a larger social context such as a socio-demographic change.

The present study aims to reveal how population of people with a migrant background including the naturalized people and people having at least one foreign-born parent, will evolve in the mid- to long-term by employing a population projection method.

The results show that the population with migrant background is estimated at 3,325,405, or 2.6% of the total population of Japan as of 2015, which is almost double the number of foreign residents, 1,775,446 (1.4% of the total population), recorded in the population census of Japan for that year. Moreover, it would reach 7,260,732 (6.5%) in 2040, and then increased to 10,756,724 (12.0%) in 2065, which would be almost the same level as those in current western European countries. That means even under the current condition, Japan will experience the change of its ethnic composition to a degree significant enough to turn it into a typical country of immigration, not an exception in the age of migration at all.

特集：移民政策のグランドデザイン

移民・難民政策と留学生政策
――留学生政策の多義性の利点と課題

佐藤 由利子　東京工業大学准教授

キーワード：高度人材，ミドルスキル人材，留学生の就職

　少子高齢化と経済のグローバル化を背景として，留学生政策は，2000年代半ばに，留学生を母国に帰す政策から，日本社会に受け入れる政策に転換した。以来，日本での就職を促進する施策が実施され，留学生は，専門的・技術的分野の人材の重要な供給源となり，留学生政策は，日本の移民政策の実質的な入口となってきた。さらに2017年からはシリア難民の留学生としての受入れが開始され，難民政策の入口としても機能している。

　留学生政策の多義性には，このようなメリットがある反面，ステークホルダーが多く，その思惑によって影響を受けやすく，政策の調整が困難という課題も有する。近年の非漢字圏諸国からの「働きながら学ぶ」留学生の増加は，留学生受入れ体制に，新たな課題を突き付けている。

　本稿では，日本の留学生政策の多義性と，留学生の多様化によって生じる利点と課題について，政策や留学生調査の分析結果に基づいて論じ，留学生政策の複数の目的を持続的に達成する方策について考察する。

はじめに

　2017年5月に日本で学ぶ外国人留学生（以下，留学生）は26万7042人，2016年度の年間留学生受入れ数は29万9742人に上り（日本学生支援機構，2017），留学生30万人計画の達成が目前に迫っている。留学生30万人計画は，高度人材獲得政策の一環として開始されたが，2017年に日本で学ぶ留学生の5分の1は専修学校で，3割は日本語教育機関で学んでおり，実際には高度人材のみならず，ミドルスキルを含む多様な人材の供給源となっている。日本企業の海外展開が進む中，留学生に対し，出身国と日本の経済連携の架け橋としての役割を期待する傾向も強まり，18歳人口の減少が進む中，留学生は，日本の教育機関にとって，定員の充足，教育の国際化，学費収入増大をもたらす存在としても期待されている。

　本稿では，このような日本の留学生政策の持つ多義性が形成された経緯とその内容を，政策や統計資料の分析を通じて検証するとともに，日本の労働市場における人材の確保，移民や難民の受入

れ，非漢字圏諸国からの「働きながら学ぶ」留学生の増加への対応といった視点から，留学生政策の多義性が持つ利点と課題について論じ，留学生政策の複数の目的を持続的に達成する方策について考察する。

　本稿の構成は，第1章で留学生政策の変遷と留学生の多様化の状況を確認し，第2章では，労働市場における留学生の位置づけを分析する。第3章では，非漢字圏諸国からの「働きながら学ぶ」留学生の増加によって生じている問題点を整理し，第4章では，日本の留学生政策の多義性の持つ利点と課題について論じるとともに，政策の複数の目的を持続的に達成する方策について考察する。

1　日本の留学生受入れ政策の変遷と多義性の拡大

　日本の留学生受入れ政策は，1950年代より人材養成分野の政府開発援助（ODA）として実施され，2000年代初頭までの主な政策目的は，留学生送出し国の人材養成と日本との友好関係の促進であった。1970年の国費留学生制度紹介冊子には，東南アジアと中近東が重点対象地域として挙げられ，留学生受入れを通じて，これら地域からの原料やエネルギーを確保するねらいもあったと考えられる（佐藤，2010：23）。1983年には，中曽根首相により，当時1万人規模だった留学生を2000年までに10万人に増加する計画が提唱された。図1は，この「留学生10万人計画」が開始された1983年から2017年までの留学生数の推移を学種別に示している。

　留学生10万人の目標は2003年に達成されたが，この頃より，少子高齢化と経済のグローバル化を背景として，留学生を日本社会に迎えようという動きが強まり始める。例えば，日本経済団体連合会（2004）は「外国人受け入れ問題に関する提言」を発表し，優秀な外国人材を獲得する方策の1つとして，留学生の国内就職の促進を提言している。

　このような経済界の要望を受け，2007年には留学生の日本就職を支援する「アジア人財資金支援構想事業」が，経済産業省と文部科学省の共管のプログラムとして開始される。さらに2008年には，福田首相が，2020年を目途に30万人の留学生受入れを目指す「留学生30万人計画」を発表した。その趣旨の冒頭には，グローバル戦略の一環として「高度人材受入れとも連携させながら，国・地域・分野などに留意しつつ，優秀な留学生を戦略的に獲得していく」と述べられ（文部科学省，2008），留学生政策が，育てた人材を母国に帰すのではなく，日本に引き留める方向に大きく転換したことを示している。

　高度人材獲得政策の一環としての位置づけは，安倍政権下で日本経済再生本部がまとめた「日本再興戦略」や「未来投資戦略」においてより明確に見られる。例えば「日本再興戦略2016」には，「留学生の日本国内での就職率を現状の3割から5割に向上させることを目指す」という目標値が示されているが，これは，「2020年末までに10,000人，2022年末までに20,000人の高度外国人材の認定を目指す」という高度人材獲得方策の中に記載されている（日本経済再生本部，2016：203-207）。

　他方，来日する留学生は，高度人材の卵ばかりではない。図1に示すように，2011年の東日本大震災の影響により2012年の留学生数は減少したが，2013年から日本語教育機関で学ぶ留学生が，2014年からは専修学校（専門課程）の留学生が急増し，留学生数の増加を支えている。

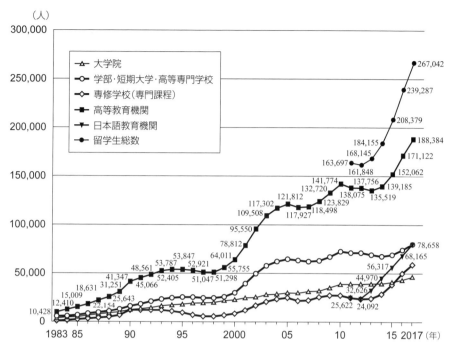

図1　日本で学ぶ外国人留学生数の推移（1983-2017年，学種別）

注：高等教育機関の留学生数は，学部，短期大学，高等専門学校，専修学校（専門課程），準備教育課程で学ぶ留学生の合計。
2010年には在留資格「就学」が「留学」の在留資格に一本化され，2011年からは日本語教育機関の学生が留学生数に含まれるようになった。
出典：日本学生支援機構（2017）「平成29年度外国人留学生在籍状況調査結果」データに基づき筆者作成

　2017年の留学生数は過去最高の26万7042人に達し，学種別では，学部・短期大学・高専の在籍者が30.0％（学部在籍者は全体の29.0％），大学院在籍者が17.4％に対し，日本語教育機関在籍者が29.5％，専修学校在籍者が22.0％と，日本語教育機関で学ぶ者が学部在籍者に匹敵する人数規模となり，専修学校で学ぶ者も全体の5分の1を超え，多様な学生が学んでいることがわかる。

　国別では，中国（40.2％），ベトナム（23.1％），ネパール（8.1％），韓国（5.9％）の順である。2011年から2017年にかけて，ベトナム人留学生が15倍，ネパール人留学生が11倍になるなど，中国，韓国，台湾といった近隣の漢字圏出身者を中心とした留学生の受入れから，東南アジアや南アジアの非漢字圏[*1]を含む，より多様な国からの受入れに変化している。

　表1は，2016年の外国人留学生在籍状況調査結果のデータを元に，留学生全体と，日本語教育機関及び専修学校における留学生出身国の上位国を示している。中央の日本語教育機関在籍者，右列の専修学校在籍者では，ベトナム，ネパール，スリランカ，ミャンマーなどの非漢字圏出身者の割合が，左列に示す留学生全体における割合よりも高く，日本語教育機関や専修学校での留学生の増加は，これら非漢字圏諸国からの留学生増加が主要因であることを示している。

　2016年には，留学生政策の多義性を拡大する2つの出来事があった。1つは，2016年11月の入管法改正によって，「介護」の在留資格が創設されたことである。この改正（施行日は2017年9月1日）によって，専修学校や短大等で介護や福祉を学ぶ留学生が国家試験に合格すれば，日本で介護

表1 留学生の主な出身国（全学種，日本語教育機関，専修学校在籍者，2016）

	留学生全体（全学種）				日本語教育機関在籍者				専修学校在籍者		
順位	国名	人数	割合	順位	国名	人数	割合	順位	国名	人数	割合
1	中国	98,483	41.2%	1	ベトナム	25,228	37.0%	1	ベトナム	17,562	35.0%
2	ベトナム	53,807	22.5%	2	中国	23,221	34.1%	2	中国	13,111	26.1%
3	ネパール	19,471	8.1%	3	ネパール	6,015	8.8%	3	ネパール	10,014	19.9%
4	韓国	15,457	6.5%	4	スリランカ	2,071	3.0%	4	台湾	2,262	4.5%
5	台湾	8,330	3.5%	5	台湾	1,929	2.8%	5	韓国	2,042	4.1%
6	インドネシア	4,630	1.9%	6	韓国	1,886	2.8%	6	スリランカ	1,136	2.3%
7	スリランカ	3,976	1.7%	7	ミャンマー	1,772	2.6%	7	ミャンマー	896	1.8%
8	ミャンマー	3,851	1.6%	8	インドネシア	960	1.4%	8	インドネシア	515	1.0%
9	タイ	3,842	1.6%	9	モンゴル	689	1.0%	9	タイ	491	1.0%
10	マレーシア	2,734	1.1%	10	タイ	657	1.0%	10	モンゴル	372	0.7%
11	アメリカ合衆国	2,648	1.1%	11	バングラデシュ	577	0.8%	11	バングラデシュ	341	0.7%
12	モンゴル	2,184	0.9%	12	フィリピン	553	0.8%	12	フィリピン	193	0.4%
	合計	239,287	100%		合計	68,165	100%		合計	50,235	100%

出典：日本学生支援機構（2016b）「平成28年度外国人留学生在籍状況調査結果」データを元に筆者作成

従事者として働く道が開かれることとなり，留学生政策が国内で不足する介護人材確保の入口として機能することとなった。

また2016年5月，日本政府は5年間で300人のシリア難民とその家族を留学生として受け入れると表明し（朝日新聞，2017），閉ざされていた難民認定[*2]に新たな道筋を開くことになった。2017年9月より開始された政府ベースでのシリア難民留学生の受入れに加え，認定NPO法人難民支援協会も，同年3月より，日本語学校と協力した難民留学生の受入れを開始し（難民支援協会，2017），留学生政策は，日本の難民政策の実質的入口として機能しつつある。

以上，開発途上国への人材養成分野のODAの一環として実施されてきた留学生政策が，2000年代半ばに日本への人材獲得を目指す方向に転換し，高度人材の確保を目指す政府戦略の一部に位置づけられていること，さらに介護人材の確保や難民受入れの入口として，多義性を拡大してきた経緯を見てきた。しかし，留学生政策の目的は，これらに留まらない。留学生30万人計画は6省の名前で発表され[*3]，計画趣旨の後半には，アジアなど諸外国に対する「知的国際貢献」としての意義が述べられており，留学生政策が人材養成分野のODAとしての位置づけを保持していることを示している。さらに，18歳人口の減少が進む中，留学生受入れは，日本の教育機関にとって，定員を充足し，教育の国際化と学費収入をもたらすものとして期待され，日本の製造業の海外生産比率が25.3％に上る中（経済産業省，2017），留学生が出身国と日本の経済連携に果たす役割への期待も高まっている。

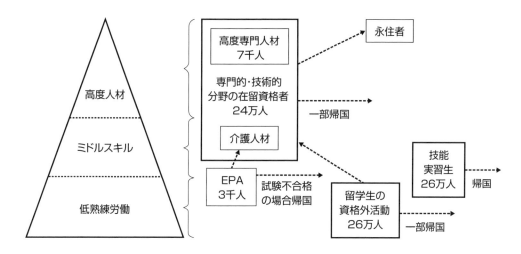

図2　日本の階層別人材ニーズとそれを担う外国人

注：人数は厚生労働省（2017）と法務省（2017c）に基づく。簡略化のため身分に基づく在留資格者は除いて表示。高度専門人材は，高度専門職1号，2号及び特定活動における高度人材の計（法務省，2017c）。
出典：佐藤（2017）を一部改変

2　日本の労働市場における留学生の位置づけ

　前章で見たように，留学生には日本で不足している高度人材や介護人材の卵という期待があるが，労働市場において，実際にどのような役割を果たしているのだろうか。本章では，日本の労働市場における留学生の位置づけを確認する。

　2017年に日本で働く外国人は128万人に上り，主な内訳は，身分に基づく在留資格者（永住者，日本人や永住者の配偶者，定住者）46万人[*4]，専門的・技術的分野の在留資格者24万人，技能実習生26万人，資格外活動30万人（うち，留学生の資格外活動26万人）である。特に留学生の資格外活動は，2013年から2017年にかけて2.53倍に大きく増加している（厚生労働省，2017）。留学生の資格外活動数を，同じ年の留学生数（図1に示す日本学生支援機構統計）で除した資格外活動者の割合は，2013年の61.0％から，2017年には97.2％に上昇し[*5]，2017年には大多数の留学生が資格外活動（アルバイト）に従事して日本の労働現場を支えていることがわかる。

　図2は，上述の日本で働く外国人から，身分に基づく在留資格者を除き，専門的・技術的分野の在留資格者24万人，技能実習生26万人，留学生の資格外活動26万人，さらに経済連携協定（EPA）に基づいて受け入れた看護師・介護福祉士候補生3000人を，日本における人材ニーズと対比して示したものである。

　就労目的での在留が認められる「専門的・技術的分野の在留資格」は，①高度な専門的な職業，②大卒ホワイトカラーや技術者，③外国人特有又は特殊な能力等を活かした職業という3つのカテゴリーを含み，在留資格も，高度人材向けの「高度専門職」，企業等勤務者向けの「技術・人文知識・国際業務」，さらにミドルスキル[*6]（中間技能）の「介護」，「技能」など15を数え，幅が広い。

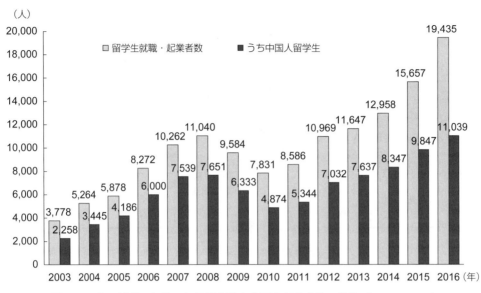

図3　日本で就職・起業した留学生数と中国人留学生数の推移（2003-2016）
出典：法務省（2017a）に基づき筆者作成

　他方，人手不足が深刻であるにもかかわらず，「いわゆる単純労働者」[*7]の受入れが認められていない低熟練労働については，このかなりの部分を，留学生のアルバイトや技能実習生が担っている[*8]。留学生の資格外活動の業種は，宿泊業・飲食サービス業が35.2%，卸売業・小売業が21.8%を占め（厚生労働省, 2016），技能実習生を受け入れられる業種が製造業，建設業，農業などに限定される中，それ以外の業種で就労する傾向が見られる。働きながら学ぶ留学生の課題については第4章で詳述する。

　技能実習生の中には，実習期間中に仕事に習熟し，ミドルスキルの技能を習得する者もいるが，母国への技能移転を意図された人材であるため，実習後の帰国が義務付けられ，日本に留まることはできない。また，EPAに基づく看護師・介護福祉士候補生は，滞在期間中に国家試験に合格した場合は特定活動の在留資格で日本滞在が許可されるが，不合格の場合には，帰国を余儀なくされる。

　これに対し留学生は，前章で見たように，卒業後，日本での就職が奨励され，専門的・技術的分野の人材の重要な供給源となっている。専門的・技術的分野の在留資格取得後は，10年以上連続の在留（うち5年以上の就労等）という永住者の要件を満たして，永住権を取得する者も増えていくと考えられる。この意味で，留学生は，「表玄関」から日本社会に入ることを期待される数少ないグループの1つである。

　それでは，どのぐらいの留学生が，卒業後，日本で就職・起業しているのであろうか。図3は，2003年から2016年までに日本で就職・起業した全留学生（専門的・技術的分野の在留資格を取得した者）と中国人留学生の数を示している。2009年のリーマンショックにより，日本で就職・起業する留学生数は一旦落ち込んだが，その後徐々に増加し，2016年には1万9435人に達している。中国人留学生の就職・起業者数は，全留学生とほぼ同じ増減傾向を示しているが，全留学生に占める割

表2　専門的・技術分野の在留資格の発行数と元留学生の割合（2016）

主な専門的・技術的分野就労ビザ	2016年在留資格認定証明書交付人員（A）	2016年在留資格変更許可人員（B）	2016年ビザ発行数（C=A+B）	内, 元留学生（D）	元留学生割合（D/C）
技術・人文知識・国際業務	25,888	26,951	52,839	17,353	32.8%
経営・管理	2,610	3,951	6,561	916	14.0%
教授	3,150	1,085	4,235	598	14.1%
医療	37	401	438	257	58.7%
研究	332	255	587	87	14.8%
教育	1,601	840	2,441	87	3.6%
高度専門職	265	2,282	2,547	27	1.1%
その他	1,119	189	1,308	110	8.4%
合計	35,002	35,954	70,956	19,435	27.4%

注1：単位は，指定がない場合には人。
注2：高度専門職は，高度専門職1号イ，ロ，ハ及び2号の合計。
注3：AとBのその他に記載した人数は，宗教，芸術，法律・会計の在留資格取得者の合計。
出典：法務省（2016a，2016b，2017a）に基づき筆者作成

合は，2012年の64.1％から，2016年には56.8％に低下している。2016年に中国に次いで就職・起業者が多い国は，ベトナム（12.8％），韓国（7.3％），ネパール（6.0％），台湾（3.5％）である。表1に示した国別留学生数に比べると，中国人と韓国人留学生の就職・起業者の割合が，留学生数に占める割合よりも高い。日本語能力を求められる就職活動で，漢字圏出身者であることが有利に作用していると推測される。

　留学生の就職先については，従業員数が49人未満の中小企業に就職した者が40.4％と最も多く，次いで，2000人以上の大企業就職者が14.2％，100〜299人の中堅企業に14.1％，300〜999人の企業に13.4％であり，会社規模にばらつきがあることがわかる（法務省，2017a）。

　日本学生支援機構（2018）は，2016年度に卒業・修了した留学生の学種別国内就職率を示している。最も高いのが短期大学卒業者の49.2％，次いで学部卒業者の41.8％であり，高度人材獲得を目指す政策にもかかわらず，大学院生の就職率が，修士課程が34.2％，博士課程が19.4％と，学部よりも低い傾向が見られる。これは，大学院では英語による学位取得プログラムで学ぶ者が多く，企業が重視する日本語能力が高い者が，学部よりも少ないためではないかと考えられる。専修学校留学生の就職率は28.0％に留まっている。その要因の1つに，専修学校留学生の就労ビザへの切替えにあたって，仕事内容と学んだ専門性の関連性が，大学留学生よりも厳密に審査されることが挙げられる。

　表2は，2016年の専門的・技術的分野の主な在留資格の発行数と，当該在留資格を取得した元留学生の割合を示している。「技術・人文知識・国際業務」の在留資格を取得した者の32.8％，「医療」（医師，歯科医師，看護師，理学療法士，作業療法士などを含む）の在留資格取得者の58.7％，「研究」（政府関係や民間企業等の研究者）の14.8％，「教授」（大学等で研究，教育活動を行う者）の14.1％，主に起業者向けの「経営・管理」の14.0％が元留学生であるなど，留学生が専門的・技術的分野の人

表3　留学生の主な出身国別の日本就職希望者の割合と日本就職後の将来計画

	全回答者数 (A)	日本就職希望と回答した者 (B)	日本就職希望者割合 (B/A)	日本就職希望者 (B) の内,			
				日本で永久に働きたい	日本で働いた後, 帰国就職したい	日本で働いた後, 第3国で就職したい	まだ決めていない
中国	2,306	1,547	67.1%	499	586	144	318
		100.0%		32.3%	37.9%	9.3%	20.6%
韓国	430	321	74.7%	96	100	59	66
		100.0%		29.9%	31.2%	18.4%	20.6%
台湾	149	102	68.5%	38	29	13	22
		100.0%		37.3%	28.4%	12.7%	21.6%
ベトナム	466	343	73.6%	88	195	27	33
		100.0%		25.7%	56.9%	7.9%	9.6%
ネパール	273	185	67.8%	81	63	16	25
		100.0%		43.8%	34.1%	8.6%	13.5%
インドネシア	118	68	57.6%	19	31	4	14
		100.0%		27.9%	45.6%	5.9%	20.6%
タイ	79	35	44.3%	12	13	1	9
		100.0%		34.3%	37.1%	2.9%	25.7%
全留学生	4376	2,956	67.6%	958	1,137	297	564
		100.0%		32.4%	38.5%	10.0%	19.1%

注1：指定がない限り，上段の数字は回答者数，その下の％は，同じ国籍の日本就職希望と回答した者（B）中の割合を示す。
注2：日本就職希望と回答した者（B）の数は，「日本就職後の将来計画」に回答した者の数を用いている。将来の予定の第1～第3で，「日本に就職希望」と回答した者の数の合計にほぼ等しい。
出典：日本学生支援機構「平成27年度私費外国人留学生生活実態調査」の回答データの内，大学院，大学，専修学校，高専，短大在籍者のデータを元に筆者が計算

材の重要な供給源となっていることがわかる。高度専門職に占める元留学生の割合は1.1％と低いが，高度専門職の申請にあたっては，年収や職歴などが加味されるため，卒業直後ではなく，一定期間就労してから申請する元留学生が多いことが背景にあると考えられる。高度人材ポイント制の発足当初の2012年5月～2013年4月に，高度人材として認定された者に占める元留学生の割合は44％に上っており（第6次出入国管理政策懇談会・外国人受入れ制度検討分科会, 2013），留学生が，将来の高度人材の有力な供給源であることを示している。

このように日本の専門的・技術的分野の人材の中で大きな存在感を示している留学生であるが，彼らは就職後もずっと日本で働くことを予定しているのだろうか？

表3は，日本学生支援機構（2016a）の「平成27年度私費外国人留学生生活実態調査」（7000人に質問紙を送付し6036人から有効回答）の回答者の内，高等教育機関に在籍する者について，日本就職を希望する者の割合と，日本就職を希望する者に就職後の予定を尋ねた結果を，主な出身国別に集計した結果を示している。日本就職希望者の割合は，高等教育機関で学ぶ留学生全体の67.6％と，3分の2以上が就職を希望しているが，韓国やベトナムなど7割を超える国から，タイのように5割を下回る国まで，国によってバラつきがある。また，日本就職希望者の内，「日本で永久に働きたい」と回答する者は，留学生全体の3分の1程度に過ぎず，「日本で働いた後，帰国して就職した

い」という者が38.5％に上り，ベトナムでは56.9％，インドネシアでは45.6％と，その割合が高いことがわかる。

　同様の傾向は，新日本有限責任監査法人（2015）が，経済産業省の委託により，日本企業の元留学生社員406人に対して行った調査結果でも見られる。今の会社での勤務希望年数について，「できるだけ長く」は35％にとどまり，10年程度が8％，5年程度が23％，3年以内が12％であった。他方，同じ調査で，日本企業に外国人社員に望む勤続年数を尋ねた結果は，「できるだけ長く」が94％で圧倒的に多く，企業の期待と留学生の将来計画にずれが見られた。また，留学生社員に日本で就職した理由を尋ねた回答（3つまでの複数回答）では，「将来日本企業の海外拠点で働きたい」が45％と最も多く，次いで「日本企業の技術力の高さ」41％，「日本語を使って仕事をしたい」30％，「衣食住などの環境が良い」26％，「日本企業の人材養成が充実」26％の順であり，海外拠点勤務が就職理由の第1位を占めている。

　以上より，留学生の多くは，在学中よりアルバイトで日本の低熟練労働の現場を支え，卒業後は，専門的・技術的分野の在留資格への切替えが奨励されており，将来的に永住権を取得する者も増えていくと考えられる。この意味で，留学生は「表玄関」から日本社会に入ることを期待される数少ないグループの1つである。しかし，専門的・技術的分野の在留資格は，高度人材からミドルスキル人材まで，幅広い職種を含み，留学生の就職先の規模も，従業員50人未満の零細事業所から2000人以上の大企業まで多様である。留学生の雇用先企業では，留学生に定着して欲しいという希望があるにもかかわらず，ずっと働く予定の留学生は，全体の3分の1程度に過ぎず，留学生の出身国によって，進路選択の傾向が異なることが判明した。

3　「働きながら学ぶ」留学生増加の背景と課題

　第1章で，ベトナム，ネパールなど非漢字圏諸国からの留学生が急増し，日本語教育機関や専修学校で学ぶ者が多いことを確認した。日本語教育機関や専修学校関係者，また，ネパールやベトナムにおける日本大使館や元留学生，日本語教育関係者等への聞き取りから（佐藤・堀江，2015；佐藤，2016a），これらの国からの留学生が急増した背景には，次のような経緯があったと考えられる。

(1) 東日本大震災後，中国，韓国など漢字圏からの留学生の帰国や減少に危機感を抱いた日本語学校や専門学校などの関係者が，非漢字圏諸国での学生リクルートを強化した。
(2) ベトナム，ネパールなどアジアでも所得水準が低く，よりよい生活を求めての留学希望者が多い国において，日本の学校からの働きかけにより日本留学の人気が高まり，日本留学を斡旋する業者が増加した。日本留学勧誘の際，アルバイトが長時間できることをアピールすることが多く，業者の中には「日本ではアルバイトで月15〜20万円稼げるので，留学費用を借金しても簡単に返済可能」といった甘言で，授業料，航空賃，手数料など総額120〜150万円に上る前納金を徴収するケースも増加した。

　この結果，「働きながら学ぶ」非漢字圏からの留学生が急増し，彼らの中には上限である週28時間を超えてアルバイトに従事し，その結果，日本語能力が十分身につかず，希望の進学／就職がで

きない者，心身の健康を害し夢破れて帰国する者，難民申請に走る者が出現している[*9]。佐藤（2016b）は「平成27年度私費外国人留学生生活実態調査」の回答データを，主な学種別に，漢字圏（中国，韓国，台湾）と非漢字圏（上記3ヵ国以外）出身者の回答を比較し，日本語教育機関や専修学校で，非漢字圏出身留学生のアルバイト従事率が93％を超え，アルバイト従事時間数も，漢字圏出身留学生より長いこと，仕送りを得ている者も少なく，月平均の食費は2万4000円前後に過ぎず，食費，住居費を切り詰め，アルバイトに頼って生活している状況を示している。

このように厳しい「働きながら学ぶ」生活を続ける非漢字圏出身の留学生が増加を続けている背景には，送出し国からのプッシュ要因と，日本側のプル要因の両方が作用していると考えられる。

送出し国のプッシュ要因としては，所得水準の低さと日本留学を斡旋する業者の存在が挙げられる。2016年の一人当たり国内総生産GDP（米ドル）は，ベトナム2214，ネパール729，スリランカ3835であるのに対し，漢字圏の中国は8123，韓国は2万7539と大きな差がある（World Bank, 2017）。中国や韓国では所得向上に伴い英語圏諸国への留学が増えているが，ベトナム，ネパール，スリランカなどの所得が低い国では，学費が比較的安く，アルバイトが比較的長時間できる[*10]日本留学の人気が高い。このため，これらの国で日本留学を斡旋する業者が急増し，中には「留学費用は借金してもアルバイトすれば簡単に返済できる」といった甘言で勧誘する業者もいて，留学を後押しする。

日本側のプル要因としては，経営上の理由から留学生を獲得したい教育機関の事情と，人手不足から留学生のアルバイトを必要としている労働現場の状況が挙げられる。

教育機関に関しては，中国，韓国からの留学生減少に危機感を抱いた日本語教育機関や専修学校が，非漢字圏での留学生リクルートを強化したことは前述したが，大学においても，18歳人口が減少する中，定員充足のために留学生を求める所が少なくない。このような中，留学生が資格外活動の上限時間を超えてアルバイトをしていても，黙認する風潮が広がっている。さらに，このような風潮に歯止めがかからない要因の1つが，留学生教育の質をチェックする仕組みが不十分であることである。

特に日本語教育機関については，学校教育法第124条に「我が国に居住する外国人を専ら対象とするものを除く」という規定があるため，日本語教育機関が専修学校として認められて来なかったという事情があり，各種学校として都道府県知事の認可を受けた学校も少なく，株式会社や私塾といった形態のところが多い[*11]。日本語教育機関や専修学校の中には，現地の留学斡旋業者に一人当たり5～15万円の手数料を支払って留学生を入学させ，彼らが長時間のアルバイトを行うことを黙認し，おざなりの教育しか行っていないところもある[*12]。

また，教育内容に失望した留学生が授業料の返還を求めても，母国で留学斡旋業者を通じて前納した授業料は，国内のクーリングオフ制度の対象とならないため，泣き寝入りするケースも少なくない。人材派遣業や不動産業を兼業する日本語教育機関の中には，留学生の紹介手数料や家賃収入から，2重，3重の利益を得るところもある。良心的な日本語教育機関も存在するが，2010年の「事業仕分け」により，日本語教育振興協会が文部科学省，法務省と共同で日本語教育機関の審査・認定を行う仕組みが廃止されて以降，法務省が出入国管理及び難民認定法に基づき告示する日本語

教育機関（告示校）の審査を行っており（佐藤，2016a），告示校認定後の審査は，留学生の不法残留率などが中心で，留学生教育の質のチェックは十分に行われていない。日本語教育機関による予備教育（高等教育機関入学前の日本語教育を中心とする準備教育）は，留学生のその後の教育の土台を形成する極めて重要な部分であるところ，制度の早急な改善が望まれる。

中小企業における人手不足の深刻化は，留学生のアルバイトに拍車をかけている。2017年，大分県をはじめとする九州7県と熊本市は，留学生の資格外活動の上限時間を週28時間から36時間に引き上げる国家戦略特区の提案を行い（九州地域戦略会議，2017），自由民主党一億総活躍推進本部（2017）も，「誰もが活躍する社会を作るPT提言」の中で，留学生の資格外活動の時間制限緩和を提案している。同提言の中には「留学期間の就労も積極的に労働力として活用することで，労働力不足を補う」と記載され，留学生の資格外活動が，労働力として期待されていることがわかる。

「働きながら学ぶ」留学生の問題は，1980年代後半に，中国出身の就学生（日本語教育機関で学ぶ学生の在留資格，2010年に留学の在留資格に1本化）が急増した際にも見られた[*13]。しかし，現在の非漢字圏からの「働きながら学ぶ」留学生の問題を深刻化させているのは，所得が低い国からの留学生が多いことにより，①現地の所得レベルに比した留学経費の負担が重く，借金返済のプレッシャーがより強いこと，②漢字圏に比べ，日本語習得にかかる時間が長くかかり，長時間のアルバイトのために十分な日本語学習ができなかった場合，進学や就職の道が閉ざされるリスクが高いことが挙げられる。また，上述のように，教育機関が学校経営のため，中小企業が労働力確保のために留学生を求めるニーズも，以前よりはるかに強くなっている。

4 考　察

以上，留学生政策の多義性，日本で働く外国人における留学生の位置づけ，さらに「働きながら学ぶ」留学生の問題について概観した。

分析から導かれる留学生政策の多義性のメリットとしては，留学生受入れが，難民，介護人材など，多様な外国人の受入れの窓口，育成の機会として機能している点が挙げられる。少子高齢化と経済のグローバル化を背景とした留学生の日本就職促進の動きは，閉ざされてきた日本の移民政策に，実質的な風穴を開けつつある。また，専修学校留学生などの増加は，日本の中小企業や介護現場におけるミドルスキル人材のニーズを充足していくものと考えられる。

しかし，日本の労働力ニーズに立脚した留学生採用の議論は，彼らの人生設計の視点を見落としてしまいがちである。留学生の出身国によっては，一定期間日本で働いた後，母国に戻って就職を希望する者が多いことから，職務や期間を限定したジョブ型採用や，一定期間の後，母国の海外拠点に配置するキャリアパスの提示など，彼らのニーズを考慮した制度設計の検討が必要である。

留学生政策の多義性の課題としては，利害関係を持つステークホルダーが多く，調整に時間を要し，迅速な対応が難しい，という点が挙げられる。第3章で分析した，非漢字圏諸国からの「働きながら学ぶ」留学生の増加は，より良い生活を求め，働きながら留学できる機会を求める低所得国からの留学生送出しの力と，経営上の理由から留学生を求める日本の教育機関と人手不足から留

学生のアルバイトを必要とする中小企業という日本側の2つの引力が，相互に作用して引き起こされた現象と見ることができる。このため，問題の解決には，海外での留学生政策を担当する外務省，国内の日本語教育機関（告示校）を審査・管理する法務省，大学等の高等教育機関を所管する文部科学省，専修学校や各種学校の運営指導を行う都道府県，中小企業支援を行う経済産業省，外国人の労働問題を扱う厚生労働省といった複数の組織が，協力して事にあたる必要があるが，関係機関が多すぎて，適切なアクションが取られていない印象を受ける。

　留学生30万人計画においては，留学の入口から，留学中，卒業・終了後の進路（出口）に至るまで，6省が協力しての体系的な方策の実施が謳われていた。留学生30万人の目標達成が目前に迫った現在，もう一度，「優秀な留学生を戦略的に獲得していく」という計画当初の方針を振り返り，留学生の出身国や学種の多様化や「働きながら学ぶ」留学生の増加という状況に対し，連携して対応する体制を構築すべき時期に来ていると考えられる。

　留学生政策の基本は，人を育てることにあり，海外からの適切な人材の募集・選抜，質の高い教育の提供，学んだ知識・技能を活かせる就労機会の提供が揃って初めて，留学生政策の複数の目的が達成できる。また，留学生が後輩に日本留学を勧めてこそ，留学生受入れの持続的拡大が可能となる。このような留学生政策の特徴を踏まえた上で，関係省庁及び関係機関が協力して実効性のある政策を策定し，人材の確保，外交関係の強化，経済連携の強化，教育機関の学生確保，日本社会の国際化といった留学生政策の複数の目的の達成を持続的に追及していく必要がある。

*1　ベトナムの語彙には漢語からの借用語（漢越語）が多いが，現代ベトナム語では漢字を使用しておらず，中国語や韓国語の母語話者と比べ，日本語の習得が遅いとされるため（松田ほか，2008），本稿ではベトナムを非漢字圏として扱う。
*2　2016年の難民申請者は1万901人であったのに対し，難民として認定した者は28名にとどまった（法務省，2017b）。
*3　具体的には，文部科学省，外務省，法務省，厚生労働省，経済産業省，国土交通省（文部科学省，2008）。
*4　特別永住者である在日コリアンは，外国人雇用状況届出制度の対象ではないためこの数字に含まれていない（明石，2017b）。
*5　ただし，複数の職場でアルバイトをかけ持ちする留学生がいるため，実際の資格外活動者の割合はこれより低いことに留意する必要がある。
*6　井口（2015）は，ミドルスキルとは，高校卒業後2〜3年の技能形成を要する職業分野で，電気工，機械工，自動車整備士，航空機整備士などのものづくり系の職種や，美容師，保育士，介護福祉士などの福祉・介護系分野が含まれるとし，大学進学率の高まりなどにより，欧米や日本，韓国，台湾などで不足状況にあると述べている。
*7　1999年に閣議決定された「第9次雇用対策基本計画」において，専門的・技術的分野の外国人労働者については，我が国の経済社会の活性化や一層の国際化を図る観点から受入れをより積極的に推進する一方で，「いわゆる単純労働者」の受入れについては，国内の労働市場にかかわる問題などの影響が極めて大きいことから，国民のコンセンサスを踏まえつつ，十分慎重に対応することが不可欠としている。
*8　明石（2017a：92-93）は，外国人就労者を，専門性の高低により「人材」タイプと「人手」タイプに分け，後者には留学生，技能実習生が含まれ，さらに日本人の配偶者等や永住者も少なくないとしている。
*9　西日本新聞社（2017：30-35）は，難民申請を行う留学生，追い込まれて自殺した留学生，窃盗罪で有罪判決を受けた留学生を紹介している。
*10　日本の資格外活動の上限時間が週28時間と，他の主要な留学生受入れ国（米国では学外のアルバイトは原則禁止，

オーストラリアでは上限時間が2週間で40時間，韓国では週25時間）より長い。
*11 日本語教育振興協会（2017：1）によれば，認定している323の日本語教育機関の内，55.7%が株式会社・有限会社であり，学校法人・準学校法人は30.7%に過ぎない。
*12 西日本新聞社（2017：44-80）は，留学ビジネスの実態と，授業中の居眠り，賭けトランプを黙認する「名ばかり学校」があることを紹介している。
*13 白石（2006：2）は，この時期，認可制度もないまま，人手を確保することが目的のような日本語学校が乱立したと記述している。

《参考文献》

- 明石純一，2017a「海外から働き手をいかに招き入れるか——日本の現状と課題」『日本政策金融公庫論集』34号，87～107頁
- 明石純一，2017b「日本の移民政策の課題と展望——研究者インタビュー」JAR便り（https://www.refugee.or.jp/jar/report/2017/11/24-0001.shtml?utm_source=JAR%E4%BE%BF%E3%82%8A&utm_campaign=7dce3aad32-EMAIL_CAMPAIGN_2017_11_24&utm_medium=email&utm_term=0_f7a465752b-7dce3aad32-24953641，2017年11月24日アクセス）
- 朝日新聞DIGITAL，2017「シリア難民，300人規模で受け入れへ　政府，定住に道」（https://www.asahi.com/articles/ASK225HLZK22UTFK00R.html，2017年3月5日アクセス）
- 井口泰，2015「東アジア経済統合下の人の移動の効果と政策課題」『経済学論究』68巻3号，467～491頁
- 九州地域戦略会議，2017「外国人材活躍推進に関する要望」（http://www.pref.oita.jp/chijikai/senryakukaigi/data/20170524/youbousho.pdf，2017年12月10日アクセス）
- 経済産業省，2017「第46回海外事業活動基本調査概要（2016年7月1日調査）」（http://www.meti.go.jp/statistics/tyo/kaigaizi/result/result_46/pdf/h2c46kaku1.pdf，2017年12月12日アクセス）
- 厚生労働省，2017「『外国人雇用状況』の届出状況まとめ（平成29年10月末現在）」（http://www.mhlw.go.jp/stf/houdou/0000192073.html，2018年2月12日アクセス）
- 佐藤由利子，2010『日本の留学生政策の評価——人材養成，友好促進，経済効果の視点から』東信堂
- 佐藤由利子，2016a「ベトナム人，ネパール人留学生の特徴と増加の背景——リクルートと受入れにあたっての留意点」『ウェブマガジン留学交流』6月号，Vol.63，12～23頁
- 佐藤由利子，2016b「非漢字圏出身私費留学生のニーズと特徴——日本学生支援機構・私費留学生生活実態調査の分析結果から」『ウェブマガジン留学交流』12月号，Vol.69，1～16頁
- 佐藤由利子，2017「移民・難民政策の入口としての留学生政策」移民政策学会メインシンポジウム「日本における移民政策のグランドデザイン構築に向けて——入国管理体制の再検討」移民政策学会2017年度年次大会プログラム・抄録集，40～41頁
- 佐藤由利子・堀江学，2015「日本の留学生教育の質保証とシステムの課題——ベトナム人留学生の特徴と送り出し・受け入れ要因の分析から」『留学生教育』20号，93～104頁
- 自由民主党一億総活躍推進本部，2017「誰もが活躍する社会をつくるPT提言」『一億総活躍社会の構築に向けた提言』46～56頁
- 白石勝己，2006「留学生数の変遷と入管政策から見る留学生10万人計画」ABK留学生メールニュース第61号，1～6頁
- 新日本有限責任監査法人，2015『平成26年度産業経済研究委託事業（外国人留学生の就職及び定着状況に関する調査）報告書』新日本有限責任監査法人
- 第6次出入国管理政策懇談会・外国人受入れ制度検討分科会，2013「高度人材に対するポイント制による出入国管理上の優遇制度の見直しに関する検討結果」
- 難民支援協会，2017「プライベート・スポンサーシップによるシリア難民留学生，無事来日」（https://www.refugee.or.jp/jar/release/2017/03/31-0001.shtml，2017年5月5日アクセス）
- 西日本新聞社，2017『新 移民時代——外国人労働者と共に生きる社会へ』明石書店
- 日本学生支援機構，2016a「平成27年度私費外国人留学生生活実態調査概要」日本学生支援機構（https://www.jasso.go.jp/about/statistics/ryuj_chosa/h27.html，2017年1月5日アクセス）

- 日本学生支援機構，2016b「平成28年度外国人留学生在籍状況調査」日本学生支援機構（http://www.jasso.go.jp/about/statistics/intl_student_e/2016/index.html，2017年4月1日アクセス）
- 日本学生支援機構，2017「平成29年度外国人留学生在籍状況調査結果の公表」日本学生支援機構（http://www.jasso.go.jp/about/information/press/1272051_3557.html，2017年12月27日アクセス）
- 日本学生支援機構，2018「平成28年度外国人留学生進路状況・学位授与状況調査結果」日本学生支援機構（https://www.jasso.go.jp/about/statistics/intl_student_d/data17.html，2017年3月5日アクセス）
- 日本経済再生本部，2016「日本再興戦略2016──第4次産業革命に向けて」（https://www.kantei.go.jp/jp/singi/keizaisaisei/pdf/zentaihombun_160602.pdf，2017年1月3日アクセス）
- 日本経済再生本部，2017「未来投資戦略2017──Society 5.0の実現に向けた改革」（https://www.kantei.go.jp/jp/singi/keizaisaisei/pdf/miraitousi2017_t.pdf，2017年12月3日アクセス）
- 日本経済団体連合会，2004「外国人受け入れ問題に関する提言」（http://www.keidanren.or.jp/japanese/policy/2004/029/，2016年12月3日アクセス）
- 日本語教育振興協会，2017「平成28年度 日本語教育機関実態調査結果報告」（http://www.nisshinkyo.org/article/pdf/overview05.pdf，2017年11月7日アクセス）
- 法務省，2016a「在留資格別　在留資格認定証明書交付人員」（http://www.moj.go.jp/housei/toukei/toukei_ichiran_nyukan.html，2017年12月13日アクセス）
- 法務省，2016b「在留資格別　在留資格変更許可人員」（http://www.moj.go.jp/housei/toukei/toukei_ichiran_nyukan.html，2017年12月13日アクセス）
- 法務省，2017a「平成28年における留学生の日本企業等への就職状況について」（http://www.moj.go.jp/content/001239840.pdf，2017年12月3日アクセス）
- 法務省，2017b「平成28年における難民認定者数等について」（http://www.moj.go.jp/nyuukokukanri/kouhou/nyuukokukanri03_00122.html，2017年12月3日アクセス）
- 法務省，2017c「在留外国人統計　2017年6月末　第1表　国籍・地域別　在留資格（在留目的）別　在留外国人」（http://www.moj.go.jp/housei/toukei/toukei_ichiran_touroku.html，2018年1月8日アクセス）
- 松田真希子・タン ティ キム テュエン・ゴ ミン トゥイ・金村久美・中平勝子・三上喜貴，2008「ベトナム語母語話者にとって漢越語知識は日本語学習にどの程度有利に働くか──日越漢字語の一致度に基づく分析」『世界の日本語教育』18号，21〜33頁
- 文部科学省，2008「『留学生30万人計画』骨子の策定について」（http://www.mext.go.jp/b_menu/houdou/20/07/08080109.htm，2017年1月13日アクセス）
- World Bank, 2017, 'GDP per capita (current US$)' (http://data.worldbank.org/indicator/NY.GDP.PCAP.CD, December 12, 2017)

International Student Policy as de facto Entry Point of Immigration and Refugee Policy in Japan:
Merits and Problems of Versatile International Student Policy

SATO Yuriko

Tokyo Institute of Technology

Key Words: highly skilled, mid-skilled, employment of international students

In 2008, a working plan to increase the number of international students to 300,000 was announced by six related Ministries of Japan. The main purpose of the plan was to retain international students as a source of highly skilled workers in Japan. It was also expected to internationalize the Japanese universities and societies and to make some academic contribution to developing countries. The purpose of this paper is to examine this versatile nature of the policy and to discuss its merits and problems.

One of the merits of versatility is that it opened an entry point for immigrants and refugees. In Japan Revitalization Strategy 2016, the government set a target to increase the percentage of international graduates who will find employment in Japan from 30% to 50% as a measure to obtain highly skilled workers. Under this strategy, international students are encouraged to find jobs in Japan. After working for five years as specialists in a certain field, they can apply for permanent residency.

In 2017, Japanese government announced that it would accept 300 Syrian refugees as international students and their families over the next five years. NPO Japan Refugee Association also announced their plan to accept Syrian refugees as international students. This means that the door for refugees is now open when they knock it as international students.

A problem caused by the versatility of policy is the difficulty in taking concerted action as seen in the response to the increase of international students who earn their living by working excessively in part time jobs.

特集：移民政策のグランドデザイン

外国人技能実習制度成立の経緯と2009年の転換点の意味づけ
——外国人労働者受け入れのための試行過程

上林 千恵子　法政大学教授

キーワード：日本の移民政策，外国人労働者受け入れ政策，外国人技能実習制度

　外国人技能実習制度は1993年に成立してほぼ25年の歴史を持つ。その成立前史では，日本型の雇用許可制度が想定されたが，それが成立を見ないまま葬り去られたため，技能移転を趣旨とする技能研修・実習制度として成立したのである。当時の制度趣旨と実態との乖離をその後，2009年の入管法改正で修正した。また外国人雇用状況報告の義務化，在留カードの創設など，技能実習生を含む外国人労働者管理の手段を整備しつつ，EPAによる介護士受け入れを試みて，介護技能実習生受け入れの準備も行った。これまでの日本の技能実習制度の歴史は，建前としての技能移転から，労働力として外国人労働者を正式に受け入れていくという変質の歴史であり，結果として実態に近づくために，少しずつ制度改革がなされてきたといえよう。

　本研究では，技能実習制度を中心としつつ，1989年入管法改正前後から2009年入管法改正までのほぼ20年間の移民政策の動きを検討している。

1　問題の所在

　「未来についての最良の預言者は過去である」という。もしこの言葉が真実ならば，日本の外国人労働者受け入れ政策について将来展望を行うためには，日本の外国人労働者受け入れの過去を見ればよいだろう。日本の外国人労働者受け入れ政策，広義には移民政策のうち，もっとも代表的政策は外国人技能実習制度であろう。これと並び多くの外国人労働者を日本社会へ供給してきた日系中南米人のルートが先細りになっている現在，技能実習制度は日本でほぼ唯一の外国人労働者の獲得政策である。その歴史を見れば，日本の外国人労働者受け入れ政策の特徴と今後の発展方向の示唆が得られるのではないだろうか。

　移民受け入れ政策という一つの政策分野については，他の政策分野である経済・金融政策，人口政策，雇用政策，社会保障政策等と比べて，日本以外の受け入れ国でも常に批判の対象となっているという観が否めない。それは民族性，血統という国民の感情に触れる非合理性が支配しやすい分野であることだけではない。合理性の範疇に限定しても，国民の一致をみにくい背景が存在するか

らだ。

　その理由は第1に，移民は受け入れ国の国籍を持たないがゆえに，その国で市民権（シチズンシップ）を得ている国民と異なって，様々な側面で十全な市民権が保障されていないことが原因となって問題が発生するからである。外国人に対する市民権の保障は，個別具体的に一つ一つ決定していかなければならない事項だから，完全な市民権付与との間に乖離があり，その乖離を問題にする限り，必ず批判が生ずる。

　第2に，移民政策全般の議論から離れて，個々の具体的な外国人労働者受け入れ政策に目を転ずると，個々の制度には多様な，そして相反する利害関係者が関わっており，制度をそれぞれの立場から自分たちの利害の反映状況に基づいて評価するために，関係者間の究極の一致点を見出すことは非常に困難だといえる。労使関係は，基本的には労働者と使用者である企業との間で，相互の協調関係と対立関係という二つの矛盾する関係を内包していることは基本的認識である。ところが外国人労働者と使用者との関係になると，この関係が基本的には労使関係論であることが忘れ去られ，どちらか一方に問題発生の非を負わせることによって，本来は複雑な問題を極めて単純化し，あたかも制度自体を全面的に変更あるいは廃止すれば問題解決が可能であるかのような楽観的議論が広がっている。労使関係の複雑さとこれまでの歴史を無視した議論といえよう。日本社会全体が移民受け入れに対して共通の合意形成に至らず，移民受け入れというテーマが日本ではまだ未成熟であること，さらに近年はとみに労使紛争が減少して労使関係そのものへの認識が薄れたことが，二重の意味でこうした事態を招いているのではないかと考える。

　移民政策の特徴として，アメリカの移民研究者カースルズは，まったく失敗したという政策はなく，ある程度は成功しながらも，多くの場合，意図せざる結果を生み出すこと，またこの政策が譲歩と矛盾の中で形成されざるを得ないために，目的合理的に形成されるとは限らない，と述べている（Castles, 2004：854）。そしてその理由を以下のような要因に求めている。すなわち，まず国内的要因としては，移民受け入れに関して関係者間の社会的利害がぶつかり合うがために，政策そのものの形成過程が譲歩の積み重ねであること，次いで対外的な要因としては，自国の移民管理を図りたい各国家の論理と，グローバル時代における超国家間の国際的移住（労働移動）の論理とが矛盾すること，としている。移民政策の形成は，既に移民受け入れ国家として成立している諸国にとっても，大きな課題であり続け，国内間・国際間の矛盾の中でやっとのことで合意形成がなされていることがこうした説明から理解できよう。

　日本社会はこの30年間，1980年代のバブルの生成・崩壊，2008年リーマン・ショックなど大きな景気変動を経験し，少子高齢化の進展や地域間の格差の増大，最近ではITに代わってAI（人工頭脳）といわれる技術革新も注目されている。周囲のアジア諸国も，中国を筆頭に経済成長が目覚ましい。韓国が移民送り出し国から受け入れ国へと変化し，また台湾，シンガポールも移民受け入れに積極的な国へと移行した。国内事情，国外事情のこうした急速な変化を考えると，日本の技能実習制度の変更は行われて当然であるし，また現実に変更されてきた。この変化の過程をたどることで，今後の日本の移民受け入れ政策の将来展望が描けるのではないだろうか。

　本稿では外国人技能実習制度の過去24年間，そしてその前史を含めればほぼ30年間に，この制

度がどのような変化を見せたかを制度改正の象徴となった法律の変化を手掛かりに検討したい。

2　成立前史としての1988年雇用許可制度の提案

　現在の外国人技能実習制度の前史は、1988年3月発表された外国人労働者問題研究会（座長は当時の小池和男法政大学教授）による雇用許可制度にあろう。この研究会は、1987年12月職業安定局長の私的懇談会として発足し、僅か3か月の短期間で報告書を提出し、雇用許可制度の検討結果を発表している。制度は結果として実現化されなかったものの、研究会報告書は、およそ30年前の日本の外国人労働者問題の内容は何か、そしてその対策の必要性が喫緊の課題であったことを如実に示している。またその報告書は、その後の1988年5月に労働大臣の呼びかけにより設立された外国人労働者問題に関する調査検討のための懇談会に反映された。この懇談会は、座長を園城寺次郎（当時・日本経済新聞社顧問）として労使および学者による公益委員で構成されており、一応、政労使の三者間の合意で提出されたものである。発表は1988年12月9日である。

　懇談会報告書によると、雇用許可制度の内容は、1988年6月に閣議決定された第6次雇用対策基本計画に沿った外国人労働対策を実現しようと意図したものである。この基本計画では、「外国人労働者問題への対応」の項目中、「円高の進展等を背景として、外国人の不法就労者が急増しており、これに係る労働関係法規違反もみられるほか、国内労働市場や社会生活等の面への悪影響など、広範な分野において問題が生ずるおそれもある」と、まず不法就労外国人の増大している実情に懸念を示している。その上で、以下のような文章が綴られている。

　　今後、我が国においては、外国人労働者の受入れについて、国際間の人的な交流の円滑化にも留意しつつ、我が国の労働市場や社会生活等に悪影響を及ぼすことなくこれを進めるなどの観点から検討することが必要である。この場合、専門、技術的な能力や外国人ならではの能力に着目した人材の登用は、我が国経済社会の活性化、国際化に資するものでもあるので、受入れの範囲や基準を明確化しつつ、可能な限り受け入れる方向で対処する。
　　これら外国人労働者の受入れに関わる諸問題については、各方面への影響を考慮しつつ、不法就労への効果的な対応策も含め、慎重かつ速やかに検討を行う。なお、その検討に際し、いわゆる単純労働者の受入れについては、諸外国の経験や労働市場を始めとする我が国の経済や社会に及ぼす影響等にもかんがみ、十分慎重に対応する。（傍点は引用者による）

　この第6次雇用対策基本計画によると、外国人の雇用対策の基本方針は第1に、現下の不法就労外国人急増について対応策が必要であること、しかし第2に単純労働者は受け入れないこと、の二つの原則が確認されている。当時の不法就労外国人は、日本語の使用を前提としない単純労働に従事していたことを考慮すれば、この二つの基本原則はそもそも矛盾するものであり、単純労働者である外国人労働者を一切、合法的な存在者として認めないならば、彼らを雇用していた中小零細製造業や建設業、農業などでは必要な労働力を欠いたまま操業継続が困難となることは火を見るより

明らかであった。

　そこで，不法就労者削減と，単純労働者受け入れ禁止の二つの政策目標を堅持しつつ，中小企業が必要とする労働力を確保するという政策効果を狙ったのが，この雇用許可制度である。したがって雇用許可制度の提案そのものが，非常に狭い隘路の中でしか実現可能でなかったことは自明であり，移民受け入れ政策の困難さを体現しているものである。日本の外国人労働者政策は，単純労働者受け入れ反対で一貫しているように見えるが，詳細に当時の報告書を見ると，正式に外国人を労働者として日本社会に受け入れるべきだという提案が，政労使の三者間合意の上で，30年前の1988年に提出されていたことは銘記されるべきであろう。

　雇用許可制度の骨子は，以下のとおりである。外国人労働者を雇い入れたい事業主は，労働大臣の許可を得ること，雇用許可は職種，事業所等を定めて許可すること，その変更には軽微なものを除いて労働大臣の許可が必要，雇用許可の有効期限は1年以内で更新可能[*1]，「本邦内労働者の失業の防止を具体的に担保するため，外国人労働者を就労させようとする地域における当該職種の労働力需給状況を検討する」「当該外国人が要求される一定水準以上の技術・技能を有しているものであることを確認する」「必要に応じ職種ごとの総量規制を行うことを検討する」としている。雇用許可の具体的手続は，「公共職業安定所が中心となって実施する」とされた。

　全体として，欧米の移民受け入れ国で実施されている労働市場テストの採用，総量規制などが制度内容を形作っており，どちらかといえばオーソドックスな単純労働者受け入れ政策がその内容となっている。ただし欧米の労働許可制度が外国人労働者に対して付与されるのに対し，提案された雇用許可制度では許可が事業主に下りることになっていた。

　だが，この雇用許可制度の提案は世間の受け入れるところとはならなかった。その経緯は濱口（2010：279-284）に詳しいが，要約すると，法務省入国管理局と在日本大韓民国居留民団の猛反対の故である。雇用許可を労働者本人にではなく，使用者に付与することで使用者の権限が不当に強化されることの危険性を否定しきれなかったからである，とされている。すなわち，①外国人だけが雇用許可が必要とするのは内外人平等原則に反する，②在日韓国・朝鮮人への差別助長につながる，③雇用許可制度を導入しても，不法就労の解決にはならない，④就労するために入国許可以外に，新たに雇用許可が必要とされるのは外国人にとっても不便である，などの理由であった。

　1988年当時，総評も分野別，国別による数量規制で労働許可証の交付を提案し，また東京商工会議所は外国人労働者を受け入れるための二国間協定を主張し，経済同友会がローテーション方式による労働者受け入れを提案していた。労使双方が何らかの外国人労働者受け入れに賛意を示していたにも関わらず，日本社会全体の賛意は乏しかったといえよう。また労働省と法務省との権限争いについて言及すると，移民受け入れの権限は，ヨーロッパ諸国では外務省や移民局の範囲ではなく，基本的には内務省の管轄範囲であり，その担当の政府部署が示すように，移民問題は国内問題とされている。国内に既に国外からの移住者が多数，生活している事実を見れば，新たな移民受け入れは国内の外国生まれ居住者，永住者との関係を抜きにしては考えられず，さらに国内労働者の失業問題とのバランスを考慮する上でも，これは明らかに国境管理問題でもなく，外交問題でもなく，国内の労働問題，広義には政治問題という性格が濃厚だからだ[*2]。

しかし日本では移民受け入れの経験がこれまで乏しく、受け入れのための制度設計を全くゼロの状態から開始しなければならなかった。また提案された雇用許可制度を実現するための世論の後押しも欠けていたため、この制度は提案のままに終わってしまう。「更に検討を進めるもの」との結論で、結局、棚上げのまま 30 年間放置されている。

そしてこの提案の代替として新たに試みられた受け入れ制度が外国人研修・技能実習制度である。それを次に検討しよう。

3 1989 年の入国管理法改正と技能実習制度成立

日本経済団体連合会をはじめとして、使用者側の意見をヴォイスとして政治に反映させる役割を担う経済団体は、現在に至るまで受け入れる外国人労働者の範囲拡大を主張している。しかしながら、正面切って外国人労働者を受け入れる雇用許可制度の導入が不可能となった後、どのような形で外国人労働者を日本に受け入れることが可能だろうか。単純労働者受け入れを否定した上で、併せて不法就労対策としても有効な制度が考案されなければならなかった。その結果が現在に続く外国人研修制度である。

この研修制度は、既に一部の中小企業団体で人手不足解消のために 1979 年から 1981 年頃に試みられた制度であり[*3]、これを先駆的モデルとしながら、標準化し全国的な規模で展開可能として整備された制度がこの外国人研修制度であったのである。その制度設計を前提にして、出入国管理及び難民認定法（以下、入管法）が 1989 年に改正された。翌年から施行されたこの 1990 年入管法は、その他、使用者の不法就労助長罪および在留資格「定住者」の創設などで移民政策上、一つの時代を画するものであるが、技能実習制度についてもこの 1990 年入管法を抜きにしては語れない。

ここでのポイントは、1990 年入管法で研修生の位置づけが変化したことである。1981 年に改正された入管法で、初めて「技術研修」の在留資格が創設された。当時の規定で「技術研修」とは、「本邦の公私の機関により受け入れられて産業上の技術、技能または知識の習得をする者」に付与される資格であった。それが、1990 年入管法では、「本邦の公私の機関により受け入れられて行う技術、技能又は知識の習得をする活動」と変更された。この字句の差異は些少であるが、意味するところの違いは大きい。この入管法では、初めて在留資格に、「活動」と「身分又は地位」という二つのカテゴリーが導入され、研修資格が活動ビザの資格へと位置づけが変更された。その結果、研修生の資格外就労の範囲が明確化され、「収入を伴う事業を運営する活動又は報酬を受ける活動」が資格外活動とされるようになった。この点は、「『研修』については法律上『活動』でおさえており、資格外活動の解釈についても疑問の生じる余地はない規定ぶりとなっている」と説明されている（伊藤，1994：22）。

以上のように研修の在留資格にあらかじめ不法就労の範囲を明確化させておくことで、研修生の不法就労取り締まりの根拠が成立した。これが現在の技能実習制度の始まりである。当時、研修という在留資格を外国人労働者受け入れの窓口とすることについて、二つの可能性が存在していた。一つは、資格外就労を排除して「研修」を字義通りに実行させるために、研修を成立させる要件を

厳しくして，名実共に研修を実施させる道と，他の一つは，研修の在留資格を実質的な労働者確保として転用している実態を見極めて，徐々に低熟練労働者の受け入れに門戸を開くという，なし崩し的な門戸開放策をとるという道であった。そして現実には，第1の道である研修強化の道が選ばれ，技能実習制度の建前が制度上で強調されるようになった。1988年に雇用許可制度の実現に失敗しているからこそ，労働者としての受け入れは困難だとの判断がなされても不思議ではないだろう。その際，労働者受け入れが否定されているならばそこに何らかの建前が必要であり，それが近隣諸国への技能移転であった。在留資格「技術研修」に由来する建前であるから，その発展形態である技能実習制度がその建前を利用することは，当然のことであろう。

この結果は既に周知のように研修生が労働者であることが否定されたために，研修生の権利保護の手段が失われ，彼らは労働保護法の枠外に置かれた。その最たるものが，研修生は労働者ではないことによって，賃金が支払われず，それに代わって研修手当が支給されたことである。不法就労者を取り締まることに急なあまり，研修生の権利保護という課題が後回しにされたのである。しかし，これは実態としてのなし崩し的開国を必ずしも否定するものではなく，建前が強化されただけであって，実態は第2の方向へ進んだことは，後の技能実習制度の変化を見れば明らかである。

一方，入管法改正後の1990年8月には，法務大臣告示により「研修に係る審査基準の一部緩和」が発表された。中小企業でも，団体を組織化することにより研修生受け入れが可能となった。この告示により，具体的な制度として，現在の技能実習制度の原型である団体監理型外国人研修制度が発足する。団体監理型研修とは，企業単独で研修生を受け入れるには現地の子会社や海外に取引先企業があることなどの厳しい要件が課せられているが，中小企業でも中小企業団体法に基づく団体に加盟すれば，外国人研修生を受け入れることが可能となる制度である。中小企業団体法は，元来，大企業と比較して劣位の地位に置かれた中小企業が集団化することにより資金の確保，国や地方自治体からの支援の獲得などを可能とし，中小企業の事業の改善発達を企図するものであった。またその団体はその法律に基づいて利益追求が禁じられている。この中小企業団体が，技能移転を制度目的とする外国人研修生の受け入れ母体となることは，団体という公的性格からも，また中小企業の事業を支援するという意味でも，誠に時宜に適っていたといえよう[*4]。受け入れ組織が営利を目的とする派遣会社であったならば，その実態は問わぬとしても，技能実習制度の制度趣旨を守ることがより困難であったと思う。

以上，現在につながる技能実習制度の問題はこの成立の経緯に端的に発生している。これまで日本社会は単純労働者受け入れを必ずしも全面的に否定していたわけではない。1988年の雇用許可制度の提案に見られるように，正面からの外国人受け入れも検討されたこともあるのだが，その制度内容について省庁間での不一致，あるいはその背後にある利害関係者の不一致があり，また日本社会そのものもその提案を時期尚早と見なしていた。結果として，技能実習制度は労働者受け入れであることを否定し，国会の審議を通じた法律に根拠づけられた制度としてではなく，大臣告示という法的根拠の弱い日陰の存在として発足した。

ところで，不法就労者対策としての技能実習制度の効果については測定が難しい。1990年の改正入管法施行時には，不法残留者はおよそ10万6497人であり，1989年改正の入管法が不法就労

者削減を目指していたにも関わらず，その人数は1993年には29万8646人と3倍増になっている。しかしその後，その人数は減少傾向にあり，2016年時点で6万2818人であった。基本的には不法残留者の減少は改正入管法の影響以上に，不況の影響が大きい（鈴木，2017：313-314）。一方，人手不足の中小零細企業でも安定供給が可能な外国人労働者が存在すれば，入管法に違反し，またブローカーに依存して不安定な供給源である不法就労者を雇用するよりも，好ましいことは確かであろう。また技能実習生の失踪率がほぼ3％で推移していることも，他国の一時的外国人労働者受け入れ政策と比較すれば驚くほど低率であり，外国人労働者の受け入れ人数が日本社会ではまだ少なく，彼らへの管理が行き届いていることの証しであろう。

　その後の経緯を簡単に記す。技能実習制度を円滑に運営するための機関として，国際研修協力機構が1991年に発足する。団体監理型外国人研修制度は，当初，研修期間1年であったが，1993年には受け入れ企業の要望により，研修期間1年，その後に労働者として就労する技能実習期間が1年に延長された。1997年には，実習期間が2年へと延長され，実質的には合計3年間，研修生・技能実習生の受け入れが可能となった。この間，縫製業団体をはじめとして再技能実習という名目で実習期間の延長要求が再三にわたって出されてきたが，これはほぼ20年間据え置かれたままであった。この再技能実習が実現するのは2015年から実施された建設・造船労働者を対象とする特例措置であり，2021年3月までの時限措置として2年間の再技能実習が認められた。その後，2016年11月に成立した技能実習法（正式名称：外国人の技能実習の適正な実施及び技能実習生の保護に関する法律）では，優良な受け入れ団体と技能実習実施機関，いわゆる受け入れ企業の場合，技能検定3級合格を条件に2年間の実習期間延長が認められるようになった。

　そこで次に，1997年に技能実習期間が延長された後の外国人労働者受け入れ政策の変化を見ておきたい。

4　2000年以降の外国人労働者関連の政策

(1)　2007年の雇用対策法改正と外国人雇用状況報告の意義

　雇用対策法は本来，外国人労働者の管理を目的とするものではなく，高齢者雇用など労働市場に関する法をまとめた性格を持つ。2007年に改正されたこの雇用対策法では，初めて外国人労働者の管理が規定された。ここでは専門職外国人の就業促進が目指されたと同時に，外国人の氏名と在留資格が届出義務となった。それ以前は，厚生労働省職業安定局傘下の，各地の公共職業安定所の所長の名のもとに，原則として従業員50人以上の事業所単位で外国人の在留資格，雇用上の地位，雇用する各事業所の雇用人数を調査し，職種別，産業別，雇用形態別の外国人労働者の実態を調査していた。しかし，外国人労働者や不法就労者の雇用がもっとも広がっている中小零細企業は，肝心の調査対象から外れていた。この法で外国人雇用の報告が義務化されたために，形式的には全国規模で外国人労働者の雇用実態が把握可能となったと同時に，この報告それ自体が不法就労対策として機能することになった。

　統計調査は，基本的には行政の手段として発達した歴史的経緯を持つが，日本の外国人労働者政

策についても，外国人雇用状況報告の義務化によって初めて詳細なデータを得ることが可能となった。それまで地域別，職種別の詳細な外国人調査は5年おきに実施される国勢調査に依拠する他はなく，そのデータの公表はその2年後である。したがって数量的方法を用いて日本の外国人労働者の実証分析を行った研究（中村ほか，2009）も，データとして使用可能だったものは2000年国勢調査までであり，実態と統計データとのタイムラグは大きく，その間の経済変動，たとえばリーマン・ショックなどの影響をデータに反映させることはデータの性格上，不可能であった。また，内部労働市場について詳細な材料を提供する経済センサス基礎調査（旧・事業所統計調査）は，3年ごとに実施され，全数調査ではあるが，従業者については日本人，外国人の区別はない。また法務省による在留外国人統計は，在留資格を基準とする統計であり，国籍，在留資格，居住地はわかるが，在留資格を分類したより詳細な職種と就業する企業情報は明らかにはできない。

一方，研究機関や研究者が外国人雇用の把握のために企画・実施する調査は，資金の制約からサンプリング調査となるが，外国人労働者の人数が全就業者数の1％強であれば，たとえ外国人雇用者の多い業種，地域を特定した場合でも信頼できる分析に耐えうるような回答数が集まらず，また回収率が非常に低い。

技能実習生についても，2009年の入管法改正以前は，在留資格は「特定活動」に分類されており，法務省の発表する在留外国人統計では技能実習生数を把握できなかった。したがって，技能実習生の実態把握は，国際研修協力機構（JITCO）が発表する技能実習への移行者調査を利用する他はなかったが，これは研修生から技能実習生への移行時という一時点の調査であり，日本全体のストックとしての技能実習生の実態がつかめなかった。

以上の隘路を解決したものが，2007年改正の雇用対策法による外国人雇用状況報告であり，ここに初めて，合理的に外国人労働者政策を遂行するための道具が整えられたことになる。今後，外国人労働者が日本社会で増加することを前提にするならば，必要不可欠な道具であり，この時点で準備されたことになろう。

(2) EPA（二国間経済連携協定）による外国人介護士候補者の受け入れ

二国間経済連携協定（EPA）による外国人看護師，介護士候補者の受け入れも2008年にインドネシアから，次いで2009年にフィリピンから始まり，そして2014年にはベトナムからの受け入れを開始した。この時点では明らかにされていないが，2016年の入管法改正で介護士の在留資格が創設され，同年の技能実習法で技能実習生として介護技能実習生の受け入れが可能となった事実と照合すると，このEPAによる受け入れは，介護技能実習生受け入れのための試行過程であったと評価できる。

技能実習制度では看護師ではなく，介護士職種での受け入れであるので，本稿では介護士候補者についてのみ触れる。2017年10月1日までに，3か国から延べ，3529人が入国した。制度上は，各受け入れ施設で日本語および現場実習による介護技能の修得を経て，入国後4年目に介護福祉士の国家試験を受験することにより本人のキャリアアップと送り出し国への日本の介護技術の還流，そして介護福祉施設には一定の労働力確保の機会を付与した。その意味では，EPAによる外国

人介護士候補者の受け入れは，技能実習制度と理念の上でも，また一時的移民受け入れ制度という制度上の仕組みの上でも，非常に近いものである。

既に日本人配偶者として就労権を得た外国人女性が介護職に従事する事例は多数，日本社会で見られたが，外国から直接に介護現場に対人サービス職として介護士候補者を受け入れることは，主として製造現場を想定して構築された技能実習制度においては想定されていなかった点である。EPA受け入れ候補者のうち，介護福祉士の国家資格取得者は2017年4月1日現在で延べ381人，合格率はおよそ5割である。技能実習生が1号から2号[*5]に移行する際には，評価試験が行われ，その合格率が99.8％（技能実習2号ロ，団体監理型，2016年度）であることと比較すると，合格率は低いかもしれない。しかし，技能実習の移行試験が，技能実習生を対象として基礎2級という新たな等級を新設したことと比較すると，介護福祉士の試験は日本人向けと同様のものであり，漢字にひらがなで振り仮名がつけられているだけの相違である。

このEPAによる介護士受け入れの問題は，平野裕子によると以下の点である（平野，2018）。第1に介護業務と国家試験の勉強に乖離があること，第2に候補者の日本での期待と現実との間にギャップがあること，であるという。介護士候補者は日本で就労することによってキャリアアップを目指すが，日本の介護職は生活モデルに基づき，母国の医療モデルに基づく介護職の内容とは異なるために，結果としてキャリアアップにつながらない。そして第3に，キャリアアップ不可能という事実が母国で広く知られるようになると，受け入れ年数を重ねるにつれ，国家資格取得のための教育を実施する介護施設よりも，教育を重視しない介護施設を選択する候補者が増え，出稼ぎ型の意識を持つ候補者が増加したという。そのため，在留期間について更新可能な介護福祉士取得者でも帰国を選択するなどEPAの枠組を外れる人が多く（取得者381人中，161人），日本への定着希望者が少ない，とも指摘している。

以上の3点は，技能実習制度の変遷とも相通じるものがある。技能実習制度も，①当初は日本で受け入れた技能実習生の中には技能修得を目指す人も少なくなかったが，時を経るにつれより出稼ぎ型の技能実習生が増加したこと，②また常に受け入れ企業からは，実習対象職種の試験内容と実際の各職場における現場作業との間に乖離があり，認定試験合格のために，ラインからはずれて試験合格にしか役立たない作業の練習を強いられている苦情が出されてきたこと，などの問題点が含まれていた。また筆者自身も，EPAによる介護士受け入れ制度について受け入れ施設の費用負担の上から，①受け入れた候補者が真面目に介護福祉士取得を目指せば目指すほど，受け入れ施設に費用負担がかかること，②教師役となる現場責任者の機会費用が高くつくこと，の問題点を指摘した（上林，2015b）。そしてこのうちもっとも大きな問題，すなわち日本国内での実習や就労が本人のキャリアアップにつながりにくいために出稼ぎ労働者の意識を持つ外国人労働者を現実には受け入れざるを得ないという問題は，介護士候補者のEPAによる受け入れと技能実習制度の双方に共通するものであり，教育訓練や技能移転を外国人労働者受け入れのための制度趣旨として維持する限り，解決が難しい性格の問題と思える。

以上，EPAによる介護士候補者受け入れ制度も，技能実習制度と多くの共通点を持つ。しかし2016年に成立した技能実習法では，技能実習生として介護職での受け入れが実現し，介護職でも技

能実習制度の問題が引き継がれることになった。日本の高齢化に伴う介護職者の不足は，こうした技能実習制度における問題の解決を見る前に受け入れを実施するしかない，と判断されるほど喫緊のものであるということだろう。技能実習制度の枠組みで介護実習生受け入れにあたっての，一つの試行モデルがこのEPAによる外国人介護職者の受け入れであったといえよう。

5　2009年入管法の改正と在留資格「技能実習」の成立

　日本の移民政策の上で，1990年入管法と同程度に重視しなければならない法律改正が2009年7月に成立した改正入管法である。その意義は，「技能実習」という固有の在留資格が創設されたこと，また在留外国人を対象とする在留カード制度が創設されたことの2点である。この意味を検討しておこう。

(1)　研修生期間の廃止と在留資格「技能実習」

　1993年から開始された技能実習制度は，その後15年ほどの期間に，設立当初は看過していた欠陥が誰の目にも明らかになった。すなわち，入国当初の1年間は研修生ということとなっていたが，現実には残業だけは禁じられていたものの，1日8時間労働，休日も他の従業員と同じであり，誰の目から見てもそれは就労に間違いはなく，それを研修と強弁することの無理は明らかになった。日本人の高卒新卒者が現場に配置された場合，技能レベルは未熟練であり，現場でOJTによって必要技能を修得する職場慣行の下，彼・彼女たちは本来の意味で労働者である。それであるのに，なぜ外国人研修生だけが労働者としての地位を保障されないのか。

　こうした疑問が共有化され，その矛盾を解消するための社会運動が展開されることにより，また世論やメディアの意見ばかりではなく，行政当局も労働監督署から摘発される違反事例の増加から制度改正の必要性が検討されていた。そしてこうした関係機関の動きの中で，技能実習制度を改正することが可能となったのである。

　2009年7月改正，2010年から実施された入管法で初めて研修制度が廃止され，従来の研修期間である来日1年目は，技能実習1号，技能検定基礎2級合格後の来日2年目，3年目は技能実習2号という呼称に変更された。それ以前の在留資格は「研修」と「特定活動」であったが，すべて「技能実習」に統一された。技能実習生はその定義上，労働者であるので，労働保護法の対象となる。ようやく，技能実習制度が労働者受け入れ制度であることが，法律上から定義づけ可能となった。

　この改正が成立した理由を，筆者は「派遣型実習生モデル期」として，①技能実習制度の農業・水産業分野への拡大，②異業種組合の増加，③派遣社員化した研修生・実習生，④送り出し国の労務派遣制度の拡充，⑤研修手当の低下，の5つの要因から技能実習制度そのものが設立当初とは異なり著しく変貌したことによる，と指摘した。また技能実習生の主要送り出し国であった中国では，日本の技能実習制度を「労務輸出」の用語を使用してサービス輸出という貿易のカテゴリーで分類しているが，これは実態としては二国間の労働者派遣制度でもある（上林, 2015a: 137-147）。

　そうした実態を踏まえて，この改正に対する送り出し国側の立場あるいは送り出し派遣会社の立

場は，改正の意図と微妙に異なる。一般的に労使関係論からの理解では，労働者の労働条件の向上は喜ばしいものと労働力提供側に映るはずだ。ところが，送り出し側からすると，従来までの研修費から新しく賃金へと変化したことによる実習生の収入増は，ある意味では技能実習生への需要を低下させる危険性があるとも解釈される。派遣企業は，送り出し管理費として，受け入れ企業から毎月一人当たりいくらという単位で，料金を徴収する。この費用は技能実習生を受け入れる個別受け入れ企業によって異なり，多人数を受け入れれば当然低額となり，また受け入れ企業の不便を解消するために，通訳と生活指導を兼ねたスタッフを技能実習生受け入れ企業に常駐させて，その費用を徴収しないという派遣企業もある。通訳の人件費が派遣企業負担であることを考慮すると，管理費の高低は一概に判断はできないが，管理費は一人当たりで計上されるために，派遣人数の減少は，直接に収入の減少と結びつく。そうなると，技能実習生の賃金上昇が，派遣者数の減少とトレードオフの関係になるために，技能実習生の賃金上昇について派遣企業はもろ手を挙げての賛成というわけでもないのである。

　1998年から2006年まで研修手当の低下という現象が見られた理由も，研修手当が最低賃金の対象外であり，常に管理費用と研修手当を含む技能実習生受け入れ費用について，送り出し派遣企業が競合状態にあり，ダンピングが行われたことに起因するところが大きい。現在は技能実習生の在留資格が労働者であることを前提にしているので，最低賃金の水準は維持されている。しかしダンピングという用語が厳密には該当しないものの，管理費用については国別による差異が大きく，筆者のヒアリングした受け入れ監理団体の事例では，中国からの技能実習は毎月一人当たり2万2000円，ベトナムからは一人当たり6000円であった[*6]。中国の送り出し企業を組織する中日研修機構（CITCO）では，加盟企業間で送り出し管理費用の最低限について申し合わせが成立しているが，ベトナムではそうした申し合わせ事項はなく，経済活動の自由という形で，管理費用は派遣企業間の自由に任されている。技能実習制度は技能実習生が自由意志によって海外で働くという形式を前提にしていると同時に，派遣企業が商品として労働力を送り出すという側面が，こうした費用関係を見ると明らかとなろう。

　技能実習制度は技能移転を制度目的とするために，関係主体は技能実習生の送り出し・受け入れ活動によって利益を得ることは制度本来の趣旨からはずれる。しかし，現実に労働者派遣を実施している組織（日本の場合は営利会社であることは禁じられている）の活動が利益を追求し，しかもそれが国外の企業である場合，そうした組織に対して利益追求を禁ずることは制度上，不可能である。

　先に，移民政策は対外的な問題が国内問題と矛盾する側面があることを引用した。こうした問題を見ると，それぞれの送り出し国の物価水準や経済発展の度合いが，賃金を含む技能実習生の受け入れ費用に直接影響を与え，国内の最低賃金やその他の労働条件に関する取り決めについて，形式上は契約が順守されていても，実質的には無意味化させている，という側面が注目される。なぜなら，賃金は受け入れ費用の一部しか構成していないからである。こうした国外の派遣企業は，送り出し国政府の管理下にあり，日本政府からの要求，たとえば送り出し保証金を取ることの禁止，日本の受け入れ監理団体へのキック・バックの禁止，などの要求は送り出し国政府へは要求できても，送り出し国側派遣企業そのものに要求することは難しい。賃金水準には国家間で大きな差異が存在

しているが，それ以外にも，労働者の権利保護の程度，各国の国内雇用市場の状況など広範な領域にまたがるアジアの労働市場の問題が，日本国内の技能実習生の労働市場の問題として集約化されて発現しており，国内の技能実習生に関わる問題が対外的な側面を抜きにしては解決できないという困難さがある。

　以上，受け入れ職種の範囲拡大などの方法を通じて技能実習生数が増大してきたことにより，従来は見過ごされてきた「研修生」の非労働者性の矛盾が明らかになり，2009年の入管法改正でその廃止が決まった。規範として望ましくかつ好ましい方向へと改革されたといえるが，他方，別の観点からすると，技能実習生を労働者と定義づけることにより，技能実習制度が低熟練外国人労働者受け入れ制度であることを示したといえよう。その上で，日本への技能実習生受け入れ人数が増加する制度的な枠組みが整備された。その結果，技能実習生労働市場への新たな海外派遣企業の参入を呼び込み，日本企業向けに自国の技能実習生の売り込み競争が激しくなる契機ともなったのが，2009年の改正入管法であろう。

(2)　在留カードの創設

　在留カードの創設も，2009年に成立した入管法に依っている。施行は2012年からである。この在留カードは従来の外国人登録制度に代わるものであり，その結果，外国人登録制度は廃止された。非正規滞在者でも従来は外国人登録の対象となっていたために，在留カードの創設それ自体というよりも，外国人登録制度の廃止によってこれまでは登録可能であった非正規滞在者，とりわけ無国籍者の存在が認知されなくなることから，この制度への反対意見もあった（小田川, 2013）。

　この在留カードは，主として外国人の居住する市町村，特に外国人集住都市会議関係者から政府に強く要求されたものである。外国人登録は外国人の居住する地域で行われたのであるが，登録をしない外国人や地域間の移動をしても登録を変更しない（することは義務付けられていないので）外国人居住者が続出し，地方自治体の行政遂行上に支障を来たしていた。地方税の徴収，子供の就学通知や予防接種通知の発送，医療費の未請求[*7]，災害時の避難計画の策定，などの必要性があっても，居住者の属性が判明しないと地方自治体の活動が十全に行われ得ないのである。とりわけ定住化が始まっていた日系中南米人の場合は，雇用機会を求めて転居することが多く，一度，住民登録した住所に居住していないことも多かった。定住化過程にある日系中南米人を行政が把握することが新制度の主な目的であった。すなわち，行政サービスの向上を理念とし，法務大臣の一元管理による制度が在留カード制度である。居住地のみならず，就業先，通学先がカード（免許証とほぼ同様の大きさ）に記入されることにより，外国人に対する身分証明書の役割を果たすことになる。これは外国人管理の強化でもあり，テロ対策などと共通するものである。

　外国人労働者を受け入れることは，それにふさわしく日本国内の制度設計も改定するということであり，在留カードの創設もその一環とみなせるだろう。

　こうして2009年の入管法改正によって，技能実習生の法的位置づけが変化しただけでなく，在留カードの導入により，外国人労働者全体を日本社会の中で管理する方法が徹底されたのである。こうした改正を経て，その後，高度外国人材，特区における家事援助者，農業従事者，など外国人

受け入れの範囲が徐々に拡大していくことになり，2016 年の技能実習法の成立へとつながることとなる。しかしその考察は別稿にゆずろう。

6　残された課題

　日本の外国人労働者受け入れ政策にとって，またその一つである技能実習制度にとって 1990 年入管法と 2009 年入管法は大きな転換点であった。それと同時に，2016 年成立の技能実習（適正化）法も三つ目の転換である。それは，2009 年の改正以上に，より労働者受け入れ政策としての性格を強めている。

　これまで妥協の産物として不合理な側面を併せ持った技能実習制度であったが，この制度が受け入れ人数の増大や受け入れ職種の拡大，新規に参入する派遣企業の増大などにより，紛れもない労働者受け入れ制度へと変質，発展してきたことを本稿で示した。外国人労働者受け入れ政策が妥協の産物であるならば，そこに完全なる成功も，また完全なる失敗もあり得ず，日本国内の関係者間および海外諸国との関係性の中でしか策定し得ない性格のものである。それをいみじくも代表しているのがこの技能実習制度であったといえよう。

---

*1　最長の滞在可能年数にまでは言及していない。
*2　アメリカの政治学者のホリフィールドによれば，アメリカでは移民問題は国内問題であり低次元の問題（low politics）として位置づけられてきたので，政治学者たちは高踏的な政治問題（high politics）である外交問題に関心を集中させ，移民問題をテーマとして取り上げてこなかったという（Brettell and Hollifield, 2007：183-184）。
*3　この部分の事例は，（上林，2015a：128-129）で簡単に触れている。
*4　中小企業の立場から技能実習制度について触れた文献は意外に少なく，稲上毅ほか（1992）と日本政策金融公庫総合研究所編（2017）が代表的なものであろう。事業主と雇用者との関係では後者が弱者であり，さらに日本人の中小企業労働者と比較して外国人労働者は権利の上でも弱者にあたる。他方，企業間の関係では大企業と（その下請けの立場が多い）中小企業とでは後者が弱者となり，産業政策上，中小企業支援政策は一貫して重視されている。このカテゴリーの異なる 2 種類の弱者の交差点に技能実習制度が成立しているのであるから，制度評価が立場によって非常に異なってくるのは，当然の帰結であろう。
*5　技能実習 1 号とは従来の研修生のことで，入国 1 年目の人であり，1 年後に技能検定を受検し，基礎 2 級合格者となれば技能実習 2 号に移行する。技能検定合格が滞日 2 年目に移行するための必要条件であることは，従前どおりである。
*6　2016 年 8 月に実施した鋳造業に特化した監理団体へのヒアリングによる。海外派遣企業が技能実習生受け入れ企業に要求する料金体系は異なっており，中国の派遣企業では講習手数料や管理費を主たる収入源とし，特別に斡旋手数料を請求していないことが多い。他方，ベトナムの場合は派遣前の初期に技能実習生と企業の双方から徴収する斡旋手数料や仲介料に大きく依存しているようだ（明石，2017：171-172）。したがって，総額から見るとベトナム系派遣企業からの受け入れ費用が必ずしも安価とは限らないが，両国の物価水準の差異がベトナム国内での費用を相対的に安価にしていることは否めない。また，毎月の管理費から派遣費用を徴収することが可能であるのは，派遣技能実習生の失踪可能性が少ない場合であり，日本滞在中に送り出した技能実習生が失踪する可能性が高い場合には，送り出し前に一定程度の仲介料を徴収しておく方が，派遣会社にとっての危険負担は少ないだろう。

*7 外国人登録制度には，日本人に適用される転出届に相当するような義務規定がなく，外国人は転出したままである。その結果，国民健康保険証の回収ができず，医療機関からは以前居住していた転出前の市区町村へ過誤請求が行われ，医療費の未収金が発生した（水上，2012：63）。

《参考文献》
- 明石純一，2014「国際人口移動に対する政策的管理の実効性と限界」『人口問題研究』70 巻 3 号，社会保障・人口問題研究所，275～291 頁
- 明石純一，2017「海外からいかに働き手を招き入れるか――日本の現状と課題」日本政策金融公庫総合研究所編『中小企業の成長を支える外国人労働者』同友館，139～179 頁
- 伊藤欣士，1994『技能実習制度』労務行政研究所
- 稲上 毅・桑原靖夫・国民金融公庫総合研究所，1992『外国人労働者を戦力化する中小企業』中小企業リサーチセンター
- 小田川綾音，2013「国籍・無国籍認定の現状と課題――改正入管法を踏まえて」『移民政策研究』5 号，移民政策学会，22～32 頁
- 梶田孝道，2001「現代日本の外国人労働者政策・再考――西欧諸国との比較を通じて」梶田孝道編『国際化とアイデンティティ』ミネルヴァ書房，1～60 頁
- 上林千恵子，2015a『外国人労働者受け入れと日本社会――技能実習制度の展開とジレンマ』東京大学出版会
- 上林千恵子，2015b「介護人材の不足と外国人労働者受け入れ――ＥＰＡによる介護士候補者受け入れの事例から」『日本労働研究雑誌』No.662，労働政策研究・研修機構，88～97 頁
- 上林千恵子，2017「製造業における技能実習生雇用の変化――中小企業から大企業への展開」堀口健治編『日本の労働市場開放の現況と課題――農業における外国人技能実習生の重み』筑波書房，93～113 頁
- 倉田良樹，2017「2010 年代における日本の外国人労働者政策の急変――1990 年体制はなぜ崩れたのか」『計画行政』40 巻 4 号，日本計画行政学会，21～26 頁
- 小井土彰宏編，2017『移民受入の国際社会学――選別メカニズムの比較分析』名古屋大学出版会，369 頁
- 鈴木江理子，2017「日本Ⅱ 外国人選別政策の展開――進行する選別的排除」小井土彰宏編『移民受入の国際社会学――選別メカニズムの比較分析』名古屋大学出版会，310～336 頁
- 中村二朗・内藤久裕・神林 龍・川口大司・町北朋洋，2009『日本の外国人労働力――経済学からの検証』日本経済新聞社
- 日本政策金融公庫総合研究所編，2017『中小企業の成長を支える外国人労働者』同友館，206 頁
- 橋本由紀，2010「外国人研修生・技能実習生を活用する企業の生産性に関する検証」RIETI Discussion Paper Series，10-J-018，経済産業研究所，1～36 頁
- 橋本由紀，2011「外国人研修生受入れ特区の政策評価」RIETI Discussion Paper Series 11-J-048，経済産業研究所，1～21 頁
- 橋本由紀，2015「技能実習制度の見直しとその課題――農業と建設業を事例として」『日本労働研究雑誌』No.662，労働政策研究・研修機構，76～87 頁
- 濱口桂一郎，2007「外国人労働者の法政策」『季刊労働法』218 号，労働開発研究会，191～210 頁
- 濱口桂一郎，2010「日本の外国人労働者政策――労働政策の否定に立脚した外国人政策の『失われた二〇年』」五十嵐泰正編『越境する労働と〈移民〉――労働再審2』大月書店，271～313 頁
- 平野裕子，2018「グローバル化時代の介護人材確保政策――二国間経済連携協定での受入から学ぶもの」『社会学評論』272 号，日本社会学会，496～512 頁
- 水上洋一郎，2012「在留カード導入をめぐる一考察――入管行政は交流共生社会構想に役割を果たせるか」『移民政策研究』4 号，移民政策学会，61～66 頁
- 森下之博，2017「外国人技能実習法の成立と労働法政策――外国人技能実習法の立法過程の検討を中心に据えて」『季刊労働法』257 号，労働開発研究会，169～178 頁
- Brettell, C. and Hollifield, J. eds., 2007, *Migration Theory: Talking across Disciplines*, 2nd edition, New York: Routledge, p.282.
- Castles, S., 2004, "The Factors that Make and Unmake Migration Policies," *International Migration*

- *Review* 38(3), pp.852-884.
- Castles, S. and Miller, M., 2009, *The Age of Migration: International Population Movements in the Modern World*, 4th edition, New York: Palgrave Macmillan, p.369.（= 2011, 関根政美・関根 薫監訳『国際移民の時代』名古屋大学出版会，465頁）
- Chung, E. A., 2014, "Japan and South Korea," in Hollifield, J., Martin, P. and Orrenius, P., eds., *Controlling Immigration: A Global Perspective*, 3rd edition, Stanford: Stanford University Press, pp.399-430.
- Hollifield, J. F., 1992, *Immigrants, Markets, and States: The Political Economy at Postwar Europe*, Cambridge, Mass.: Harvard University Press, p.305.

The Formation of the Technical Intern Training Program (TITP) and Its Turning Point of 2009:
A Trial Process of Introducing Foreign Workforce

KAMIBAYASHI Chieko

Hosei University

Key Words: Japanese immigration policy, foreign workers' accepting policy, Technical Intern Training Program

This article explores a short history of the Japanese immigration policies by focusing the Technical Intern Training Program (TITP).

The TITP was founded in 1993, almost 25 years ago. Before its foundation, another kind of foreign workers' permit system was planned but failed in vain. Therefore instead of introducing a formal foreign worker system, the TITP was set up under the flag of technology transfer to the developing countries. In order to fill the gap between the reality of introducing workforce and the ideal of technology transfer, the Immigration Control Act was revised in 2009.

Besides the amendment of the Immigration Act, Japan introduced several tools for controlling foreign workers, such as a new obligation for employers to report to designated public employment security offices on the status of their foreign employees, and a new residence card system. The acceptance of foreign care workers under the bilateral Economic Partnership Agreements (EPAs) from 2008 has provided a trial model for care-work interns under the TITP.

Therefore the TITP, along with other systems on the management of foreign workers, have functioned as a channel to accept more of the foreign workers. Its short history reveals the efforts to bridge the gap between the needs for workforce and Japanese non-immigration policy.

特集：移民政策のグランドデザイン

外国人労働者政策の現状と改革の展望
―― 労働需給ミスマッチ緩和と地域創生の視点から

井口　泰　関西学院大学教授

キーワード：労働市場の需給ミスマッチ，国内・国際労働力移動の関係，短期的及び中長期的な「人手不足」

　本稿の目的は，世界及びアジア経済の構造変化を踏まえ，近年の日本の「人手不足」下の外国人労働力の流入が，労働需給の短期的又は中長期的なミスマッチの下で発生しているという認識の下，労働需給ミスマッチと外国人労働力の流入の関係を，理論的及び実証的に解明することである。

　このため，1990年以降の外国人労働者の長期時系列のデータを推定し，近年に至る政策の動向とその論点を振り返る。そのうえで，国内労働力移動と国際的労働力移動の相互関連と，短期的な「人手不足」と，人的資本投資を要する中長期的な「人手不足」を明示的に論じるための理論フレームを議論する。さらに，外国人の転出入と日本人の転出入や自然増減の関係を多変量解析し，企業の雇用ニーズ関数を推定し，短期的・中長期的な「人手不足」の存在を立証することを試みた。

　以上を踏まえ，中長期的に重点的な人的資本投資を伴う外国人政策の方向性と，日系人4世・5世，技能実習生，ミドル・スキルやハイ・スキル労働者の養成，地域創生政策の強化と人材マネジメント改革について論じる。

1　はじめに

　近年において高まった反グローバリゼーションを掲げる政治的又は社会的な勢力は，自由貿易協定が国内労働者の雇用・賃金に与える負の影響は，決して十分に補償されないと感じている。同様に，外国人労働者の受入れは，自国人の労働者の雇用・賃金と補完的な場合は限られ，多くの場合，自国の雇用や賃金に悪い影響を与えると信じられている。

　こうした議論がメディアでとりあげられる間，外国人労働者の多くは，受入国の言語習得に困難を抱え，受入国社会で，厳しい「情報の非対称性」に直面している。高い志を抱いて渡航しても，受入社会の人々と，お互いの状況や気持ちを十分に理解しあうことは難しいなかで，就労のために激しい競争の渦中に放り込まれ，仕事と家庭の両立に苦しむことになる。そのような状況のままでは，外国人ひとりひとりが，機会の平等を享受し，正当に権利を行使することができない。私たち

は，こうした外国人の実態を直視せずに見て見ぬふりをし，良心を痛めないでいるにすぎない。

　外国人労働者受入れに関し，高い心理的障壁が存在する背景には，各国で影響力ある経済学者が，欧米で開発された経済モデルに固執して，アジアや世界の国際労働力移動の現実に立ち入ろうとしない状況がある（Borjas, 2016）。

　実際，各国の政府が，外国人労働者政策においても，狭い意味の「国益」を第一に掲げる結果，外国人労働者と家族の現実に即して，真剣に問題を解決しようとしない過ちを犯していることが憂慮される。

　そこで本稿では，世界及びアジア経済で進展している大きな構造変化を念頭におきながら，近年，深刻化してきた日本の「人手不足」の下で，労働需給の短期的又は中長期的なミスマッチの下で，外国人労働力の急速な流入が発生しているという認識の下に，国内の人口移動と国際的な人口移動が同時発生する状況を，理論的及び実証的に解明することを目的としたい。

　以下では，最初に1990年以降の外国人労働者の長期時系列のデータを推定し，近年に至る政策の動向とその論点を振り返る。

　そのうえで，国内労働力移動と国際的労働力移動の同時発生を説明し，短期的な「人手不足」と，人的資本投資を要する中長期的な「人手不足」の関係を明示的に論じ，外国人を労働力としかみない考え方だけでは，人口の少子・高齢化と若年層の進学率上昇や大都市への移動が続く諸国において，衰退する地方経済を再生させて，グローバル化に立ち向かうことができなくなることを，新たな経済理論のフレームによって論じる。

　この理論的なフレームによる外国人労働者の流入メカニズムを，マクロ・レベル及びマイクロ・レベルで立証するため，まず，総務省「住民基本台帳」のデータを用い，外国人の転出入と日本人の転出入や自然増減などの関係を多変量解析する。

　そのうえで，外国人集住地域の企業別データを活用して雇用ニーズ関数を推定し，短期的及び中長期的な「人手不足」の存在を立証する。

　これらの議論を踏まえ，中長期的に重点的な人的資本投資を伴う外国人政策の方向性や，日系人4世・5世，技能実習生，ミドル・スキルやハイ・スキルの労働者への対応，地域創生政策の強化や，人材マネジメントの改革に向けた課題について論じたい。

　本稿において，労働需給ミスマッチとは，労働市場において，労働需要と労働供給が，量的に共存していながら，両者が，質的にマッチングしない状況をいう[*1]。その結果，労働市場は，失業と欠員が併存した需給不均衡の状態になる。

　ここで，短期的労働需給ミスマッチは，追加的に人的資本投資を必要としない労働需要と労働供給を想定し，その失業と欠員が共存する事態を指すものとする。この場合，需要者と供給者が期待する賃金水準の乖離は，需給ミスマッチの主要な原因の一つであるが，同時に，賃金水準の改善では解決できない就業条件などに関する両者の乖離も，重要な需給ミスマッチの原因となり得る[*2]。

　また，中長期的労働需給ミスマッチとは，一定期間の追加的人的資本投資を必要とする労働需要について，主として人的資本投資の不足から，労働需給をマッチさせることができず，失業と欠員が共存してしまう事態を指す。

このように，本稿で，労働需給ミスマッチを短期と中長期に区別する理由は，人的資本投資を要しない労働力の導入による需給調整が可能な場合と，人的資本投資によって需給調整が可能な場合を，概念上区別することで，短期的な需給ミスマッチの緩和を中心とする雇用対策から，人的資本投資の充実を通じた中長期的な需給ミスマッチの対策へ重点を移すことで，外国人労働者政策の改革が可能になると考えるためである。

2 先行研究

国際経済学の基礎理論によれば，貿易や直接投資の自由化は，国際労働力移動と代替的な関係にある。例えば，日本企業のアジア諸国への直接投資や，これらの諸国と日本との貿易の拡大は，アジアの開発途上国から日本への国際労働力移動を抑制する効果を持っていたと考えることができる。

しかしながら，今世紀における貿易・直接投資を通じた経済のグローバリゼーションの過程で，途上国から先進国への高度人材の移動のニーズが高まると同時に，途上国の中・低技能労働者の移動は，それ以上の規模で増大していることが観察されている（Martin, 2016；OECD, 2016）。

従来，途上国から先進国への低技能労働者の移動について，送出国と受入国における技能レベルによる賃金格差の違いに着目し，途上国における高度人材と中・低技能労働者の賃金格差が大きい場合，高度人材の移動より，中・低技能労働者の移動が発生しやすいと説明された（Bordenvarsson and Van den Berg, 2013）。

さらに近年は，国際労働力移動が，貿易・直接投資によって代替されるのでなく，国際労働力移動が，貿易・直接投資を誘発する効果が存在することについても，欧米諸国のデータによる実証研究が進んでいる（White and Tadesse, 2011）。

近年において，貿易・直接投資の増大が，国際労働力移動を高めているという，経済理論上のパラドクスを解く鍵は，受入国の国内経済格差と国内人口移動にあるとみられる。つまり，受入国内で産業集積の劣った地域から産業集積の進んだ地域に若年人口が移動し，産業集積の劣った地域には低技能労働者が流入し，産業集積の進んだ地域に高度人材が移動する可能性がある（Bansak et al., 2015）。

実際，国際移動する労働者の技能水準は，必ずしも，これら労働者の母国における技能水準別の労働者の構成とは関係せず，多様な技能水準をもった労働者の移動が発生している。そこでは，「自己選択（self-selection）」が，重要な役割を果たすと考えられる。即ち，労働移動は技能水準だけで決定されるわけではなく，国際移動に伴う様々な費用や便益や，情報の有無によって左右される（Borjas, 2016）。

国内における外国人労働者の分布についても，技能水準よりも，受入地域の多様性を反映している可能性がある。日本においても，外国人労働者の地域別分布が，日本人の人口動態が深く関係している。特に，①南米日系人の多い地域では，女性や高齢者の雇用率も高いこと，②技能実習生は，若年人口比率の低い地域に集中していることが，国勢調査を使用した統計的な分析の結果から明らかにされてきた（志甫, 2012；井口, 2011）。

これらの先行研究を踏まえ，日本についても，国内労働力移動と国際労働力移動の連動を考慮したモデルを構築し，高度人材だけでなく，低・中技能労働者も国外から流入する現象を説明する大都市と地方都市からなる労働市場モデルの構築が試みられている（井口, 2016, 2017）。

したがって，本稿では，短期及び中長期の労働需給ミスマッチを組み込んだ労働市場モデルをさらに改良し，国内移動と国際移動を一体の動きとして把握し，市区町村間の転出入のデータで立証するとともに，マイクロ・データを用い，短期的及び中長期的労働需給ミスマッチの存在を確認して，外国人労働者政策の改革の方向性を見出すことを課題として取り組みたいと考える。

3　1990年代以降の労働市場と国際労働力移動の推移

(1) 近年における国際労働力移動の変化と新たな課題

2008年の世界経済危機から，間もなく10年が経過しようとしている。先進国経済は，概ね危機前の経済水準を回復したとされている。しかし，先進諸国ばかりでなく新興国においても，この間，国内の経済格差の拡大が，大きな問題となっている。特に，中間所得層が減少し，高所得層と低所得層が拡大することは，各国国内で，社会の不安定化を招き，排外主義的な動きを助長していると指摘されている（OECD, 2017a）。

こうしたなかで，国内における経済格差の拡大こそ，国内労働力移動と国際労働力移動の連動性を高めている重要な原因の一つとして，注目されるべきである。

先進国経済の停滞にもかかわらず，特に東アジアでは新興国経済の台頭はめざましく，先進国と新興国の間で相互の人材移動が拡大し，高度人材のみならず，中・低技能人材の移動も活発化してきた（OECD, 2017b；井口, 2016）。

戦後，東アジアの工業化を先導してきた日本経済は，当該地域へ資本・技術を移転して工程間分業（production fragmentation）を形成したうえで，アジア諸国から欧米市場への輸出を拡大した。このことが，域内が同時的に発展するメカニズムを生みだす原動力になった（例えばKimura, 2016；木村・安藤, 2016）。

特に1980年代後半以降は，日本の東南アジアへの製造業の直接投資が活発化した。日本におけるバブル経済の発生と崩壊の過程で，大都市部における地価上昇が，国内の産業再配置を促した。1990年代半ばになると，地方都市から中国への生産拠点の移転が顕著になり，価格競争の激化を背景に，日本国内では雇用の非正規化が進展した。

この間，ブラジル・ペルーなどから日本に「デカセギ」に来ていた南米日系人は，日本国内の派遣・請負労働力増加の重要な部分を担いながら，定住化傾向を強めていった。

今世紀になると，日本国内では，製造業立地の「国内回帰」の動きが生じてきたものの，地方都市における製造業の雇用創出力の低下は避けられなかった。そして，東京首都圏への人口集中の傾向が強まっていった（井口, 2011）。

2008年のリーマンショックでは，地方に立地する製造業の企業で，派遣・請負雇用が大幅に削減された。その後，次第に雇用が回復したが，非正規雇用化の流れは止まらなかった。その結果，国

際競争力のある産業集積は国内に一定程度は維持された一方で，若年人口が当該地域から流出する傾向が続き，地場産業の維持にますます困難をきたすようになっていった。

しかし，アベノミクス下の景気回復に伴い，生産年齢人口の減少を補う形で 30 〜 40 代女性や 65 歳以上の高齢者の労働力率が顕著に高まるなかで，2015 年以降は労働市場の「人手不足」感が顕著に強まってきた。

2016 年には 3 ％台を下回るまでに低下した完全失業率は，そのほとんどが「ミスマッチ失業率」で説明される（JILPT, 2017）。こうした状況下で，中南米からの労働力の流入は相対的に低下し，貿易・直接投資などで日本との経済関係を強めた周辺アジア諸国から，日本への外国人人口の流入が加速している。

外国人労働者の最近の動向をめぐる課題を整理すると，次のようになるだろう。第 1 に，日本語学校に通う外国人留学生の資格外活動や大都市の小売業やサービス業の現場で急激に拡大している。同時に，改正技能実習制度の下で働く実習生が，人手不足に悩む地方経済において，ますます存在感を増している。

第 2 に，経済危機後に流出傾向が続いていた中南米からの日系人が，2015 年に流入超過に転じ，次第に日系 4 世又は一部では日系 5 世が成長し，その日本での就労機会を拡大する問題が，特に，日本とブラジルの間で重要課題として浮上してきた。同時に，日系 2 世・3 世が，「デカセギ」と経済危機によって，多くの苦難を経験したことから，4 世・5 世にも，同じ苦難を負わせることに対する警戒感も強い（外国人集住都市会議, 2017）。

第 3 に，政府が実施する外国人労働者政策は，高度人材を重視するあまり，ロー・スキル又はミドル・スキルに対する施策については，対応が遅れていることは否めない。

既に，規制改革推進会議の答申から 10 年以上たった 2017 年になって，ようやく「介護」の在留資格が設けられた。技能実習の対象職種に介護労働が加えられて，外国人労働者が資格を取得することにより，自らの地位を改善する道が開かれようとしている。

しかし，地方から大都市への若年層の人口移動を背景に，地域経済を担う人材の養成は遅れている。短期的な「人手不足」に対応するだけの施策では，外国人政策は，地方創生には役立たないことが危惧される（外国人集住都市会議, 2017）。

第 4 に，20 年以上にわたる日本のデフレ経済の下で，日本の雇用・賃金は，アジアのなかで競争力を大きく損ねてきたと考えられる。しかも，職能資格制度に基づく日本的雇用慣行は依然として堅固で，アジアの人材が求める早い選別や昇進を実現することはできない。

日本人学生の多くが，学卒で就職することを第一に考えるため，日本国内では，多様な経験を持ち，高度な専門性を持った人材が育たない。日本企業においては，外国人人材の定着の悪さが改善できないばかりか，グローバル化した日本企業の海外現地法人をマネジメントできる人材を確保できない（井口, 2016）。

(2) 長期時系列でみた外国人雇用とスキル・レベルの変化

次に，1990 年以降の外国人雇用のスキル・レベルの変化を，特別永住者（在日韓国・朝鮮籍の外国

人）を除いた数値で考察してみたい[*3]。

　ここで外国人労働者は，原則として労働基準法の適用される，外国籍の労働者を指すものとする。そのため，出入国管理及び難民認定法（以下「入管法」という）上，就労目的の在留資格を有している者だけでなく，地位・身分による在留資格を有し，日本国内での活動に原則として制限がないため，国内で就労が認められている場合や就労目的の在留資格は持たないが，資格外活動許可を得て就労する場合，さらには，入管法上は就労が認められないにも関わらず就労する者も含めることになる。

　本来，外国人雇用の労働市場における役割を考察するには，その技能（スキル）レベルによる労働力構成の変化を把握する必要があるが，これは必ずしも容易ではない。入管法上に基づく在留資格が，直ちに外国人のスキルの水準を示すものでないためである。

　同法別表第1に掲げられた在留資格は，外国人が日本国内で行うことのできる活動によって定義されている。これに対し，別表第2に掲げられた在留資格は，地位・身分に基づく在留資格とされ，日本人との血縁・家族関係及び難民などの地位に対応し，原則として活動に制限がないため，これに必要なスキルを有するかどうかを判断することができない。

　しかしながら，別表第1に掲げられた在留資格のうち，専門・技術的職業に対応する在留資格は，基本的に大学卒業以上又は10年以上の実務経験（専門的な教育年限を含む）によって得られた技術・知識を生かして行う活動とされている。そこで，本稿では，これらの者を「ハイ・スキル」労働者に分類することにする[*4]。

　次に，外国人特有の感性や技能などに基づく在留資格（即ち「技能」や「興行」）の保有者の多くは，必ずしも専門・技術的職業に従事しているとはいえない。そのなかに，国際的にみて高水準のスポーツ選手やエンターテイナーも含まれる。

　そもそも入管法では，外国人が，日本における「ミドル・スキル」（ここでは，高校卒業後に，2～3年の教育訓練を受けて職業資格を取得している場合を指すものとする）[*5] を有していても，「技能」や「興行」の在留資格を取得することはできない。これらの在留資格は，日本国内で習得できない技能を有する者にのみ発給されるのが原則である。このように制約はあるが，大多数の「技能」や「興行」の在留資格を有する外国人労働者は，概ね「ハイ・スキル」と「ロー・スキル」の中間にあると位置づけ，敢えて「ミドル・スキル」労働者として分類する。

　さらに，わが国政府の「外国人労働者受入れに関する基本方針」[*6] によれば，本来，「ロー・スキル」の労働者は受け入れられない。しかし実際には，国際的な技能移転を目的とする「技能実習」のスキルは，先に挙げた「ミドル・スキル」の水準には届かないため，「ロー・スキル」に分類する。

　加えて，「留学」の在留資格で週28時間の範囲内で資格外活動のパートタイム労働者や，難民認定申請中に6か月を経過して，特定活動の在留資格を取得して就労する者も，「ロー・スキル」に分類する。

　本来，地位・身分に基づく在留資格を有する労働者については，就労する活動や職種には，原則として制限がないので，スキルに即した分類を行うことは困難である。ただし，南米日系人などの就労実態に鑑みれば，その多数が「ロー・スキル」の範囲で就労している可能性は高いと考えられ

表1　日本の外国人労働者数（特別永住者を除く・推定値）の長期的推移

スキルレベル	外国人労働者の資格・特徴	1990	1995	2000	2005	2010	2015	2016
	就労目的の在留資格を有する外国人（ロー・スキルを除く）（法務省「在留外国人統計」の外国人総数から算出）	67,983	125,726	154,748	230,779	207227	217,799	244,292
ハイ・スキル（注）	うち　専門・技術的職業（2015年から「公用」・「外交」を除き、「技能」・「興行」を含む。）	43823	64672	89552	193785	167838	167,301	200,994
ミドル・スキル	うち　外国人ならではの技能保持者（在留資格「技能」「興行」。2015年以降は、ハイスキルにも計上。）	24,110	23,324	65,196	36,994	39,429	39,071	41,943
ロー・スキル（就労目的の在留資格と見做されない）	技能実習生＋特定活動（2015年から上段特定活動（難民認定申請中の者等を含む）、下段技能実習）	3,260	6,558	29,749	104,488	100,008	12705 / 168296	18652 / 211108
	資格外活動でパートタイム就労する外国人留学生	10,935	32,366	59,435	104,671	111,480	167660	209657
日本人の配偶者等＋定住者	日系人労働者	71,803	193,748	220,458	241,325	178,031	159097	176595
	一般永住権を有する外国人など	—	17,412	39,154	143,184	183,990	208126	236794
	不法残留者（法務省推定）	106,497	284,744	219,418	207,299	91,778	62881	65270
	資格外活動（許可を有しない者）	不明	不明	不明	不明	不明	不明	不明
	特別永住者を除く外国人労働者総数（不法残留者含む）（2015年から外国人雇用状況届を使用）	260000+a	660000+a	720000+a	990,000+a	940,000+a	970,000+a	1,140,000+a
（参考）法務省「在留外国人統計」	特別永住者を含む外国人登録者数（2015年から中長期在留者数を使用）	1,075,317	1,362,371	1,686,444	2,159,973	2,134,151	2,232,189	2,382,822

注：2012年施行の改正出入国管理及び難民認定法において、在留資格「公務」と「外交」は、届出の対象とならず、雇用対策法に基づく外国人雇用状況届も「公務」と「外交」を含まない。同時に、2015年以降のハイ・スキルの数値には、雇用状況届の分類に従い、「専門・技術的職業」に「技能」・「興行」を含む。このため、これらを単純合計しても、就労目的の在留資格を有する者の総数には一致しないので注意を要する。なお、資格外活動によるパートタイム就労の外国人は、雇用保険の適用がない場合（週20時間未満）、重複して届出されている可能性がある。
出典：各種公式統計を基に関西学院大学労働経済研究会推定

　る。
　なお、厚生労働省の外国人雇用状況届は、2007年の改正雇用対策法によって、企業が、外国人（特別永住者を除く）を雇い入れた際の届出が義務化された。しかし、最近に至るまで、ハローワークに届けられた外国人労働者の数は、法務省「在留外国人統計」の数値と比べて、あまりにも過少であった。最近になって、法令の周知が進んで、実際の外国人雇用の数に近くなってきたと考えられるので、2015年と2016年のデータを今回の推計に反映させることにした。なお、外国人が雇用保険に加入する場合、異なった事業所で雇用されても重複計上されることはないが、雇用保険に加入しない場合（週当たりの労働時間が20時間未満）は、複数の事業所から、外国人雇用状況届が出されても、重複のチェックがなされていない。したがって、資格外活動の外国人労働者数は、実際よりも過大な数値になっている可能性は否定できない。
　以上のような制約を考慮したうえで、1990年から2016年までの外国人雇用の推移を示したのが、表1である。ここでは、外国人労働者に特別永住者を含めていないが、不法残留者も就労していると見做して、外国人労働者の総数を算出した。

今回の推計で外国人労働者総数の推移をみると，1990年に26万人程度にとどまっていた外国人労働者は，今世紀になって90万人前後に達し，2015年から2016年にかけて，100万人を超えるまでに増加した。そのスキル・レベルの変化をみると，近年は，ハイ・スキルの労働者は20万人程度で，ミドル・スキル労働者は5万人前後と，伸び悩んでいる[*7]。過去3年ほどの間に大幅な受入れの増加がみられるのが，技能実習生と資格外活動で働く留学生からなる，事実上のロー・スキル労働者である。

　なお，法務省の「在留外国人統計」では，わが国国内に在留する外国人は，世界経済危機前の10年間で約1.5倍に増加した後，複合的災害の影響などもあって減少したものの，2016年12月末では238万人（総人口の約1.8%）と過去最高を記録した。定住化の進展で，同時点で永住権を有する外国人は103万人となった。

　雇用対策法第28条の外国人雇用状況届（特別永住者を除く）の2016年10月の数値の内訳をみると，就労を目的とする在留資格を取得して就労しているのは20万人程度，技能実習生が22万人程度である。また，日系人労働者と一般永住権取得者を合わせ42万人程度となる。

　世界経済危機後，政府の帰国支援措置もあって減少傾向にあったブラジル日系人は，2015年には底をうち，増加に転じた。しかし，この間中国人，フィリピン人，ベトナム人などのアジア系労働者が，地域労働市場で多数を占めるようになりつつある。その理由の一つは，技能実習生のアジア諸国からの受入れ拡大である。

　技能実習制度は，1993年に創設されたので，1990年時点の特定活動の在留資格には含まれていなかった。その後，制度の普及や在留限度の2年から3年への延長などが進められ，特定活動の在留資格を有する者[*8]は，1995年には6000人程度，2000年には2万人程度に達した。今世紀にはいり，製造業を中心とする受入れに加えて，農業，建設業などの受入れが増加もあって，2016年には22万人に達した。2009年から，技能実習生に労働関係法令が全面的に適用となり，2012年には技能実習の在留資格が導入された。この間，受入団体の不正行為や技能実習生の人権侵害などの事案が続き，2017年11月からは，技能実習制度適正化法の施行により，実習生の保護と受入団体の監督のための仕組みが整備されたばかりである。

　また，留学生の資格外活動の増加も，最近の外国人労働者の増加の大きな要因となっている。その際，大学など学術研究機関の受入れが停滞する一方，日本語学校による受入れと，資格外活動によるパートタイム・アルバイトによる就労の増加が顕著に増加している。これらの留学生は，「人手不足」の労働市場に流入し，事実上，出稼ぎ労働をしている場合があると懸念される。

　日系人（2世及び3世とその配偶者）及び永住者[*9]は，既に述べたように，原則として就労する活動には制限がないので，それに対応するスキルのレベルも明らかにならない。しかし，日系人の大きな部分を占める「南米日系人」やフィリピン出身の「新日系人」の多くが，比較的スキルの低い分野で多数就労し，派遣・請負労働で就労する比率は，外国人集住都市の地域では外国人雇用全体の50%を超えている。これらの外国人について，その雇用安定と労働条件を改善することは，依然として重要な課題となっている。

　最近における外国人労働力の特徴を横断面で観察すると，わが国に流入した外国人は，日本人の

地域の人口動態と非常に深い関係があることがわかる。

(3) 近年における外国人労働者政策の動向

わが国では，1960年代以降，閣議における労働大臣の発言（閣議了解）により，「（いわゆる単純労働の）外国人労働者は受け入れない」としてきた。1988年の経済計画及び雇用対策基本計画からは，「いわゆる単純労働分野における外国人労働者の受け入れについては慎重に検討する」とされ，同時に，「専門・技術的分野の外国人は可能な限り（又は積極的に）受け入れる」とされていた。

2009年の民主党政権の成立後は，経済計画や雇用対策基本計画が廃止になり，外国人労働者受入れに関する包括的な方針の閣議決定は行われなくなった。しかし，法務省の出入国管理基本計画と，厚生労働省の雇用対策に関する業務運営方針に，政府方針が記載されている。

その後の民主党政権の「経済戦略」や自公連立政権による「日本創生戦略」においては留学生の受け入れを，さらには，高度人材の受入れを積極的に推進することが明記された。また，2020年の東京オリンピックに向けた緊急措置が明記され，中長期的な検討が行われることとされたが，その動きは遅い。

2012年7月に，改正入管法・住民基本台帳法が全面施行された。これらの法律は，2009年7月，旧自公連立政権の最後の通常国会の会期末に成立し，外国人政策改革の第一歩となった。

2012年9月，自公連立による第二次安倍政権は，「アベノミクス」によるデフレ脱却を最重要課題とし，「日本創生戦略」に，緊急的な外国人政策を盛り込んだ。また。同戦略の改定（2015年7月予定）に伴い，外国人受入れ政策を（移民政策と誤解されることのないようにしつつ）中長期的視野から進めるとした。

2017年6月の「未来投資戦略」は，留学生や高度人材と，その生活環境整備にのみ言及されている。また高度人材受入れ及び外国人観光客（2020年4000万人目標）の誘致や，大学の国際化が明記された。しかし，ミドル／ロー・スキルの外国人や，地方創生における外国人の役割に関する言及はない。

この間，2015年4月には，2014年入管法改正が施行され，「高度専門職」の在留資格が創設され，高度人材のポイント制が法制化された。さらに，2017年4月には，「高度専門職」の永住権取得の要件が緩和された結果，最短1年の滞在で永住権の取得が可能になった。

また，1）日系人の帰国支援措置に伴う再入国禁止措置の解除（2013年10月15日，雇用契約1年を条件に解除），2）国家戦略特区を中心とする人材の受入れ，3）技能実習生の受入れ年限や範囲の拡大（建設業に関する時限的措置2015年5月，介護分野への拡大は2017年11月）などの施策が次々と打ち出された。4）2017年9月，改正入管法に基づき在留資格「介護」が導入され，介護福祉士の資格を取得した場合の就労が認められた。

このうち，国家戦略特区では，特区を申請した地域に限り，外国人家事人材受入れ（2014年11月から）や農業人材の受入れ（2017年11月）が，小規模に進められている。

しかし，国家戦略特区の施策の効果の測定はなされず，外国人労働者政策の改革に，どのようにつながるのかは，いまだに明らかでない。

2016年12月，懸案となっていた技能実習適正化法が成立し，技能実習制度の適正化と技能実習生の保護を目的に，新たな技能実習適正化機構が発足し，2017年11月には全面施行された。

4　国内・国際労働力移動の同時発生に関する理論モデルとその実証

以上のような動向を踏まえつつ，国内労働力移動と国際労働力移動の同時発生のメカニズムを，労働市場における労働需給ミスマッチの存在を前提として説明するモデルを組み立てて，これを，①国内の住民基本台帳のデータと，②外国人集住地域における企業データなどによって，立証を試みたい。

(1)　国内・国際労働力移動の同時発生に関する理論モデル

伝統的な労働市場モデルでは，労働需給は均衡し，需給ミスマッチは存在せず，外国人が労働需給ミスマッチに流入するという事態は想定されない。これでは，日本のみならず，先進諸国の労働市場における国内労働力移動と国際労働力移動の同時発生を説明することはできない。

そこでは，外国人労働者の流入は，資本や技術が流入して産業集積が進む大都市だけではなく，人口が減少して，労働力が大都市に流出している地域で，同時に生じている可能性が高い。

以下では，第1に，産業集積地域の地域労働市場，第2に，人口減少地域の地域労働市場の両方の労働市場を想定する。

第1の産業集積地域の地域労働市場では，人口減少地域から労働力の流入があり，労働供給は増加する。しかし，資本や技術の流入に加え，海外から専門技術人材が流入し，これが国内雇用と補完性が高い結果，国内労働需要を増加させ，賃金水準に悪い影響は生じない。これに対し，第2の人口減少地域の労働市場では，若年者が産業集積地に流出するが，地場産業の賃金は，国際競争の影響（例えば，国際貿易による要素価格の均等化など）のために上昇せず，労働需給ミスマッチが発生する。そこに，留保賃金（それ以上の賃金水準なら就労する賃金水準）の低い外国人労働者が，国外から地域労働市場に流入すると考えられる。

産業集積の進んだ大都市の労働市場における市場賃金率はW_1で，人口減少地域の市場賃金率W_Lと比べて高い水準にあると仮定できよう。この大都市に流入する人材の労働供給が，既存の都市内の労働供給との間に高い補完性があれば，大都市の労働市場に人材が流入して労働供給曲線がS_1からS_2へシフトしても，これに対する労働需要も，短期的に（$D_0<$）D_1からD_2にシフトするので，産業集積のある大都市の賃金は低下しない。さらに，こうした人材の流入と併せて，大都市に資本や技術が同時に流入して産業集積が進む場合，労働需要曲線は長期的にD_2からD_3にシフトすると考えられる。したがって，産業集積が中長期的に進行する都市では，労働需要の流入によっても市場賃金の水準は低下しないと推論することができる（図A）。

第2に，人口減少地域の産業における市場賃金はW_Lで，これは国際競争の圧力の下で低位に抑制されている。国際経済学にいう要素価格均等化の影響を受けていると解釈できるかもしれない。この地域からは，大都市に短期的にも人口が流出し，大都市の労働市場に移動する。このため，労働

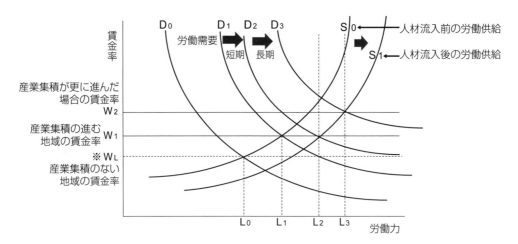

図A　産業集積が進む大都市の労働市場における短・中長期的需給調整のメカニズム

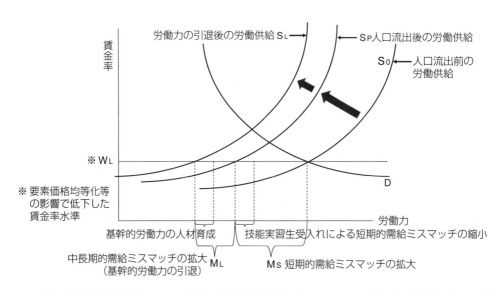

図B　人口減少地域の産業における短期・中長期的労働需給ミスマッチと外国人労働者の流入の効果

供給曲線は，S_0からS_Pに移動する。さらに，当該地域において人的資本投資された基幹労働者が高齢化して引退し，労働供給曲線は長期的には，S_Lの位置まで後退することになる（図B）。

この間，当該地場産業が，その地域外に市場を開拓し，労働需要曲線を維持する努力をしたとしても，労働需給ミスマッチは短期的にはM_Sだけ拡大する。また，労働需給ミスマッチは中長期的に，さらにM_L相当人数だけ拡大すると見込まれる。こうして，労働需給のミスマッチは，（若年者の）人口流出と，（基幹的労働力の）引退によって拡大していく。

そこで，短期的な人手不足対策として，外国人労働者（例えば技能実習生）を，地場産業全体で受け入れることも考えられる。しかし，このような措置を拡大しても，中長期的な基幹労働力の減少

に対処することは困難がある。基本的には，日本人労働者のみならず外国人労働者への人材開発を加速し，高い質の労働供給を増やし，これによって，労働需要曲線そのものを右に移動させ，地域に人材を呼び込む努力が不可欠であろう。

地域経済が漫然と人手不足への対応を繰り返すのでは，基幹的労働者に対する労働需給ミスマッチは拡大していく。地場産業は基幹労働力の後継者が不足するだけではなく，新たな労働需要を生み出して，地域全体の雇用を維持することが困難な状態（廃業の多発）に追い込まれる可能性がある。

以上の考察から，外国人雇用に対する雇用ニーズの背後に，短期的及び中長期的な労働需給ミスマッチが潜んでいることが理解できる。外国人労働者を一時的に雇用するのではなく，基幹的労働力として人材育成するニーズは，今後とも高まっていくと予想される。

(2) 国際移動と国内移動の同時発生の実証：外国人転入者関数の推計

都道府県別にみても，日本人人口の増加している地域は東京首都圏に集中しており，それ以外の府県では日本人の人口は減少している。これに対し，外国人人口は，秋田県と山形県以外は，ほぼどこでも増加傾向にある（井口, 2018）。

2012年度から，それまで外国人登録制度で管理されてきた外国人は，日本人と同じ住民基本台帳に登録され，転入・転出状況も把握できるようになった。

本稿では，本制度が外国人についても，安定的に運用されるようになった2016年の住民基本台帳のデータを用い，市区町村など基礎自治体における日本人人口と外国人人口の移動の関係を統計的に検証する。

政令指定都市の特別区も含めた基礎自治体（1904サンプル）について，2016年の外国人の国外からの転入と，国内からの転入を，日本人人口の自然増減と，日本人の転出又は転入で説明する関数を推定した結果は，表2と表3の通りである。

まず，基礎自治体における外国人の国内転入者は，日本人の自然増減とは負の相関関係にあり，日本人の国内からの転入とは，正の相関関係にある。

今回，外国人の国外からの転入の動向が，住民基本台帳で把握されているので，日本人人口の国内における動向との関係が明らかになった。基礎自治体における外国人の国外からの転入者は，日本人の自然増減とは負の相関関係にあり，日本人の国内での転出と正の相関関係にある。

以上の結果から，外国人の国内からの転入と国外からの転入は，日本人の人口減少が進む地域であって，日本人が流入する地域と，日本人が流出する地域という，二つの異なった方向にむかって生じていることが確認された。

これは，あくまで人口移動のデータによる立証であって，厳密な意味での労働力移動のデータによるものではない。しかし，先に図A及び図Bに示した国内における労働市場のモデルと，整合的な結果が得られた。つまり，これらの数値は国内（労働力）人口移動と国際（労働力）人口移動の間に，明らかな関係が存在することを示している[*10]。

この背景には，労働移動が自由で，高賃金地域へと移動する労働者と，労働移動の自由がなく，低賃金地域に流入して，労働需給ミスマッチを補っている，異なったグループの外国人が存在する

表2 外国人の国内からの転入者関数の推定結果

	係 数		t値	有意確率	共線性の診断	
					許容度	VIF
定数項	-57.817	***	-4.271	0.000		
日本人国内転入者数	0.088	***	49.544	0.000	0.786	1.271
日本人自然増減率	-39.05	***	-2.865	0.004	0.786	1.271

注：被説明変数　外国人の国内からの転入者数　　調整済みR2乗　　.609　　サンプル数　1904　　***：1％水準で有意
資料出所：総務省「住民基本台帳」(2016)の市区町村データをもとに筆者推計

表3 外国人の国外からの転入者関数の推定結果

	係 数		t値	有意確率	共線性の診断	
					許容度	VIF
定数項	-56.052	***	-3.446	0.001		
日本人の国内転出者数	0.088	***	39.142	0.000	0.786	1.272
日本人自然増減率	-37.418	***	-2.319	0.002	0.786	1.272

注：被説明変数　外国人の国外からの転入者数　　調整済みR2乗　　.492　　サンプル数　1904　　***：1％水準で有意
資料出所：総務省「住民基本台帳」(2016)の市区町村データをもとに筆者推計

ことが，推論される。

(3) 労働需給ミスマッチと外国人雇用の関係の実証：外国人雇用ニーズ関数の推計

次に，労働需給ミスマッチの存在を明らかにする目的で，地域労働市場における労働需給ミスマッチと外国人雇用ニーズの関係を統計的に明らかにする。そこで，外国人集住都市会議事務局が，2016年秋に実施した「外国人雇用ニーズ調査」の個票を利用する。

この調査は，厚生労働省の協力を得て，2015年の外国人雇用状況届を提出した外国人雇用事業所を母集団として復元（2833事業所）されている（外国人集住都市会議，2017）。ただし，群馬，長野，岐阜，三重，滋賀，岡山の各県に属する都市の調査票は利用できたが，愛知及び静岡の2県に位置する都市の調査票は回収が少なく，除外せざるをえなかった。

調査票のなかに，外国人雇用の目的に関する質問があり，「人手不足」(41%)，「優秀な人材の確保」(27%)が多く，「国際化対応」や「後継者確保」などへの回答は，いずれも数％にとどまっていた（記述統計表を参照）。

ここでは，「人手不足」と，「優れた人材の確保」について，二項ロジスティック回帰モデルを推計した。なお，これら以外の雇用ニーズに関する回答（「国際化対応」や「後継者養成」）は回答率が低かったため，最尤法で回帰方程式を推計しても，収束させることはできなかった。

2つの被説明変数別の推計結果は，表4に掲げている。そこで，外国人集住都市における外国人雇用企業において，異なる外国人雇用ニーズが存在することが確認できる。

まず，労働集約型製造業（繊維，食料品など）では，人手不足による外国人への雇用ニーズが有意にプラスであった。技術集約型製造業（自動車，電子・電気器具製造業など）は優秀な人材の確保と人

表4　外国人雇用ニーズ関数の推計結果（多変量ロジスティック回帰）

説明変数	被説明変数（ロジッド変換）								
	優秀な人材の確保					人手不足			
	係数		ワルド	有意確率	オッズ比	係数		ワルド	有意確率	オッズ比
建設業	-.575	*	3.272	.070	.563	.093		.108	.742	1.098
労働集約型製造業	.090		.221	.638	1.094	.747	***	16.151	.000	2.110
技術集約型製造業	-.273	**	5.885	.015	.761	-.493	***	20.855	.000	.611
卸・小売業	-.583		1.409	.235	.558	-.345		.720	.396	.708
その他サービス業	.159		.236	.627	1.172	-1.749	***	7.987	.005	.174
中企業	.181	*	3.124	.077	1.198	-.301	***	9.562	.002	.740
小企業	.647	***	8.125	.004	1.909	.072		.105	.745	1.075
専門技術人材	1.216	***	15.819	.000	3.373	1.364	***	17.688	.000	3.911
永住者	2.364	***	160.964	.000	10.638	2.060	***	99.324	.000	7.850
日系人	1.323	***	37.899	.000	3.756	2.563	***	137.223	.000	12.977
技能実習生	.518	***	6.936	.008	1.679	4.049	***	348.387	.000	57.360
生活に必要な日本語講習	1.159	***	81.618	.000	3.187	-1.455	***	124.973	.000	.233
業務に特化した日本語講習	.384	***	8.548	.003	1.468	-.500	***	14.991	.000	.607
技能・資格重視	1.363	***	68.700	.000	3.906	-1.017	***	29.894	.000	.362
公的職業訓練受講者の雇用有	.552	***	12.742	.000	1.736	.182		1.480	.224	1.199
定数	-2.844	***	203.454	.000	.058	-2.116	***	99.632	.000	.121
-2 対数尤度					2801.058					2962.641
Cox-Snell R2 乗					0.162					0.262
Nagelkerke R2 乗					0.235					0.353
サンプル数										2819

注：*：10％水準で有意，**：5％水準で有意，***：1％水準で有意
資料出所：筆者推計

手不足のいずれの雇用ニーズも，外国人雇用が有意にマイナスとなった。サービス業では，人手不足について外国人への雇用ニーズは有意にマイナスになったのは，日本語での対応の困難が影響している可能性がある。

企業規模では，小企業（30人未満）で，優秀な人材の確保のための外国人雇用ニーズが有意にプラスであったが，中企業（30人から300人未満まで）では，人手不足のための外国人雇用ニーズはマイナスであった。

専門技術人材を主に雇用する企業の外国人雇用ニーズは，優秀な人材の確保と人手不足の両者で，有意にプラスであった。

永住者を主に雇用する企業についても，優秀な人材確保と人手不足のための外国人雇用ニーズが，いずれも有意にプラスで，いずれも，オッズ比が極めて高かった。しかし，日系人の場合，人手不足を理由とする外国人雇用ニーズの方が，顕著に高くなっていた。技能実習生については，人手不足を理由とする外国人雇用ニーズが，優秀な人材の確保を大きく上回った。

生活に必要な日本語講習の実施や業務に特化した日本語講習は，いずれも，優秀な人材の確保を

理由とする外国人雇用ニーズを有する企業で実施率が高く，人手不足を理由とする場合は，実施率は低かった。

技能・資格重視の採用は，優秀な人材の確保ではプラスで有意であったが，人手不足ではマイナスで有意であった。

公的職業訓練修了者を雇用した経験では，優秀な人材の確保を理由とする場合も，人手不足を理由とする場合も，いずれもプラスで有意であった。

以上の結果をみると，外国人雇用の目的の違いで，明白に異なる雇用管理が行われている。その内容は，概ね短期的な労働需給ミスマッチと，中長期的な労働需給ミスマッチへの対応の違いに対応しているといえよう。

これらの分析によって，外国人雇用に対する雇用ニーズの背後に，短期的及び中長期的な労働需給ミスマッチが存在することを証明できたと考えられる。短期的な需給ミスマッチへの対応から，中長期的な需給ミスマッチへの対応に転換するためには，企業による言語講習の実施や，技能・資格の重視など，企業の人材管理の取組の変革が不可欠であることは，欧米諸国のみならず日本でも，非常に重要な意味を持っている（OECD, 2016）。

5　外国人労働者政策の改革：政策的な含意

高度人材のみを優遇し，ロー・スキルやミドル・スキルの労働者の言語や職業能力の開発に対する投資を怠る結果，外国人労働者政策は，短期的な労働需給ミスマッチへの対策にとどまることになる。

そうしたなかで，地方から大都市の労働市場への若年層の移動が続き，中長期的に，地方経済を支える人材はじわじわと枯渇していく事態を放置することになる。

外国人労働者政策において，ロー・スキルの人材をミドル・スキル人材に高めるためには，日本語能力について，自助努力やボランティア依存の考え方から脱却し，地域・自治体だけでなく，雇用の現場でも，実践的な日本語能力の向上を支援する制度的な仕組みを導入しなければならない。また，外国人が本国で得た教育や職業能力などを，企業が正当に評価することを支援する仕組みを導入しなければならない。

雇用対策法第8条に基づく外国人の雇用管理に関する指針が，ほとんど有名無実化している現状を認識し，地域・自治体の取組にばかり依存せず，外国人を含めた人材への投資を行う企業を支援する給付金や税制を導入するなどにより，外国人労働者政策が，地域創生の目的に効果を発揮するような政策転換を進めなければならない。

こうした政策の転換の糸口として，日系人受入れの仕組みを見直し，渡航前の言語習得の支援や教育・職業資格の評価・認定，渡航前の時点での適正な住居の確保，家族に対して教育・医療サービス切れ目なく適用する仕組みの確保が重要になっている。

わが国で，多文化共生施策（又は社会統合政策）の必要性が指摘されて久しいが，政策の理念に関する理解が広がっているとはいえない。むしろ，多文化共生に関する専門的な人材の育成は立ち遅

れており、そのことが、施策の効果的な実施を困難にしていることが危惧される。

　そうしたなかで、外国人とその家族に対する人的投資を強化することは、わが国で深刻化している労働需給のミスマッチを克服し、中長期的に地方経済を担う人材を育て、地方創生を具体化する糸口になる。労働市場の需給が引き締まって、人材確保が企業戦略の重要課題となりつつある現在、このチャンスを見失ってはならないであろう。

　こうしたなかで、製造業だけでなく多くの分野で、外国人の労働者派遣への依存が高まる可能性がある。労働者派遣の現場でも、人材への投資が行われるように支援する制度的なバックアップが必要である。

　さらに、日系4世の日本での就労問題をめぐる議論が、日伯両国を中心に活発に高まっているなかで、日伯の公的就労経路を利用した日本への就労が円滑に進むように、国だけでなく、自治体も協力しなければならない。その際、自治体が、日本語や教育機会の確保に加え、渡航前に住宅を確保する仕組みを機能させることが必要である。なぜなら、住宅問題の解決なしに、外国人の就労の労働者派遣への依存を低下させることは不可能だからである。

　1980年代後半から、外国人集住都市においては、製造業を中心として、南米日系人をデカセギ労働者として多数受け入れた結果、その多くが国内に定住化した。これらの日系人労働者は、製造業の集積する地域の国際競争力の維持に貢献するとともに、その家族や子どもたちの存在は、地域において、多文化共生と呼ばれる新たな力を生み出す原動力となっていることは評価されるべきである。しかし、日系4世や5世に、日系2世や3世と同様、不安定雇用と厳しい労働条件のもとに、犠牲を強いることは認められない。

　外国人労働政策は、人材育成によって、ロー・スキルから、ミドル・スキル、さらには、ハイ・スキルに、スキルアップを行う支援を体系化するなかで、抜本的な改革が展望される。

　従来、在留資格が整備されていなかったミドル・スキルの分野でも、資格取得を前提に、日本で安定した就労が実現できるように、段階的に整備するのである。

　外国人労働政策の改革なしには、これから受け入れていく外国人労働者は、わが国労働市場で、短期的な需給ミスマッチ対策のために使い捨てにされることが十分に予想される。

　日本における「働き方改革」や「同一労働同一賃金」などの改革を、掛け声だけでおわらせず、日本で安心して働き、生活し、家族で生活できる環境の整備を視野に入れた人材マネジメントの改革につなげなければならない。これらの取組のなかで、社会統合政策を、わが国で確立するための戦略を描くことができるよう、強く願っている。

---

*1　経済学における労働需給ミスマッチの概念は、失業と欠員の共存する場合に限られていた。今後は、この概念を失業者以外の無業者や、企業の潜在的な雇用ニーズなどに拡大することは可能かつ必要と考える（井口, 2011：19-31）。
*2　労働需給ミスマッチを理論化し、労働市場政策の効果を分析した文献として、Layard and Nickell (1986) やBellman and Jackman (1996) を挙げたい。
*3　本章の論述は、井口 (2018) を基礎としている。

別表　記述統計量

	度 数	最小値	最大値	平均値	標準偏差
技能・地場産業の継承	2833	0	1	0.02	0.134
優秀な人材の確保	2833	0	1	0.27	0.444
国際化対応	2833	0	1	0.04	0.202
人手不足	2833	0	1	0.41	0.492
専門技術人材	2833	0	1	0.03	0.180
永住者	2833	0	1	0.29	0.452
日系人	2833	0	1	0.14	0.344
建設業	2827	0	1	0.03	0.182
技能実習生	2833	0	1	0.36	0.480
労働集約型製造業	2833	0	1	0.07	0.258
技術集約型製造業	2833	0	1	0.50	0.50
その他サービス業	2833	0	1	0.03	0.156
卸・小売業	2833	0	1	0.02	0.125
情報通信業	2833	0	0	0	0
技能・資格重視	2833	0	1	0.10	0.296
公的職業訓練受講者の雇用有	2833	0	1	0.10	0.299
業務に特化した日本語講習	2833	0	1	0.17	0.378
生活に必要な日本語講習	2825	0	1	0.26	0.437
有効なケースの数	2819				

資料出所：外国人集住都市会議「外国人雇用ニーズ調査」から筆者作成

*4 2007年に改正された雇用対策法第28条に基づく外国人雇用状況届では「公用」と「外交」の在留資を有する数千人の外国人が除外されているため，それ以前と以後の数値は，厳密な意味では連続しない。
*5 「ミドル・スキル」の定義及び考察については，井口（2011：26-27）で詳細に論じている。
*6 この方針は，1998年の経済計画及び雇用対策基本計画で閣議決定されてから，概ね同じ方針が引き継がれてきた。2009年以降，これら計画自体が廃止されたため，外国人労働者政策の基本方針は，法務省「出入国管理基本計画」や厚生労働省「雇用政策基本指針」に規定される。毎年度，閣議決定される「骨太の方針」では，部分的な方向性のみが示されている。
*7 先進諸国では，学位を取得した外国人留学生の就労を促進する政策が進展し，専門・技術人材としての滞在資格に変更することが可能となっている。日本の場合，学位を取得し，日本で就職した留学生は，2016年は過去最高の1万5000人程度に達した。ただし，日本の場合，専門・技術人材は，3年程度勤務した後，半分近くが離職・帰国する傾向があるが，外国人留学生が就職することで，流出した専門技術を補充する効果を発揮している（井口，2016）。なお，2012年に導入された「ポイント制度」による高度技能者の認定は，2017年後半に6000件程度に達したとみられるが，実際に国内に滞在している者は，住民基本台帳の数値からは，概ね半分程度にとどまっている。
*8 難民認定申請者は，申請後6か月で「特定活動」の在留資格を得て就労が認められていることが，近年の申請件数の急増の背景にある。2016年の難民認定申請者は1万901人，うち難民と認定された者は26人，人道配慮による在留認定者は97人であった。2017年の難民認定申請は，1万7000人近くに達したとみられる。
*9 永住権の取得に原則10年の滞在が必要だが，日本人と結婚した者は4年程度，高度人材は5年から最短1年に短縮された。わが国では，概ね，毎年2～4万人が永住権を取得している。
*10 井口（2018）では，外国人住民の社会増減関数を推計し，基礎自治体における日本人の自然増減と社会増減で，外国人住民の社会増減を説明した。本稿では，外国人の国外からの転入と国内からの転入などのデータを新たに

使用して分析を行う。

《参考文献》

- ＪＩＬＰＴ（労働政策研究研修機構），2017「均衡失業率，需要不足失業率（ユースフル労働統計フォローアップ）」
- 井口 泰，2011『世代間利害の経済学』八千代出版
- 井口 泰，2015「東アジア経済統合下の外国人労働者受入れ政策」『社会政策』7巻2号，社会政策学会，9〜26頁
- 井口 泰，2016「外国人労働者問題と社会政策——現状評価と新たな時代の展望」『社会政策』8巻1号，社会政策学会，8〜28頁
- 井口 泰，2018「短期的及び中長期的労働需給ミスマッチに関する経済分析——国内労働移動と国際労働移動の同時発生について」『国際学研究』7巻2号，関西学院大学国際学研究フォーラム，29〜41頁
- 外国人集住都市会議，2017「外国人集住都市会議・津2017」（当日配布資料）
- 木村福成・安藤光代，2016「多国籍企業の生産ネットワーク——新しい形の国際分業の諸相と実態」木村福成・椋 寛編『国際経済学のフロンティア』東京大学出版会，291〜331頁
- 志甫 啓，2012「外国人研修生・技能実習生の受入れが有する若年人口補充の役割及び景気感応性」『移民政策研究』4号，移民政策学会，41〜60頁
- Bansak, C., Simpsn, N. B. and Zavodny M., 2015, *The Economics of Immigration*, New York: Routledge.
- Batisstella, G. ed., 2014, *Global and Asian Perspectives on International Migration*, Springer.
- Bellman, L. and Jackman, R., 1996, "The Impact of Labour Market Policy on Wages, Employment and Labour Market Mismatch," in Schimid G. and O'Reilly, J. eds., *International Handbook of Labor Market Policy and Evaluation*, Edward Elgar, pp.725-746.
- Bodvarsson O. B. and Van den Berg, H., 2013, *The Economics of Immigration: Theory and Policy*, 2nd edition, Springer.
- Borjas, G. J., 2014, *Immigration Economics*, Cambridge, Mass.: Harvard University Press.
- Borjas, G. J., 2016, *We Wanted Workers: Unraveling the Immigration Narrative*, New York: W. W. Norton and Co.（＝2017，岩本正明訳『移民の政治経済学』白水社，7〜16頁）
- Brettell, C. B. and Hollifield, J. E., 2014, *Migration Theory: Talking across Disciplines*, New York: Routledge.
- Kimura, F., 2006, "International Production and Distribution Networks in East Asia: Eighteen Facts, Mechanics, and Policy Implications," *Asian Economic Policy Review* 1 (2), pp.326-344.
- Layard, R. and Nickell, S. J., 1986, "Unemployment in Britain," *Economica* Suppl.53, pp.121-170.
- Martin, P., 2016, "Migration and Trade: Low- and High-Skilled Workers," paper presented to International Metropolis Conference 2016 in Aichi-Nagoya.
- Mortensen, D. T. and Pissarides, C. A., 2011, *Job Matching, Wage Dispersion, and Unemployment*, Oxford University Press.
- OECD, 2016, *Making Integration Work: Refugees and Others in Need of Protection*, OECD Publishing.
- OECD, 2017a, *Employment Outlook 2017*, OECD Publishing.
- OECD, 2017b, *International Migration Outlook 2017*, OECD Publishing.
- Powell, B. ed., 2015, *Economics of Immigration, Market-Based Approaches, Social Science and Public Policy*, 1st edition, Oxford: Oxford University Press.
- White, R. and Tadesse, B., 2011, *International Migration and Economic Integration: Understanding the Immigrant-Trade Link*, Wiley.

Recent Development of Foreign Worker Policy and Its Reform Prospects in Japan:
From the Perspectives of Labor Market Mismatches and Local Development

IGUCHI Yasushi *Kwansei Gakuin University*

Key Words: mismatches in the labor markets, relationship between internal and international labor migration, long and short term labor shortages

This article explores the relationship between short-term or long-term labor market mismatches and flows of foreign labor in the Japanese local labor markets taking into consideration the relationship between internal and international labor migration. Based upon such analysis and findings, the author discusses reforms of foreign worker policy by encouraging investment in human capital through language education and occupational qualification as well as amendment of immigration regulations. Especially important are measures for establishing adequate recruitment channels for the fourth and fifth generation of Japanese Brazilians, protection of technical intern trainees and their proper management, encouraging human capital investment for middle and highly skilled workers and reforming talent management in Japanese enterprises.

投稿論文

生活保護家庭に育つペルー系ニューカマーの子どもの将来展望
──「親子関係」と「重要な他者」に注目して

坪田 光平　職業能力開発総合大学校特任助教

キーワード：ペルー系ニューカマー，生活保護家庭，将来展望

　日本社会でアンダークラスを形成し貧困に陥るリスクが危惧されてきた南米系ニューカマーのうち，本稿ではペルー系ニューカマーに注目した事例研究を行う。ペルー系ニューカマー家族が経済・言語・関係面にわたって困難を抱えている可能性に注目し，とくに生活保護家庭に育つ子どもたちの将来展望を検討した。分析の結果，1）生活保護家庭であっても親の教育期待の高さが見られた一方，子どもには通訳を要求しない場合から，病院への付き添い兼通訳，さらには滞納家賃・水光熱費をめぐる日本人との交渉役割を任される場合まで見られ，親が子どもを頼りにするほど親子の役割逆転が生じやすいことが明らかになった。しかし 2）通訳を依頼されることに対しては反発が見られず，むしろ子どもたちは日本語とスペイン語の双方に長けていることを肯定的に捉えていた。このため，3）二言語能力を維持・伸長する観点から「親族」や「教会の同国人」を子どもたちは「重要な他者」と捉え，海外大学への留学と通訳者としての将来展望が見られた。一方，日本人との交渉役割が要求される場合では，過大に意識される家庭内役割から親への反発が生じ，家庭からの離脱とそのための手段として早期就労意欲が並行して語られた。親子関係を中心とする早期就労の道筋がブラジル系ニューカマーとは異なる点を指摘しつつ，親子関係に留意した今後のエスニック集団間比較の必要性を指摘した。

1　問題の背景

　1980 年代以降，アジア圏や南米圏を中心に「ニューカマー」と呼ばれる外国人の数は着実に増加の一途をたどっている。1990 年代以降，外国人集住地域では日本語を母語としない南米系ニューカマーを多数受け入れたことから，初期のニューカマー教育研究では日本の「学校現場」を中心に同化主義的な学校文化のあり方を問題視しつつ（太田，2000），不就学や学業不振，さらには高校進学の困難さを問題としてきた（宮島・太田，2005）。さらに 2000 年代以降は学業達成に踏み込んだ研究として，渡日年齢（鍛治，2007）や家族の教育戦略（志水・清水，2001），日本の教育制度（佐久間，2006），トランスナショナルな家族（額賀，2012）に注目した研究が積み重ねられ，徐々に増える大

学進学者についても，その背後要因に関心が集まりつつある（額賀・三浦，2017）。しかし国勢調査をもとにした近年の研究（鍛治，2011）によれば，とくにブラジルとペルー系ニューカマーの大学在学率は 2000 年段階で 0 ％程度に過ぎず，ニューカマーの大学進学過程を検討するにはエスニック集団の違いに目を向けるべきことが示唆されている[*1]。

　こうした研究潮流を踏まえつつ，本稿では「大学在学率の低さ」を生み出していると考えられる一要因として，ニューカマー家族の「貧困[*2]」に焦点を当てたい。これまでニューカマー家族が経験する貧困については，とくにブラジル系ニューカマーを中心に論じられてきた。例えば児島（2008）は，ブラジル系ニューカマーが「度重なる移動」によって剥奪経験を有するだけでなく，学校からの排除経験をも通じて早期就労へと水路づけられていることを明らかにしている。こうした早期就労のプロセスをもとに，かれらは将来的に「貧困層へと転落するリスク」（以下，貧困リスク）を抱えているとも指摘されてきた（樋口，2011）。ブラジル系ニューカマーの貧困リスクに関して，小内（2009）は「いつ失業するかわからないような不安定な就業形態で生活を維持し続けなければならない」（小内，2009：59）ことをかれらの貧困リスクと捉えるべきと提唱しており，とくに経済面での貧困は子どもたちにも影響を及ぼし「貧困の世代的再生産」が起こり得ることに警鐘が鳴らされている。

　もちろんニューカマーの貧困については，これまで日本人男性と離婚したフィリピン人女性や，中国残留日本人孤児についても一定の蓄積が見られてはいる（髙谷・稲葉，2011；浅野，2009）。しかし南米系ニューカマーを対象とした研究はブラジル系ニューカマーを中心に論じられ，他の南米系ニューカマーを対象とした研究はもちろん，子どもたちがどのような貧困リスクを背負っているかについては研究蓄積が乏しい状況にある（山野上，2015；福田，2015）。後述するように，本稿で取り上げるペルー系ニューカマー家族は単に経済面での貧困にとどまらず，言語・経済・関係面にわたった複合的な貧困リスクが指摘できる。こうした状況を踏まえたとき，そもそもペルー系ニューカマーの子どもたちがどのように家族を経験しているかにまず注目する必要があるだろう。そしてその作業を通じて，早期就労へと水路づけられるプロセスが「頻繁な移動や学校での排除経験」といったブラジル系ニューカマーとどのように異なるかが明らかになるだろう。

2　先行研究と検討課題

　本節では，国内に住むペルー系ニューカマーに関する先行研究を概観しながら，本稿の検討課題について提示したい。まず，2016 年末時点の在留外国人について集計した法務省「在留外国人統計」によれば，日本に滞在するブラジル系ニューカマーが 18 万 923 人を数えるのに対し，ペルー系ニューカマーの量的規模は 4 万 7740 人となっていることが確認できる。注目したいのは，リーマンショックを経験してもそのほとんどが日本滞在を選んでいたことから，着実な「定住化」が指摘されているということであり（髙谷ほか，2015），「頻繁な移動」を特徴とするブラジル系ニューカマーとの差異が示唆されている。一方，ペルー系ニューカマーの居住特性については，関東圏に集中しつつも「集住地域が極めて少ないこと」が特徴とされているように（柳田，2012），ペルー系

ニューカマーの関係的資源には居住地域による構造的制約が強く働くことが指摘されている[*3]。また経済面に関する全国調査データは存在しないものの，静岡県が独自に実施した調査結果によれば，ブラジル系ニューカマーよりもペルー系ニューカマーに経済面で多々不利な状況にあることが報告されている[*4]。例えば上記の調査結果のうち滞日10年以上に対象者を限定すると，双方の間には年収50万円未満（ブラジル6.3％，ペルー19.4％）と年収100万円未満（ブラジル9.8％，ペルー24.1％）の割合比となっていることから明確な違いが認められ，「ペルーは，他の国籍と比べると全体として低所得の割合が高く，世帯年収350万未満が9割を占める」（千年, 2011：52）状況にあるのである。

　さらにペルー系ニューカマーの言語面を捉えるうえで重要なのが，その歴史的経緯である。すなわち，来日したブラジル系ニューカマーは高い割合で日本語能力を維持・継承していたものの，ペルー系ニューカマーは日本政府との国交断絶と並行して現地社会での交婚と多人種化が歴史的に進行した事実が特筆できる（Takenaka, 2004）。そして現地社会への同化が進むなか，ペルー系ニューカマーは南米系ニューカマーの中で最も日本語能力の保持に乏しいことが報告されており（国際協力事業団, 1992），来日後は日本語能力の高いブラジル系ニューカマーを頼りにしつつ，様々な資源へのアクセスに困難を抱えることで，職業選択をはじめ日本での上昇移動は主観的に閉ざされてきたことが経年的な調査研究から明らかにされている（Takenaka, 2009；Takenaka and Paerregaard, 2012）。こうした知見を通じて重要なのは，ブラジル系ニューカマーとの差異として，少なくとも言語・経済・関係面にわたってペルー系ニューカマーが複合的な貧困リスクを経験しているという示唆である。無論，すべてのペルー系ニューカマーが貧困を経験していると考えるのは早計だろう。しかし，日本政府がニューカマーの子どもの貧困や暮らし向きに関する公式統計を欠いてきた現状においては（大曲・樋口, 2011：79），さしあたりペルー系ニューカマー家族が複合的な貧困リスクを経験する可能性に留意しつつ，細かな事例研究とその蓄積が求められているのではないだろうか。とくに子どもたちが経験する貧困の分析として肝要なのは，単に経済面での貧困を前景化させるのではなく（志田, 2015），むしろ子どもたちがそもそも高校進学・卒業という特定のライフステージを超えて，広く他者との関係の中で自分の将来をどう捉えているのか（＝将来展望の形成）ということである。というのも，子どもの貧困研究が明らかにしてきたように，生活保護家庭に育つ子どもの将来展望が制約される傾向にあるという知見を踏まえれば（大澤, 2008；小西, 2003），冒頭で示す「大学在学率の低さ」にかかわった知見も析出されると考えられる[*5]。

　ではペルー系ニューカマーの子どもたちの将来展望はどのように捉えられるだろうか。子ども視点から注目できるのが，「親子関係」と「重要な他者」の存在である。ペルー系ニューカマーは親の言語能力に制約が多々見られるものの，子どもに対する親たちの大学進学期待は共通して高い傾向にあることが報告されている（田巻・スエヨシ, 2015；Matsuda and Derek, 2016）。もちろん，上述した大学在学率の低さは確かに指摘されるものの，大学進学を果たした事例が決して見られないわけではない。例えば大学進学達成者について検討している角替（2016）は，ペルー系ニューカマー親子には日本語能力の高さに違いが見られた一方，子どもたちが共通して「親への尊敬の念」を抱いており，安定した親子関係の形成が見られることを明らかにしている。ここで注目したいのは，安定した親子関係と並行して大学進学意欲の形成に学校の教師や支援団体をはじめとする「重要な他

者」との出会いが多々影響を与えていたことである。田巻・スエヨシ（2015）においても，家庭内における「母親」の存在，さらには「同じペルー人」をはじめとする「重要な他者」との出会いの重要性が明らかにされており，こうした関係面での資源獲得は，ペルー系ニューカマーの子どもに限定されず，広くニューカマーの子どもの将来展望に重要な役割を果たすことが明らかにされてきた（徳永，2008；三浦ほか，2016）。

　しかし，大学進学過程における「重要な他者」の影響は，言語・経済・関係面にわたって複合的な貧困リスクを経験しうるペルー系ニューカマーの将来展望に対し，どれほど独立した影響力をもちうるのかは依然として検討の余地がある。ここで参考になるのがアメリカ移民第二世代を扱った研究である（Portes and Rumbaut, 2001）。ここでは「英語力」といった親の言語的資源が乏しくホスト社会への適応が困難な場合，親が通訳代わりに子どもを使うことによって親子関係には「役割逆転」が生じやすいことが明らかにされている。それはすなわち，子ども視点からすれば，ホスト社会に慣れ親しんでいく過程で次第に親を見下し，親子関係に緊張や葛藤が生じていくことを示している。こうした親子関係の様相は，親子の間で言語状況の不一致が生じない，生活保護家庭に育つ日本人の子どもを扱った研究においては見られない。むしろ林（2016）は，生活保護家庭に育つ子どもたちが日常的に家事役割を親から要求されており，実際に「遂行できる自分自身／家庭内」に自己アイデンティティを形成していること，そして，拠り所となる家庭内は子どもたちの自己アイデンティティを保障する「居場所」として機能することを指摘する。ここからは，生活保護家庭という点での共通性と同時に，とくにニューカマー家族の言語状況の差異に留意した分析の必要性が指摘できる。すなわち親世代が日本語能力に困難を感じ，また経済的・関係面においても困難を経験しているとすれば，ペルー系ニューカマーの子どもたちは，通訳として頼られることを通じて次第に親への反発を覚え，むしろ家庭からの離脱を通じて早期就労へと水路づけられていく点で複合的な貧困リスクを背負うのではないだろうか。そのことは，家庭からの離脱を促し，進学意欲を挫くだけでなく早期就労意欲を強めるよう将来展望にわたった影響力を持つとさしあたり仮説化できるだろう。加えてこうした仮説は，ブラジル系ニューカマーとの差異として別様な早期就労の道筋がありうることを示唆するものでもある。以上から本稿では，親子関係に注目した上記の仮説を念頭に，以下二つの研究課題を設定して分析を行っていく。

1）貧困家庭に育つペルー系ニューカマーの子どもたちは，どのような親子関係を経験しているのか。とくに通訳経験による「親子の役割逆転」に注目して明らかにする。

2）貧困家庭に育つペルー系ニューカマーの子どもたちは，自らの将来をどのように展望しているのか。とくに「親子関係」と「重要な他者」の交差に注目して明らかにする。

　既存研究では，大学進学を達成した層が「安定した親子関係」と「重要な他者」を基礎としていたことを示しているが（角替，2016），本稿では「重要な他者[*6]」の影響を考察するために，親子関係にバリエーションが見られた事例をもとに検討を行う。以下，調査概要と方法について説明し，ペルー系ニューカマーの子どもたちの将来展望を考察していく。

3　調査概要と方法

　本稿では，南米系ニューカマーが多く見られる都市近郊X町で実施される学習支援教室（F教室）で行ったフィールドワークの結果をデータに用いている（2016年6月～2017年3月末まで）。先に，F教室（週1回）を取り巻くX町の地域背景について簡単に示しておく[*7]。強調すべきは，X町は都市近郊に位置しているということであり，外国人住民割合が高い外国人集住地域という点である。X町の外国人住民は南米系ニューカマーのほかにもアジア圏出身者から構成されており，F教室には日本人の子どもたちに加えニューカマーの子どもたちも足を運んでいる。またこうした背景には，機械部品加工会社に象徴される，製造・運搬業に関わる工業地帯がX町周辺一帯に広がり，外国人労働者を雇用し続ける産業構造が影響している。外国人集住地域としての色彩を帯びるX町には，外国語が使用可能なエスニック教会が見られるだけでなく，飲食店を中心とするエスニック・ビジネスの展開も見受けられ，エスニックな制度的基盤を有していることも指摘しておきたい。こうしたX町を背景に筆者は2016年6月15日から2017年7月末にわたって学習支援スタッフの一員として，主に高校進学を控えた中学生の学習支援を担ってきた。その際，学習支援だけでなく時に子どもたちが語る家庭内での経験に耳を傾けてきた[*8]。

　本稿ではそうした子どもたちとの関係を踏まえ，中学生3名[*9]の事例を集中的に検討していく。後述する3名を選定したのは，親からの「通訳依頼」の程度と「重要な他者」との関係にバリエーションが見られ，「重要な他者」の影響を検討する本稿の立場に照らして最適と考えたからである。なお検討に際しては，2016年度末までの事例に限定して，F教室を通じて記録したフィールドノーツ（FN：ゴシック表記）を分析の対象とした。

4　ペルー系ニューカマーの子どもたちにとっての親子関係と将来展望

　本節では先に3名（P1, P2, P3）の中学生について説明を加えたうえで（表1），それぞれの事例について詳細に検討していく。表1で示す3名に共通するのは，いずれも①一貫して生活保護を受給する母子家庭に育っており子ども（きょうだい）が複数名いること，②家庭内言語はスペイン語に統一されており親から向けられる教育期待が総じて高いこと，③幼少期から親に連れられ，子どもたちはスペイン語が使用される教会に頻繁に足を運ぶ習慣が見られたことである。一方，3名の親たちは日本語で意思疎通する言語能力に不安を表明しており，子どもたちが学校で学ぶ学習内容に対しては直接的な支援が困難となっていた。分析対象としたペルー系ニューカマーの子どもたちの将来展望を要約的に表現すれば，以下の三パターンに集約される。第一は，親から通訳依頼がなされることなく大学進学に高い価値が与えられ，海外就労するきょうだいを模範としながら大学進学／海外留学を希望していく将来展望のパターン（P1）。第二は，病院等の付き添いといった通訳依頼がなされながらも，教会で出会う同年代のペルー人を模範に大学進学／海外留学を希望していく将来展望のパターン（P2）。第三は，親から通訳依頼があっただけでなく，未払い家賃・水光

表1　分析対象とする生活保護家庭に育つペルー系ニューカマー中学生

子ども	P1	P2	P3
来日	幼少期	日本生まれ	日本生まれ
性別	女	女	男
家庭	母子家庭	母子家庭	母子家庭
家庭内言語	スペイン語	スペイン語	スペイン語
大学進学意欲	あり	あり	なし
将来職業	通訳	通訳	工場労働
子どもへの通訳依頼	ほぼなし	頻繁	頻繁
子どもへの教育期待	非常に高い	高い	高い
母親の就労状況	無職	無職	無職
海外在住する家族	あり	なし	なし
所属する教会の言語	日本語とスペイン語	日本語とスペイン語	スペイン語

熱費をはじめ日本人相手への交渉役割までも子どもに依頼された結果，家庭内からの離脱と早期就労を志向していくパターンである（P3）。子どもたち全員が日本語とスペイン語に高い価値を与え，「通訳」を希望する点で共通性が見られたものの，親子関係の様相に応じて将来展望の様相はそれぞれ異なっていた。以下，順に検討する。

(1)　P1の事例：海外在住のきょうだいを媒介とした将来展望

　まずP1の事例について検討する。日系ペルー人にあたるP1家族について特徴的なのは，母親の教育意識が高く，子どもに対して非常に過保護的な姿勢を見せていたことである。

　日本から海外留学を経験しているきょうだいと比較して，母親は，P1も「まずは高い学業成績を収められるように」と子どもを監督する立場に身を置き，例えばP1には①携帯電話を所持させない，②家の中であっても（固定電話で）一人で友人と話してはいけない，③どの教科も手を抜かずに勉強する，といった複数の教育方針を家庭内で徹底していた。

　このためP1は「全部の教科を予習・復習しなきゃいけない」と繰り返しスタッフに漏らしたり，F教室が始まる前から，既に勉強していたりする光景が頻繁に観察された。注意したいのは，母親は単に口うるさくP1に指摘するだけに終わらないということである。実際，母親は毎週欠かすことなくP1を迎えにF教室まで出向いており，スタッフと会話するなど，熱心にP1の学習状況を支えようとしていた。また学業に邁進するP1の振る舞いとして強調したいのは，F教室に通う他の子どもたちが携帯電話を所持しているのを見ては「ただ遊んでいるだけ」「本当あり得ない」と指摘し，消費的なメディアに浸る他の子どもたちと自分を差異化するだけでなく，見下す姿勢をも見せていたことである。

　P1は，休憩時間になると教会の讃美歌を口ずさみつつ，「先生，私はヤンキーにはならないです」「あの人たちはやばいですよ，本当やばいですよ」と話しかけてきた。携帯電話で動画や音楽を流し，勉強不熱心に見える他の中学生に視線を幾度も投げかけては「ありえない」とため息交じりに肩を

落とした。筆者が「休憩時間でもダメなの？」と答えるとＰ１は「教会じゃ，悪の道に染まっちゃいけないって言うんですよ？」と主張し，そのことはお母さんからも厳しく言われているのだという。（ＦＮ：2016年12月21日）

　教会が教育的役割を持つことは，フィリピン系ニューカマーの子どもの育ちにおいて無視できない重要な要素として言及されている（三浦，2015）。また在米ベトナム系難民においても，たとえ親の人的資本が高くなくとも，親たちは子どもの教育に向けて教会の場を利用しては結束を固め，ホスト社会の都市下層文化に同化しないよう監視の目を強めていくことが知られている（Zhou and Bankston, 1998）。上記の言動からは，母親からの統制が教会の場と整合するものとしてＰ１に確認されていることが窺え，実際，母親に連れられて頻繁に教会に参加することを通じて学業重視の価値観を内面化していることが指摘できる。Ｐ１は母親を「厳しい人」と捉え，監視の目線を投げかける親に対して時に不満の声を漏らすこともある。しかしＰ１は，後述する２名と比較して親子の役割逆転を何ら経験しておらず，学業努力を継続している点が特筆できる。

　しかし上記の文脈を踏まえても，Ｐ１は中学校の五段階成績評定で「３」が平均して並んでおり，学校内では上位に位置するほど高い学業成績を収めているわけではなかった。このためＰ１は，塾に通えない自分を卑下し中学校にいる「日本人は天才」なのだと指摘する。しかしそれでもＰ１はスペイン語の読み書きが維持されていることに自信を持ち，とくに将来展望にあたっては海外在住するきょうだいの存在が大きいことを語った。

　お母さんはＸ語が少しできて…でもＹ語も学びたかったんだって。だからお兄ちゃんはＸ語が学べる国，お姉ちゃんはＹ語が学べる国に留学しているんです。…お母さんの言葉の夢は上のきょうだいが叶えているから。私は，だったら大学でスペインに留学して，日本語と，スペイン語ももっとマスターして，通訳とか言葉が活かせる仕事ができたらなって。（ＦＮ：2017年1月11日）

　Ｐ１の将来展望の語りが示しているのは，海外に在住するきょうだいを「重要な他者」と位置づけることによって，大学進学を前提にした海外留学が強く意識されていたことである。国内で完結的な日本の進路指導状況を見据えたとき，海外生活する親族の存在は無視できるものではない。そのことはＰ１においても同様であり，無料の国際電話やスカイプを通じて日常的に維持されている「トランスナショナルな家族」（Foner, 2009）は，彼女の将来展望において欠かせない要素として言及されていた。たとえ塾に通えなかったり高い学業成績を収められなかったりしても，こうした家族成員に組み込まれることを通じてＰ１は「通訳になりたい」と自分の将来展望を語るのである。このように，Ｐ１を取り巻く家族のあり方は，他の日本人生徒と自らを差異化し，自らの言語能力に自信や誇りを持たせながら彼女の将来展望の形成に貢献していた。

⑵　Ｐ２の事例：教会の同年代を媒介とした将来展望

　次にＰ２の事例を検討する。日系ペルー人の母親は，母子家庭として複数人の子どもを育てており，Ｐ２家族では，Ｐ１家族と同様に家庭内ではスペイン語が使用されている。

　Ｐ２家族で注目したいのは，前述のＰ１家族とは異なり，親から通訳依頼が多々見られた点である。Ｐ２は度々，まだ幼いきょうだいの面倒を見なければならないと強く語っただけでなく，母親が病

院等に赴く際には母親の通訳として付き添って学校を休むことが常態化してもいた。きょうだいの面倒や親の通訳を含むこうした家庭内役割に，Ｐ２は「でも断れない。家の仕事だから」と語るものの，部活動に支障が出てしまったり交友関係にも影響が出てしまったりする現状を嘆き，さらには授業参観時に派手な服装で来校する母親に抵抗感を持ち「ピエロみたいなのが来る」と形容したりしていた。Ｐ２は「先生（＝筆者）が代わりに授業参観来てください」と話しその役割を要求してもいたが，ここからは，Ｐ２が拘束的な家庭内役割を一方では仕方がないものとして受容しつつも，「母親を遠ざけたい」という心情との狭間でＰ２が葛藤を経験していたことが指摘できる。Ｐ２のこうした現状は，しかしそれでも親子の役割逆転を招くものではなかった。毎回のようにＦ教室に参加していたＰ２は，日本語に不慣れな母親を完全に見下すのではなく，むしろ「通訳としての経験は将来に役立つ」と徐々に捉え，スペイン語能力を誇らしげに語っていたのである。ここで重要なのは，Ｐ２の背景に，同じ教会に通う「同年代のペルー人の女の子」の存在が模範となり，大学進学と並行して「通訳」としての将来展望が見られたことである。

　教室の企画として予定されていたイベントに関して，既にその日は教会が入っており，家族で過ごさなければならないことをＰ２は伝えてきた。X町の教会についての話題になり，「日本人のおじいちゃん，おばあちゃんも普通にいっぱいいるよ？」と話してきたものの，教会にはペルー人が多く集まってくることを教えてくれた。なかでもＰ２が「すげー格好いい！」と話すのが，その教会で同時通訳を務めている同年代の女の子の存在だった。神父がスペイン語で話した内容を，即座に堂々と日本語に通訳してみせる様は非常にクールなのだという。「あれくらい出来るようになりたい」と話すＰ２は，日本語とスペイン語の両方を武器とし，そのブラッシュアップのために母親の通訳をこなすことは，むしろ「ためになる」のだと真剣に伝えてくれた。…「同じペルー人を助けたい」と話すＰ２は，スペイン語と日本語だけでは不十分と考え，大学では英語圏へ留学したいとも強く語っていた。（ＦＮ：2016年12月14日）

　Ｐ２の教会にまつわる語りから指摘できるのは，一面的にはＰ２が親との関係に葛藤を経験していたものの，身近に参照できる他者を媒介とすることによって，大学進学を見据えた将来展望の形成が可能になっていたことである。実際，後述するＰ３の事例では多くの科目で「１」の成績評定がついていたのに対して，提出物をこなしているＰ２の学業成績は，Ｐ１と共通して「３」が平均的に並んでいた。Ｐ１と比較する視点からは，子どもを通訳として駆り出しＰ２に登校を中断させる点で両者に明らかな違いが見られたものの，海外在住のきょうだい（Ｐ１）や教会参加者（Ｐ２）がともに「重要な他者」となっていた点では共通し，それが彼女たちの大学進学意欲を生み出す原動力となっていたと指摘できる。

(3)　Ｐ３の事例：親子の役割逆転と早期就労意欲

　最後に，大学進学意欲という点で拒否の姿勢を示したＰ３の事例を検討する。Ｐ３の家族は，これまでの２名の事例と同様に母子家庭であり，教室には下のきょうだい（Ｐ３-１）と一緒に参加している。一方，Ｐ３の上のきょうだい２名（Ｐ３-２とＰ３-３）はそれぞれ高校で不登校になって中退しており，Ｐ３-２とＰ３-３はそれぞれ非正規雇用の身分で就労している。

高校進学を控えるP3の第一の問題は，親子関係が良好ではないということである。日本語教室に断片的に通いながらもほとんど日本語能力が伸びないという母親に対し，P3は「発音がやばい。本当変だから。恥ずかしい」と述べる。そうした母親は，P3に対してしっかりと勉強するようにと，ベルトで叩くといった厳しいしつけを行ってきた。一方，現在では別のペルー人男性と恋仲になり，夜になって家を不在にしたり，食事を作らなかったりすることが不満としてP3から語られる傾向にあった。P3にとっての目下の不満は，上のきょうだいがそれぞれ家から出ているため，自分が親の通訳を担当しなければならないこと，また，母親が主導で引き受けた知人の子ども（乳児）の面倒を見なければならず，夜になっても乳児が寝付いてくれないため生活スタイルが夜型になり，度々学校を休んでしまうことにあった。こうした生活スタイルは弟のP3－1についても同様であり，乳幼児の子守に付きっ切りで「起きたら朝10時だった」と語られる状況がしばしば見受けられた。親不在というこうした家庭内では，親子関係が危うくなるだけではなかった。

　教室にきたとき，気がかりだったのが彼の服装。ワイシャツの胸ポケットの糸が切れてしまっていて，半分ほどポケットがむき出しの状態になっていた。ワイシャツも全体的に黒ずんでおり，インナーのシャツも土まみれで，とくに「襟」が非常に不衛生な印象を受けた。そのほかにも，使用している鉛筆は，短く，すぐ折れてしまいそうな状態だった。（…突然）別の子どもが「年齢のある人はその分長く生きているからすごいことなんだよ」と全体に向かって話した時，P3は，ぽそっと「先生，俺，親のこと尊敬してない…」と話してきた。親のことを口に出すのが珍しかったので，「どうして？」と尋ねると，彼の口からは「親はほとんど家にいない」「掃除をしないから家が汚い」「（目の前の机を指して）家に勉強机が欲しい」「散らかっているから床で勉強するしかない」「（プリントを入れる）ファイルが欲しい」「家では勉強したくない」といった言葉が出てきたのだった。その時，P3は目に涙を浮かべており，彼が学習に向かうときの基本的な学習環境が十分に整っていないこと，親からのサポートが非常に手薄な状況にあることが判明した。また，18時45分頃には「お腹が空いた」といい，「今日は何を食べるの？」と聞いてみると，暗い表情で「何かあるかわからない…」と発言していた。小さな声で誰にも聞こえないよう私（＝筆者）に耳打ちしてくる彼の言動からは，学習用具といった物的な資源の不足，親業の不在，学習環境の欠乏といった問題群が示されると同時に，それを周囲には「知られたくない」という意思表示が含まれていた。（FN：2016年7月6日）

　学校のプリントを入れるファイルさえないと語る彼が見せてくれたカバンの中身は，破けたプリントが雑多に詰め込まれており，テスト時に提出する課題プリントも紛失し「未提出」が常態化していた。こうした問題は学業成績の低さと絡んで学校側から多々指摘される事実となっており，実際，親の通訳が付いた三者面談の場において，P3は「行く高校がない」とさえ担任教師から伝えられてもいた。その後，P3は「塾に行きたい」と母親に進言するものの，母親からは「お金がないからダメ」と回答されたと打ち明けていた。

　この事例から指摘したいのは，まず母子家庭であるということ以上に，親の日本語獲得をはじめホスト社会への適応が高いハードルになっているということである。例えばフィールドワーク中，P3の母親はP3の不満に理解を示し，自身の日本語能力や金銭的なゆとりのなさから塾に通わせ

られないことを申し訳なく思っていると筆者に表明しただけでなく，時折Ｆ教室を訪れては心配してＰ３が勉強する姿を眺めたり，軽食を差し入れたりする場面も見受けられた。もちろん，Ｐ３が語った不満は，経済面での貧困の表れとして理解ができ，それは日本人家庭と同様の現象として理解しうるだろう。しかし子ども視点からすれば，日本語を十分に理解せず常にＰ３を通訳として駆り出したり，度々家を不在にしたりするといった親の振る舞いは，思春期にあたる子どもから反感を買うことで親子関係を危うくしていた。とくにＰ３が繰り返し「不満」として語った点として強調したいのは，アパートの「家賃や水光熱費の支払いが滞っていること」をめぐって，日本語が分からない親にかわって日本人側に説明したり交渉したりしなければならなかったことである。それでもＰ３は，Ｐ１やＰ２と同様，抵抗はありつつも親からの依頼を拒絶することなく引き受けていた。しかし重要なのは，こうした役割の遂行がＰ３にとって「過大」となり徐々に不満として映っていくことである。そしてそのプロセスと並行して，Ｐ３は家庭内を拠り所とするよりは，むしろその場からの離脱とその手段としての早期就労を志向していた。

（【筆者発言：以下同様】…高校はどこにする？）Ｐ３：Ｘ高校。（○○科と普通科があるよね。どっちなの）Ｐ３：わかんね。でも通ってダメだったら学校辞めて働く。（高校は卒業しないの？）Ｐ３：高校は卒業したい。でも大学はダメだから。（どうして）Ｐ３：そもそも金ないし，行かないって思ってるから。昼は働くし。…久しぶりにＦ教室に足を運んだＰ３に対して，筆者は別室で最近の事情を聴いた。焦りの表情を浮かべて「働く」と言い放った彼の瞳は，会話が進むにつれて一気に暗く沈んでいった。諦めにも似た表情を浮かべたＰ３は，お金がない自分の家庭では大学進学がそもそも選択肢に入ってこないと強調し，「家賃が３か月分未納」であることをめぐって通訳に駆り出されていた事情を説明してくれた。賃金未払いに関係した通訳経験はこれまで幾度もあると彼は語ったが，それは「ホント嫌だけど当たり前」なのだという。…嫌な家の役割から解放され，家庭から出て早く働きたいというＰ３に「それでいいの？」と尋ねると，「上のきょうだいもまあそんな感じだし，別にいいじゃん」とのことだった。（ＦＮ：2016年12月21日）

これまでの事例と対比を成すＰ３の語りに関してまず整理すべきは，Ｐ１やＰ２と同じように「教会に通う」という点で三者は共通していることである。しかし，Ｐ３が通う教会はすべてがスペイン語であり，また参加者はＰ３の親と同年代によって構成されているという。そのため，Ｐ２が言及したような「日本語とスペイン語を同時通訳する」存在はなく，Ｐ３は「教会ではご飯が食べられること」以外の意味を付与していなかった。またＰ１が「海外在住のきょうだい」を将来展望の形成にあたって見習うべき存在と位置づけていたものの，Ｐ３のきょうだいは既に高校を中退しており，Ｐ３にとっては親元から離れることを達成した存在として参照されていた。無論，それがＰ３にとって積極的な意味での「選択」であるならば，早期就労という将来展望を否定的に価値づけることはできないだろう。しかし以下に示すように，その「選択」は必ずしも思案された結果ではなかったのである。

（確か上にきょうだいがいるんだよね？）Ｐ３：高校中退してるけどね。（勉強のこととか，進路のこととかは相談しないの？）Ｐ３：俺よりもさらに勉強できないから。かけ算も微妙だし。俺よりも全然出来ない。（じゃあ，お母さんとかには？）Ｐ３：しないしない。しても意味がない。（上のきょうだいはい

ま何をしているの?)P3:働いてる。運ぶ奴とか。工場とか。(じゃあ,体を使うお仕事か)P3:そうそう。だから自分で。…まあ工場とかかな。(なんで工場なの?)P3:工場かコンビニくらいしかわかんね。とりあえず家から出られればいいじゃん?…本当は同じペルー人だしP2みたいに俺も通訳になりたいよ? 勉強一緒にして楽しいし。でもP2の親は通訳頼んでも家でご飯作ったりちゃんとしてんじゃん。俺の親は全然違うから。違う。家賃とかの通訳とか,重い。だったらとりあえず早く家出たいじゃん。(FN:2017年2月8日)

　ここで強調しておきたいのは,学習や後の進路に関してP3は頼りにならない母親や上のきょうだいを悪い「模範」と理解する一方,同じ学校・学年でもあるP2と勉強するのは「楽しい」と捉え,P2に触発されながら「俺も通訳になりたい」と語っていたことである。しかしP3は「P2と自分の親との差異」に対して敏感になり,通訳としての将来展望を退けていった。もちろん,「早く家出たい」と意思表明するP3は,筆者とのやり取りを通じて「工場かコンビニか」という選択肢の狭さについては十分自覚的であった。しかしそれでも,日本人を相手にする未払い家賃や水光熱費の交渉役割が徐々に「重い」と捉えられることを通じて,家庭からの離脱こそが強く優先されていった事実に注目する必要があるだろう。つまりP3の視点からは,負担として意識される家庭内役割からの解放を「とりあえず」優先的に志向していった結果,きょうだいを通じて身近に参照される工場労働が消極的に「選択」されていったと整理できる。P2の親と「全然違う」ことに意識的なP3は,「将来の経験として役に立つ」として通訳経験を読み替えていくのではなく,家庭内からの離脱を目的とし,その手段として早期就労という将来を展望しているのである。

5　まとめと考察

　本稿では,生活保護家庭のペルー系ニューカマー中学生3名の将来展望を「親子関係」と「重要な他者」の関係に注目して検討した。とくに子ども視点に立つことで明らかになったのは,将来展望の様相には少なくとも「親の日本語能力」を基礎に,親子関係の様相と学校外で獲得される資源の多寡——とりわけ「重要な他者」が作用していたことである。ここでは本稿を通じて得られた知見を整理・考察しながら,今後の課題を提示したい。

　第一に,生活保護家庭で過ごすペルー系ニューカマーの子どもたちは,親の日本語能力の多寡(とくに子どもへの通訳依頼の程度)によって親子の役割逆転を経験しやすいことが明らかになった。前節で示したように,子どもへの通訳依頼とその実態についてはバリエーションに富んでおり,その様相は,通訳を要求しないものから(P1),単に病院等の付き添いに象徴される通訳依頼(P2),さらには通訳ではなく未払い賃金をめぐる日本人との交渉役(P3)にまで多岐にわたっていた。注目したいのは,対象とした子どもたち全員が親からの依頼を即座に断ることなく受容してみせていたことである。このことは,ペルー系ニューカマー家族を論じる際に「重要な他者」として家族——拡大家族・想定家族——が機能しているという田巻・スエヨシ(2015)の知見が改めて妥当であることを意味する。そしてこの文脈からいえば,本稿で示したように,「海外在住する家族(P1)」だけでなく「教会の同年代のペルー人(P2)」は,子どもたちの将来展望を様々に切り開く重要な関

係的資源となっていたことが改めて指摘できる。その機能として特筆すべきは，こうした存在が子どもたちの二言語能力（スペイン語と日本語）に承認を与え，言語能力を強みにした将来展望の形成を強く後押ししていたことである。さらにＰ２の事例でみたように，こうした関係的資源の存在は，たとえ登校中断が生じるような通訳依頼によって親への葛藤が生じても，「自分の将来に向けた経験」として読み替えるよう作用することで，親子の役割逆転を回避する役割も果たしていたのである。

　しかし第二に，ペルー系ニューカマー家族の親子関係が必ずしも安定的に維持され続けるとは限らなかったことから（Ｐ３），「重要な他者」の意義を声高に強調するのは危険である。この点で本稿から得られた知見として重要なのは，通訳依頼を含め，親からの様々な要求が多岐にわたるにつれて，同じ学習支援教室に通う同年代のペルー人といった「重要な他者」の影響力が影を潜めていったことである。すなわち，親子の役割逆転が強く経験されていた事例（Ｐ３）では，単なる「通訳」を超えて要求される様々な役割――とくに未払い家賃・水光熱費をめぐる日本人相手への交渉役割――が，間違いなく「子どもにとっては」過大なものとして捉えられていったということであり，心理的負担感の強いこうした経験の積み重ねは，子どもにとっての家族が「拠り所」としてではなくむしろ「離脱」すべき場所として捉えられていくことと連動するのである。同じ学習支援教室に通う同じペルー人に触発されながら「通訳になりたい」と一面では考えながらも，そうした将来の選択肢を否定して早期就労が消極的に「選択」されていったのは，「重要な他者」という文脈を超えて，子どもが経験する「親子関係」が強く将来展望を「制約」していくことを意味する。そしてそのことは，早期就労へと水路づけられるブラジル系ニューカマー――「度重なる移動」と「学校での排除経験」の交差――との差異として，親子関係を基点にペルー系ニューカマーの子どものライフチャンスが早期から制約されていくという点で，大学進学をはじめ，教育に及ぼす貧困リスクの影響が注目されるべきことを示している。

　ただし本稿の知見の解釈として断っておきたいのは，「子どもを頼りにする親たち」を決して批難することはできないということである。重要なのは，経済・言語面での貧困に加え，ペルー系ニューカマー家族が抱える関係面での貧困が一体となって「親が子どもにしか頼れない」という現象をもたらしているという理解である。こうしたペルー系ニューカマー家族のあり方がどれほど一般化されるかについては，ニューカマー家族の貧困や暮らし向きにまつわる全国調査データの展開可能性に待つほかはない。しかし，1・2節で検討したように，ペルー系ニューカマー家族にまつわる言語・経済・関係面での貧困を念頭に置けば，ペルー系ニューカマーの子どもたちが抱える複合的な貧困リスクは，ブラジル系ニューカマーとは改めて異質なものとして捉える必要があるのではないだろうか[*10]。少なくとも親子の役割逆転に注目することで，ペルー系ニューカマーの子どもが家庭からの離脱とそのための手段として早期就労を消極的に「選択」していくという将来展望のプロセスを描いた本稿の意義は決して小さくないと思われる。無論，こうした将来展望の様相は，他のエスニック集団とも部分的に重なり合う点が多いと考えられるが，ニューカマーと貧困にまつわるエスニック集団間の比較検討については今後の課題としていきたい。

*1 国勢調査のオーダーメイド集計において,「5年前に国外にいた者」を除いて算出されたもの。なお, 2000 年から 2010 年にかけて高校通学率格差は縮減し, 南米系ニューカマーでも大学進学層が出現していることが示されている(高谷ほか, 2015)。

*2 本稿では, ひとり親家庭であり, さらに生活保護家庭に育つペルー系ニューカマーの子どもたちを対象とした事例研究を行う。しかしそのことは「経済面での貧困」に限定した分析を行うことを意味しない。近年では, こうした家庭に育つ子どもを剥奪された存在ではなく, 能動的な主体として位置づけることによって子ども視点から家族の実像を捉える研究の必要性が指摘されている(志田, 2015)。2節で論じるように, 本稿ではペルー系ニューカマー家族が言語・経済・関係という様々な次元で貧困を経験している可能性を考慮して子どもの将来展望にアプローチする。

*3 実際, ペルー系ニューカマーは工場労働においてもブラジル系ニューカマーの日本語能力を頼りに仕事内容を理解していたことが報告されており(田巻・スエヨシ, 2015), 日本社会への参入障壁の高さは多々指摘されている(福田, 2015)。

*4 静岡県地域外交局多文化共生課HP参照(http://www.pref.shizuoka.jp/kikaku/ki-140/toukei.html, 2017 年 9 月 5 日アクセス)。

*5 なお大学進学には家庭の社会経済状況が強く表れることが計量研究を通じて実証的に明らかにされている(余田・林, 2010)。

*6 本稿では, 子ども期に「個人を取り巻く周囲の人々の期待と評価」によって形成される自己イメージに取り分け重要な影響を与える人々を「重要な他者」と定義する(住田, 2004 : 101)。ライフコースに応じて「重要な他者」は変化するものの, 本稿で示す子どもたちが口々に語ったのは, 母親を含む「家族」, 学習支援教室に通う「友人」, 教会に通う「同国人」であった。とくに母親の存在が度々言及されたが, その背景には子どもたち全員が母子家庭であったことが強く影響していると考えられる。

*7 F 教室に通う子どもたちの人数や背景, X 町の外国人登録者比率といった詳細な記述は, 地域ならびに個人の特定リスクを考慮し一定の制約があることを断っておきたい。

*8 子どもたちと一定の関係形成を経たうえで, 休憩時間等の合間に筆者がニューカマーの子どもたちの将来に関心を寄せていることを伝え, 聞き取りの了承を得た。

*9 本稿で扱う中学生 3 名に限らず, ペルー系ニューカマーは血統的に「純粋な」ペルー人として語れない。対象とした 3 名の子どもたちは, 幼い頃から自らの祖先を踏まえ自分たちには様々な「血」が入っていることを親たちから伝達されており, その事実を十分に受け止めながら状況に応じて「ペルー人」といった自己呈示を行っている点で共通する。このように, 血統的な多様性のもとアイデンティティの選択肢に複数性が見られるペルー系ニューカマーの特徴を含意した包括的な概念として, 本稿では「ペルー系ニューカマー」と定義して使用している。

*10 本稿が外国人集住地域を対象としたことによって, 地域の教会が P 1 や P 2 にとって重要な資源となり得ていたことは強調しておきたい。しかし外国人非集住地域の場合には, 利用できる資源が少なく親子の役割逆転が加速することが示唆される。

《参考文献》

- 浅野慎一, 2009「中国残留日本人孤児に見る貧困――歴史的に累積された剥奪」『貧困研究』3 巻, 65〜72 頁
- 大澤真平, 2008「子どもの経験の不平等」『教育福祉研究』14 号, 1〜13 頁
- 太田晴雄, 2000『ニューカマーの子どもと日本の学校』国際書院
- 大曲由起子・樋口直人, 2011「『移住者と貧困』を指標でみる」移住連貧困プロジェクト編『日本で暮らす移住者の貧困』〈移住連ブックレット 4〉移住労働者と連帯する全国ネットワーク, 72〜80 頁
- 小内 透, 2009「在日ブラジル人世帯の貧困」『貧困研究』3 巻, 57〜64 頁
- 鍛治 致, 2007「中国出身生徒の進路規定要因――大阪の中国帰国生徒を中心に」『教育社会学研究』80 集, 331〜349 頁
- 鍛治 致, 2011「外国人の子どもたちの進学問題――貧困の連鎖を断ち切るために」移住連貧困プロジェクト編『日本で暮らす移住者の貧困』〈移住連ブックレット 4〉移住労働者と連帯する全国ネットワーク, 38〜46 頁
- 梶田孝道・丹野清人・樋口直人, 2005『顔の見えない定住化――日系ブラジル人と国家・市場・移民ネットワー

ク』名古屋大学出版会
- 国際協力事業団，1992『ペルー国日系人実態調査報告書』
- 児島 明，2008「在日ブラジル人の若者の進路選択過程——学校からの離脱／就労への水路づけ」『和光大学現代人間学部紀要』1号，55〜72頁
- 小西祐馬，2003「生活保護世帯の子どもの生活と意識」『教育福祉研究』9巻，9〜22頁
- 佐久間孝正，2006『外国人の子どもの不就学——異文化に開かれた教育とは』勁草書房
- 志田未来，2015「子どもが語るひとり親家庭——『承認』をめぐる語りに着目して」『教育社会学研究』96集，303〜323頁
- 志水宏吉・清水睦美編，2001『ニューカマーと教育——学校文化とエスニシティの葛藤をめぐって』明石書店
- 住田正樹，2004「子どもの居場所と臨床教育社会学」『教育社会学研究』74集，93〜109頁
- 高谷 幸・稲葉奈々子，2011「在日フィリピン人女性にとっての貧困」移住連貧困プロジェクト編『日本で暮らす移住者の貧困』〈移住連ブックレット4〉移住労働者と連帯する全国ネットワーク，27〜35頁
- 高谷 幸・大曲由起子・樋口直人・鍛治 致・稲葉奈々子，2015「2010年国勢調査にみる外国人の教育——外国人青少年の家庭背景・進学・結婚」『岡山大学大学院社会科学研究科紀要』39巻，37〜56頁
- 田巻松雄・スエヨシ アナ編，2015『越境するペルー人——外国人労働者，日本で成長した若者，「帰国」した子どもたち』下野新聞社
- 千年よしみ，2011「生活に困難を抱える外国籍住民の状況——2009年静岡県多文化共生アンケート調査の結果から」移住連貧困プロジェクト編『日本で暮らす移住者の貧困』〈移住連ブックレット4〉移住労働者と連帯する全国ネットワーク，49〜57頁
- 角替弘規，2016「南米にルーツを持つニューカマー第二世代の青年期(2)——ペルーにルーツを持つ女性を中心に」『桐蔭論叢』34号，47〜57頁
- 徳永智子，2008「『フィリピン系ニューカマー』生徒の進路意識と将来展望——『重要な他者』と『来日経緯』に着目して」『異文化間教育』28号，87〜99頁
- 額賀美紗子，2012「トランスナショナルな家族の再編と教育意識——フィリピン系ニューカマーを事例に」『和光大学現代人間学部紀要』5号，7〜22頁
- 額賀美紗子・三浦綾希子，2017「フィリピン系ニューカマー第二世代の学業達成と分岐要因」『和光大学現代人間学部紀要』10号，123〜140頁
- 林 明子，2016『生活保護世帯の子どものライフストーリー——貧困の世代的再生産』勁草書房
- 樋口直人，2011「貧困層へと転落する在日南米人」移住連貧困プロジェクト編『日本で暮らす移住者の貧困』〈移住連ブックレット4〉移住労働者と連帯する全国ネットワーク，18〜25頁
- 福田友子，2015「在日ペルー人移民コミュニティの特徴——統計資料の検討を通して」『千葉大学大学院人文社会科学研究科研究プロジェクト報告書』295巻，71〜98頁
- Matsuda P. and Derek K.，2016「在日ペルー人児童生徒の教育問題と保護者の意識——神奈川県の在日ペルー人保護者への質的調査」『上智大学教育学論集』50号，67〜81頁
- 三浦綾希子，2015『ニューカマーの子どもと移民コミュニティ——第二世代のエスニックアイデンティティ』勁草書房
- 三浦綾希子・坪田光平・額賀美紗子，2016「フィリピン系ニューカマー第二世代のエスニック・アイデンティティ」中京大学国際教養学部編『国際教養学部論叢』9巻2号，69〜96頁
- 宮島 喬・太田晴雄編，2005『外国人の子どもと日本の教育——不就学問題と多文化共生の課題』東京大学出版会
- 柳田利夫，1997「日系人から los nikkei へ」柳田利夫編『リマの日系人——ペルーにおける日系社会の多角的分析』明石書店，273〜319頁
- 柳田利夫，2012「在日ペルー人の生活戦略——在日ブラジル人との比較を通じて」三田千代子編『グローバル化の中で生きるとは——日系ブラジル人のトランスナショナルな暮らし』上智大学出版，233〜263頁
- 山野上麻衣，2015「ニューカマー外国人の子どもたちをめぐる環境の変遷——経済危機後の変動期に焦点化して」『多言語多文化——実践と研究』7号，116〜141頁
- 余田翔平・林 雄亮，2010「父親の不在と社会経済的地位達成過程」『社会学年報』39巻，63〜74頁
- Foner, N., 2009, "Introduction: Intergenerational Relations in Immigrant Families," in Nancy F., ed., *Across*

Generations: Immigrant Families in America, New York: New York University Press, pp.1-20.
- Portes, A. and Rumbaut, R. G., 2001, *Legacies: The Story of the Immigrant Second Generation,* Berkeley: Russell Sage Foundation.
- Takenaka, A., 2004, "The Japanese in Peru: History of Immigration, Settlement, and Racialization," *Latin American Perspectives* 31(3), pp.77-98.
- Takenaka, A., 2009, "Ethnic Hierarchy and Its Umpact on Ethnic Identites: A Comparative Analysis of Peruvian and Brazilian Return-Migrants in Japan," in Tsuda, T. ed., *Ethnic Return-Migrations Around the World,* Dtanford, CA: Stanford University Press, pp.260-280.
- Takenaka, A. and Paerregaard, K., 2012, "How Contexts of Reception Matter: Comparing Peruvian Migrants' Economic Trajectories in Japan and the U.S.," *International Migration* 53(2), pp.236-249.
- Zhou, M. and Bankston III, C. L., 1998, *Growing Up American: How Vietnamese Children Adapt to Life in the United States*, New York: Russell Sage Foundation.

Future Prospects among Peruvian Newcomer Children Who Live in Households on Welfare:
Focusing on the Parent-Child Relationship and Significant Other

TSUBOTA Kohei

Polytechnic University

Key Words: Peruvian newcomer, poverty, future prospect

The objective of this paper is to explore how Peruvian newcomer children who live in households on welfare experience their family life and to what extent they aspire to go to college. The focus on Nikkei Peruvian newcomer children is due to the lack of previous studies compared with those on Nikkei Brazilian newcomer children. Although it has been observed that Japanese children who live in households on welfare feel comfortable with their family, can the Peruvian newcomer children also be described so? This study therefore analyzes their parent-child relationship through the cases of three Nikkei Peruvian children growing up in Japan in comparison to Japanese children. The data that form the basis of this research are based on fieldwork investigation. The results can be summarized as follows. Firstly, it is explained that Peruvian parents have low Japanese language ability and a parent-child role reversal is likely to occur in their daily life. In such a case, children are likely to look down on their parent and hope to leave home, which results in their decision to start working rather than aspiring to go to college. Secondly, "significant other" has a strong effect on not only comprehending the experience of role reversal positively but also providing a positive view of entering college in their future. In contrast, the lack of significant other leads to leaving home and a strong motivation to start working soon. There is a need to understand the difference between Brazilian and Peruvian newcomer children especially from the viewpoint of their linguistic, economic, and relational resources.

投稿論文

技能実習生受け入れに対する自治体の支援と「多文化共生」
―― 埼玉県川口市での取り組み事例から

山口 塁　法政大学大学院博士後期課程

キーワード：技能実習制度，自治体，多文化共生

　本稿では①埼玉県川口市が行う技能実習生への支援政策が可能となった背景やニーズを検討し，そのうえで②技能実習生に対する多文化共生の枠組みの適用にはどのような効果があるのかを考察する。

　①について，川口市は地場産業である鋳物業が外国人研修生の受け入れを開始した当初から，宿泊施設の提供等の支援を行ってきた。また近年外国人住民が増加している川口市では，多文化共生政策の拡充が図られている。そこで技能実習生のための新宿舎の建設を機に，多文化共生施策を活用した技能実習生への支援政策を行うことになった。

　②について，多文化共生の枠組みの適用により，技能実習制度を地域社会へと包摂し，「生活者としての技能実習生」という側面を引き出しうる。一方で「多文化共生」は，自治体が地場産業の維持のために技能実習制度へ関与することに，正統性を付与するものにもなる。とはいえ今後，技能実習生の生活は日本に着実に根づくものと思われる。川口市の取り組みを先進的なものとして捉え，技能実習制度そのもののあり方を問い直すことが，今後の外国人労働者政策を探るうえでは重要であろう。

1　課題の設定

　埼玉県川口市では現在，地方創生政策のもと，多文化共生の枠組みを適用し，技能実習生への支援政策を展開している。こうした政策は，どのような背景やニーズから可能になったのか。また技能実習生に対する多文化共生の枠組みの適用には，どのような有効性や課題，限界があるのか。本稿では以上の点を明らかにする。

　川口市が行う技能実習生への支援政策について，政策文書からその概要を説明する。政府の地方創生政策を受け，川口市では2016年3月に「川口市まち・ひと・しごと創生総合戦略」を策定した。このうち「市内産業の強化」を目的とした「既存産業の支援・新産業の創出による市内産業基盤の強化」において，「市内製造業等を支える外国人技能実習生への支援」が掲げられる。技能実習生へ

の支援における「具体的戦略」は，①宿泊施設建設費補助制度の新設と②外国人研修生を活用した交流・PR事業である。②外国人研修生を活用した交流・PR事業では，a. 市内外国人労働者と市民との交流会を企画することと，b. 双方向のコミュニケーションが可能な電子情報（メールアドレス等）の提供を受け（任意），帰国後も市政情報を継続的に提供し，関係性を継続することとなっている（川口市，2016：15-16）。

移民政策は常に問題や意図せざる結果を抱えており，移民の管理に成功している国はない（Castles, 2004；Hollifield et al., 2014）。日本の場合，もっとも大きい問題を抱える外国人労働者受け入れ方式のひとつが技能実習制度である。技能実習制度の本来の目的は技能移転，すなわち受け入れた外国人が「日本で習得した技能を母国で発揮する」ための制度である。しかし技能実習制度はこれまで「日本で不足する労働力を外国人で補う」ための制度として機能してきた。そして制度の趣旨およびそれに沿った制度設計と実質的な機能の乖離が，数多くの深刻な人権・労働問題を生んできた（上林，2015；駒井，2016）。

他方で近年，人口減少・少子高齢化の進行を背景として，外国人の受け入れや労働者としての活用に関する議論が盛んである。外国人に対するニーズや受け入れ・支援体制は，地域によって異なるであろう。そこで，外国人の受け入れについて，自治体が果たす役割に関する実態の解明や提言が行われている（e.g. 三菱UFJリサーチ＆コンサルティング，2013；高坂，2015；毛受，2016；自由民主党政務調査会・労働者確保に関する特命委員会，2016）。毛受（2016）や自由民主党政務調査会・労働者確保に関する特命委員会（2016）にみられるように，これらの議論は「多文化共生」ないし「共生」概念を強調する。

では技能実習生はどうか。川口市のように，自治体が多文化共生の枠組みを適用して技能実習生への支援を行うことを明言した事例は，管見の限り見当たらない。外国人の受け入れに対して自治体が積極的に関与すべきとの立場からは，川口市が行う技能実習生への支援政策は先進的な事例だといえる。川口市における技能実習生への支援政策はなぜ成立しえたのか。また自治体による技能実習生への関与ないし多文化共生の枠組みの適用は，技能実習制度をめぐる問題を解決・緩和することができるのか。日本における外国人労働者政策のあり方を考えるうえでも，重要な論点であろう。

本稿の構成は以下のとおりである。まず2節で，自治体の外国人政策と技能実習制度への関与について，これまでの経緯を概観する。3節で調査の概要を述べた後，4節と5節で川口市が技能実習生への支援政策を実施するに至った背景やニーズを検討する。6節では川口市での調査で得た知見を交えつつ，技能実習生に対して多文化共生の枠組みを適用することの有効性と課題，限界について考察する。最後に7節で，本稿のまとめと今後の課題を示す。

2　自治体と外国人，技能実習生：多文化共生と国際貢献

本稿で扱う事例は，自治体が多文化共生の視点を含んだ技能実習生への支援を行うことが特徴である。現在「多文化共生の推進」は，日本政府が進める「地域の国際化」政策のひとつとして位置

づけられる。自治体が地域の国際化を担うようになったのは1980年代後半からであり，日本の国際的地位の上昇を目指した政府が主導したものであった。しかしこの時点で地域の国際化政策の柱とされたのは「国際交流」と「国際協力」であり，「多文化共生」はまだみられない。多文化共生は，こうした政府主導の政策とは別に，一部の自治体が地域社会での外国人住民をめぐるニーズに対応するために独自に開始した取り組みのためのキーワードであり，またそうした用語として市民権を得ていった。

自治体が契機となった多文化共生政策を受けて，政府も外国人住民への取り組みを開始する。総務省が2006年に策定した「地域における多文化共生推進プラン」では，国際交流，国際協力に加えて多文化共生が地域の国際化の3本目の柱として位置づけられ，「生活者としての外国人」という観点を強調することとなった（山脇，2009）。現在，多くの自治体が多文化共生の指針や計画の策定に取り組んでいる[*1]。外国人住民を対象とした自治体の取り組みに「多文化共生」という名前を与えることで，それが全国的な取り組みへと拡がったのである。

では，自治体は外国人研修・技能実習制度にどのように関与してきたのか。1990年代初頭の制度成立期において，自治体が一定の役割を果たしていることを認識し，そしてその役割を明らかにした調査・研究がみられる（e.g. 今野・佐藤，1991；日本労働研究機構，1994）。外国人研修・技能実習制度は開発途上国に対する技能移転，すなわち国際貢献，国際協力を趣旨とする。外国人研修生がどのようなルートで入国するのかといった関心に加えて，地域の国際化政策を担う自治体の役割が，外国人研修制度の運営においても重要視されていたことが窺える。

また，とくに団体監理型の外国人研修生受け入れについては，中小企業が独自にその活路を開いてきた経緯がある。その際には自治体が積極的に関与し，そして日中友好といった「国際交流」が旗印となったとの指摘もある（上林，2015）。

外国人に対する自治体の関与についての研究は，これまでも事例の収集・検討を中心に行われてきた（e.g. 駒井・渡戸編，1997；駒井編，2004）。しかし技能実習生をめぐるニーズから生起した事例は取り上げられていない。また外国人研修・技能実習制度に関する調査・研究においても，地域の国際化政策を担う自治体との関連から議論を展開するような研究は，制度成立期を除き，みることができない。その理由として以下の点が挙げられるであろう。第一に，技能実習生の労務・生活管理は受け入れ企業や監理団体に負うところが大きく，自治体の関与や支援の余地が小さい，あるいはその方法が曖昧であったことである。第二に，技能実習生の居住地域は外国人住民が少なく，「地域の国際化」が喫緊の課題ではない地方部にも広がっていることである（高坂，2015：73）。そして第三に，制度が整備され，日本社会に定着する過程で，「国際交流」といった旗印の必要性も失われていったことである。

「地域の国際化」ではなく，労働者の確保という側面から自治体が技能実習生の受け入れに関与した事例として，外国人研修生受入れ特区を挙げることができる。外国人研修生受入れ特区は，構造改革特別区の一事業として2003年より認定を開始したものである。特区内では，常勤職員が50人未満の認定事業所について，従来の倍の6人まで外国人研修生の受け入れが可能となった。認定地域は，愛媛県東予地域と北海道沿岸部の，5地域である。

愛媛県西条市・今治市・新居浜市・東予市が同特区を申請した際は，外国人研修生・技能実習生の在留期間の延長もあわせて提案した。しかし法務省は，研修制度の目的が「国際貢献であり，地場産業の空洞化に歯止めをかけ，もの作りに関する産業集積を図ることを目的としている制度ではない」ことから，受け入れ人数枠の拡大は認めても，在留期間の延長は認めなかった（橋本，2011：3）。

外国人研修生受入れ特区ではこの後，違反事例が多くみられたこともあり，規制緩和施策が他の特区のようにスムーズに全国展開されることはなかった。本稿では外国人研修生受入れ特区を，労働者の確保を目的として自治体が外国人研修・技能実習制度に関与することについて日本政府が難色を示し，「国際貢献」を趣旨とする制度の面目を保とうとした事例として確認しておきたい。

3　調査の概要

本稿は，川口市の技能実習生への支援政策および地場産業である鋳物業での技能実習生の受け入れ実態を明らかにすることを目的として実施したヒアリング調査結果をもとにしている。調査期間は2016年6月から8月である。

調査対象は以下の通りである。まず川口市役所の関連部署として，経済部労政課と市民生活部協働推進課を対象とした。労政課は川口市の労働行政を担い，勤労者福祉の向上，雇用の促進，技能・技術の振興，の3事業を行う。2016年度より技能実習生への支援事業を手がけている。また協働推進課は川口市における多文化共生の推進等を担い，技能実習生への支援政策にも関与している。

川口市の地場産業である鋳物業について，川口鋳物工業協同組合と技能実習生監理団体である川口鋳物海研会（以下，海研会），そして海研会傘下の企業4社を対象とした。川口鋳物工業協同組合は1905年に創立し，2016年6月の会員数は124社である。銑鉄・コークスの共同購入事業や廃砂再利用事業，分析・材料試験事業，共同受注事業などを行う。海研会の創立は1981年で，2016年6月の会員数は19社である。なお，技能実習生を受け入れる川口市の鋳物業者がすべて海研会に属しているわけではない。

技能実習生受け入れ企業だが，海研会を通じて傘下の企業に調査の趣旨を説明し，調査への協力に同意した4社を対象とした。このうち1社は鋳物と機械加工業を手がけており，埼玉県外にも工場を持ち，従業員数は100名を超える。これ以外の3社は鋳物業を主としており，うち2社は川口市内で，1社は川口市以外の埼玉県内で操業している。これら3社の正社員数は10〜30人である。川口市の鋳物業者は従業員5〜10人規模の企業が中心であり，ヒアリング対象企業は比較的規模が大きいといえる。

これ以外に川口商工会議所と川口市の技能実習生受け入れ企業1社（金属加工），日本語教室と参加技能実習生をヒアリング調査の対象とした。

本調査およびそれにもとづく本稿の限界を2つ挙げる。第一に，調査時期の問題である。調査期間（2016年6〜8月）は，川口市の創生総合戦略の策定（2016年3月）から間もない時期であった。技能実習生への支援政策のうち「宿泊施設建設費補助制度」を利用した宿泊施設の建設が始まった

ばかりであり，「外国人研修生を活用した交流・PR事業」は準備中の段階であった。したがって本稿において当該政策の実際の運営状況やその成果に言及し，評価することはできない。

第二に，調査対象の問題である。本調査では地域社会の当事者である日本人住民を対象としていない。したがって地場産業である鋳物業や技能実習生，自治体の政策に対する日本人住民の反応は，上に挙げた対象へのヒアリング調査のなかで，間接的にしか把握していない。

以上の限界を踏まえたうえで，本調査およびそれにもとづく本稿の意義を述べる。自治体の外国人政策に注目が集まっている現在，川口市の事例について自治体と地場産業に着目し，政策文書だけではわからない意図や背景を洗い出すことには十分な意義がある。また多様で深刻な問題を抱える技能実習制度ではあるが，自治体が多文化共生の枠組みを適用することがどのような効果を生むのかについて考察を深めていくことは，技能実習制度のあり方について重要な示唆をもたらしてくれるであろう。

4　川口市が「技能実習生への支援」を行う背景(1)：産業政策としての妥当性

川口市では，なぜ技能実習生への支援政策が成立しえたのか。川口市の主要な地場産業である鋳物業での外国人研修生・技能実習生の受け入れ経緯等から検討を行う。

(1)　川口鋳物業の概要

川口鋳物業は京浜工業地帯の一部をなす機械金属業に含まれ，産業機械用鋳物など鋳造品の製造を行う。戦前からの長い歴史があり，鋳物業から機械工業や木型工業が発展したため，川口市におけるマザーインダストリーともいわれる。川口商工会議所の歴代会頭10人のうち8人が鋳物業の経営者であることからも，鋳物業が川口市産業の中心にあることが窺われる。また川口市が都心から近いこともあり，古くから労働研究者の関心を惹きつけてきた地域・産業でもある（e.g. 協調会編, 1933；尾高編, 1956）。

鋳物業は川口市の顔でもある。歴代の川口市長の多くは鋳物業出身者であり，したがって鋳物業と自治体との結びつきも強い。また立ち並ぶ鋳物工場の溶銑炉（キューポラ）は川口市独特の風景であったが，現在川口駅前に立ち，川口市立図書館や商業施設が入るビルは「キュポ・ラ」と名づけられている。同じく川口駅前に立ち，川口鋳物工業協同組合が所有する商業施設には，Cast（鋳型, 鋳造物）をその由来の一つとして「かわぐちキャスティ」と名づけられている。

しかし川口鋳物業は中小企業が大多数を占めており，下請け業者が多いため，業績が安定しない。また職場環境の問題から従業員の確保が難しい。川口市が住工混合地域であることや電気代のコストがかさむといった課題もあり，川口市で鋳物を操業することは難しい状況が続いている。

(2)　外国人研修生受け入れ先進地域・産業としての川口鋳物業

川口鋳物業は，1990年代に入って外国人研修・技能実習制度が成立・普及する以前から，団体監理型に近い方式で外国人研修生の受け入れを開始したことで知られる（佐野, 2002；上林, 2015）。川

口鋳物業が初めて外国人研修生を受け入れたのは1983年である。1980年に市議会議員を団長とし、鋳物業者を含む「川口市各界友好訪中団」を中国に派遣したことがきっかけである。その後1981年に、鋳物業者のうち有志が「海外鋳物研修生受入協議会」を発足させる。そして川口市を選挙区とする国会議員の協力・助言等を得ながら独自に受け入れ枠組みを構築し、中国からの研修生受け入れを実現させることとなった。

研修生の受け入れにあたっては、川口市からは市立高等職業訓練校施設（共同宿舎、厨房、食堂、座学講座室）の借用や語学教師の派遣、また埼玉県からは県立鋳物機械工業試験場の施設利用や鋳物技術講座講師の派遣などの形で協力を得ている[*2]。市立高等職業訓練校は、川口市が工業都市の実現を目指して1960年に開設した川口職業訓練所を名称変更したものであり、鋳物業を中心とした地場産業で必要となる技能者を育成することを目的とした施設である（松井、1993）。職業訓練校に通う学生から外国人研修生へと受け継がれた宿泊施設が、労政課が所管する産業文化会館である。

こうして自治体の協力を得ながら川口鋳物業が構築した外国人研修生受け入れ方式は、1990年の改正入管法施行前後に、先進モデルとして注目を浴びることになる。1989年12月には、聖学院大学主催、川口市共催のシンポジウム「外国人労働者の受入れを考える」が開催された[*3]。シンポジウムでは、川口市長が①国際化の時代を迎え、受け入れ条件の整備など現実に即した国際協調を図るべきであること、②川口市の外国人登録者数が大幅に増加している現在、市内中小企業に外国人労働者を受け入れる際は「川口方式」ともいわれる「海研会方式」が適切であること、などを述べている[*4]。また海研会による外国人研修生・技能実習生の受け入れには、日本政府も関心を示している（川口鋳物工業協同組合、2005：110）。たとえば1990年12月には参議院・商工委員会が[*5]、1991年12月には衆議院・労働委員会が[*6]川口市を訪れ、海研会での外国人研修生受け入れの実態について視察を行った。

海研会での取り組みは、第1回JITCO優良者表彰（1996年）という形でも評価されている。先進的な取り組みと制度の形成に対する寄与が評価されたものと思われる。海研会は現在も、技能実習生を対象とした独自の福利厚生制度を共通に設けるなど、技能実習生の処遇改善に積極的である。具体的には家族手当（月当たり約1万2000円）と帰国餞別金（約2万円）、一時帰国制度の設置である。家族手当は技能実習生の最低限の生活を保障するために、2008年頃から支給を開始した。また一時帰国制度は技能実習生がリフレッシュを目的として帰国するための制度であり、その費用のほとんどは受け入れ企業が負担する。川口鋳物業には1990年より本格化する外国人研修生・技能実習生の受け入れに先鞭をつけたことに対する自負があり、そしてその自負は、技能実習生の処遇改善への積極性にも反映されているといえよう。

(3) 具体的政策のニーズ：新宿舎の建設

川口市が行う技能実習生への支援政策では、宿泊施設建設費補助制度が設けられている。海研会が1987年から宿泊施設として利用している産業文化会館には現在、海研会の技能実習生107人（うちベトナム国籍者56人、中国国籍者51人）と、川口新郷工業団地協同組合の技能実習生29人（中国国籍者）の合計136人が入居している（2016年6月）。上で触れたように産業文化会館は労政課が所管し、

そしてシルバー人材センターが管理を行っている。この産業文化会館は築50年を超えて老朽化が進んでおり，耐震性等で問題があった。そこでこれを取り壊し，新たに技能実習生のための宿泊施設を建設することになったのである。

新宿舎は，川口鋳物工業協同組合が所有する土地に建設する。川口市は宿泊施設建設費補助制度の予算（1億9000万円）から建設費用の1／2を補助する。新宿舎は海研会と川口新郷工業団地協同組合に加えて，2017年度より監理団体として技能実習生の受け入れ事業を開始する川口商工会議所も利用する予定である。

川口市と地場産業である鋳物業，そして外国人研修生・技能実習生の受け入れをめぐる文脈から，技能実習生への支援政策が川口市で成立した経緯は以下のように整理できる。鋳物業は川口市の伝統的な地場産業であり，そして川口市の顔でもある。川口鋳物業が全国に先駆けて外国人研修生の受け入れを開始した際，川口市は市立高等職業訓練校の施設を貸し出すなど，協力を行ってきた。当該施設には宿泊施設も含まれており，現在も技能実習生が利用している。すなわち川口市は技能実習生が必要とする生活空間の提供という形で，これまでも「技能実習生への支援」を行ってきた。こうした経緯から，新宿舎を建設するにあたり，産業政策としての技能実習生への支援政策が成立したのである。

5　川口市が「技能実習生への支援」を行う背景(2)：多文化共生施策の活用

川口市は，なぜ技能実習生への支援政策に多文化共生の枠組みを適用するのか。川口市における外国人住民政策の側に視点を移し，検討を行う。

(1)　川口市の外国人住民と多文化共生政策

川口市の外国人を概観する。川口市「川口市統計書」をみると，2017年1月1日時点での川口市での外国人住民数は2万9989人で，総人口（59万5495人）に占める割合は5.0％である。外国人住民数，そして総人口に占める割合ともに，概ね増加・上昇し続けている。また法務省「在留外国人統計」（2016年12月末）をみると，全国の自治体別にみた川口市の在留外国人総数は，東京都新宿区，江戸川区に続き3番目に多い。

川口市が外国人住民政策を本格化させたのは，国際交流員を欧米人から中国国籍者へと切り替え，外国人生活相談窓口を設置した2008年である（晏，2010）。また2012年3月には「川口市多文化共生指針」を策定している。

川口市での多文化共生を担う行政主体は協働推進課である。これは「かわぐち市民パートナーステーション」という名称での施設機関の扱いであったものを，2016年度から課へと格上げしたものである。現在川口駅前の「キュポ・ラ」に入居する協働推進課には，協働推進係，多文化共生係，男女共同参画係の3つの係が設けられている。

⑵　外国人住民としての技能実習生

　川口市は全国有数の外国人集住地域であり，川口市は現在，多文化共生政策の拡充を図っている。しかし川口市において，多文化共生の観点から，技能実習生への支援は必ずしも重要な課題となってはいない。

　まず，川口市における技能実習生数は，外国人住民としてみればわずかである。2016年4月1日時点での川口市在住の技能実習生数は877人である。2016年1月1日時点での川口市の外国人住民数（2万7641人）を分母とすれば，技能実習生はおよそ3％を占めるに過ぎない。日本全体でみると，在留外国人（238万2822人）に占める技能実習生（22万8588人）の割合は9.6％である（法務省「在留外国人統計」，2016年12月末）。全国的な傾向と比較しても，川口市での割合は低い[*7]。

　加えて，川口市における外国人住民は多様である。川口市における外国人の約6割を占めるのは中国国籍者だが，芝園団地での集住（江・山下，2005）にみられるように，都心へのアクセスの良さから川口市に居住する者も多い。またこれ以外にも，西川口駅付近に集住する外国人や，クルド人の集住もみられる。近年はベトナム国籍者の増加が顕著である。ベトナム国籍者には，技能実習生も一定数含まれる。しかし多文化共生を担う協働推進課は，仮に技能実習生が生活上の問題を起こしたとしても，それは在留資格ではなく国籍や文化の違いに起因すると判断しがちである。したがって技能実習生は，外国人住民のための政策の対象として優先順位が高くはない。

　もっとも，川口市における外国人住民施策は，技能実習生にとっても利用可能なものである。二階堂（2016）は技能実習生を事例として，日本語教室が外国人と地域社会との結節点となることを指摘している。川口市には日本語教室が17校あり，日本語ボランティアの育成も含めて協働推進課が管理を行っている。このうち平日の19時から週1回開かれるA日本語教室には，周辺の工場での勤務を終えた技能実習生が連れ立って集まってくる。ヒアリング時（2016年8月4日）は，11人の参加者のうち9人が技能実習生であった。教室が川口市の中心地から離れているために日本語ボランティアの募集がままならないこともあり，A日本語教室では，近隣に住み，職業生活からリタイヤした2人の日本語ボランティアが講義形式で授業を行っている。

　しかしこうした活動および実態は，技能実習生のための施策としては表面化しにくい。A日本語教室の運営の観点から説明する。第一に，A日本語教室は，技能実習生以外の参加者にも開かれている。川口市に長く住む在日朝鮮人の女性やフィリピン人の母親を持つ高校生も，毎週のように通っていた。また第二に，A日本語教室の日本語ボランティアは，彼らを技能実習生として捉えることや，その在留目的に資するような運営を行うことには消極的である。技能実習生が職場を離れてリラックスできる空間を作りたいこと，また技能実習生の個別の事情を知り過ぎることで感情移入してしまうことを避けたいと思っていることがその理由である。こうした事情もあってか，技能実習生の日本語習得ニーズや日本語教室の重要性は，現時点では川口市での技能実習生への支援政策には反映されていない。

⑶　具体的政策への援用：地域社会との接点の創出

　4節でみたように，川口市は生活空間の提供という形で技能実習生の生活に関与し続けてきたの

であり、その意味で新宿舎の建設に際して「技能実習生への支援」を掲げることには一定の妥当性が認められる。そして技能実習生への支援政策の実施にあたり、川口市で近年展開される外国人住民施策のうちいくつかを援用可能だと判断し、多文化共生の枠組みを適用することを政策文書に明記したものと思われる。外国人住民政策の対象として技能実習生の優先順位は高くはないが、ともかく技能実習生への支援政策により、技能実習生と地域社会との接点が公式に創り出されたのである。

技能実習生への支援政策のうち「外国人研修生を活用した交流・PR事業」に含まれる「市内外国人労働者と市民との交流」は、「外国人技能実習生地域コミュニティ創生事業」として埼玉県からの補助金（1000万円）を受け（平成28年度埼玉県ふるさと創造資金）、川口市の補助金（1000万円）と併せて、新宿舎のラウンジや食堂を地域コミュニティとの交流スペースとして整備し、利用する。交流会やレクリエーションの実施に関する詳細は、協働推進課の協力を得て決める予定である。

また「市政情報提供のための技能実習生メールアドレス登録」も、協働推進課が外国人住民を対象として実施している施策を援用したものである。外国人住民に対する情報提供を課題としていた川口市は現在、芝園団地において、SNS（WeChat）を利用した情報提供をテスト事業として実施している（2015年5月より）。ここで得たノウハウをもとに、当該施策を実施することが可能である。

6 「技能実習生と多文化共生」政策の有効性と課題、限界

4節と5節では、川口市が技能実習生への支援政策を実施するに至った背景とニーズを検討した。川口市での取り組みは始まったばかりであり、今後どのような展開をみせるのかが注目されるところである。

ではこうした取り組みは、技能実習制度をめぐる諸問題を解決・緩和することができるのか。6節では川口市での一連の調査で得た知見を交えつつ、自治体が技能実習生に対して多文化共生の枠組みを適用することの有効性と課題、限界について考察する。

(1)「技能実習生と多文化共生」政策の有効性：地域社会への包摂

技能実習生に対する多文化共生の枠組みの適用には、どのような有効性があるのか。

まず、自治体が技能実習生の受け入れに関与することで、技能実習制度の適正な運用を期待できる。技能実習制度は労働や人権に関する多様で深刻な問題を抱える。近年は派遣会社に近い性格を持つ監理団体が、全国的に事業を展開することも多い。こうした監理団体は営利志向がより強く、地域社会への責任を負う局面は少ないであろう。自治体が関与することで技能実習制度が公的な性格を持ち、制度をめぐる諸問題の深刻さが緩和されることが予想される。

川口市の事例では、自治体が技能実習制度に関与することを政策文書のなかで表明している。このことは、自治体が地域における技能実習生の受け入れについて責任を持つことにもつながる。自治体が外国人労働者の受け入れに消極的である現状（明石、2017：101）を鑑みても、川口市における技能実習生への支援政策は高く評価されるべきものである。

また多文化共生の枠組みを適用することで、「生活者としての技能実習生」に注目が集まる契機となる。技能実習制度の目的は技能移転であり、職場での活動こそが主である。技能実習生が第一に取り結ぶべき人間関係は、技能を教える側である職場の上司や先輩、同僚とのものであろう。ここに「生活者としての外国人」をめぐるニーズから生まれた多文化共生の枠組みを適用することで、職場を離れた技能実習生にも注目が集まり、その人間関係は職場の外にも広がることになる。技能実習生は、地域社会の一員として生活することを促されることになる。また日本人を中心とする技能実習生以外の住民は、ただ職場で汗水を流しているだけではない「生活者としての技能実習生」を知ることになるであろう。

　川口市の事例では、協働推進課だけでなく、技能実習生を受け入れる産業側も多文化共生を推進する主体となっている様子が観察された。新宿舎は現在の宿舎から5kmほど離れ、新しく川口市に流入してきた住民が多い地域に建設される。周辺住民のなかには、突然外国人が大挙して近隣に住み始めることを快く思わない者もいる。川口鋳物業は、こうした住民に対して技能実習制度の趣旨や技能実習生が周辺の生活環境を乱す者ではないことを説明しなければならない。住民と鋳物業者とは、これまでも騒音等の公害問題について話し合いを持ち、解決を図ってきた。また新住民は、廃業・移転した鋳物業者が手放した土地に建てられたマンションに住むことが多い。今回の政策も、地場産業と地域住民が築き上げてきた関係の延長線上にあるといえる。当該施策が周辺住民等とのコンフリクトを生むとしても、長期的にみれば、技能実習制度が地域社会のなかへと着実に包摂されていく過程にあるとみることができよう。

(2)「技能実習生と多文化共生」政策の課題：労働者確保政策に対する正統性の付与

　しかし技能実習生に対する多文化共生の枠組みの適用が、上に述べたような効果を十分に発揮しない可能性もある。すなわち「多文化共生」が、実質的には労働者の確保を目的としている技能実習制度に自治体が関与することの根拠づけになる、いわば正統性を付与するものとして用いられうることである。

　2016年の有効求人倍率は1.36倍[8]（厚生労働省、2017）であり、外国人研修制度が創設された時期と同程度の高水準となっている。人手不足に悩む地場産業の要望を受けて、自治体は労働者の確保に向けた施策を打ち出す必要に迫られるであろう。その施策の一つが技能実習生の受け入れ支援となりうる。しかし自治体は、技能実習制度が労働者の受け入れ窓口であると宣言することには二の足を踏むものと思われる。外国人研修生受入れ特区の事例でみたように、日本政府は自治体に対しても、技能実習制度の目的が地場産業維持のための労働者確保ではなく「国際貢献」であるとの姿勢を見せているからである。技能実習制度の拡充が進む近年ではあるが、制度の趣旨自体が変わったわけではない。したがって自治体が地場産業の維持を目的として技能実習制度に関与する際には、その正統性を担保するものが別に必要となる。

　1990年前後の人手不足期には、地域の国際化政策の柱のひとつであった「国際交流」が自治体による技能実習制度への関与に正統性を付与する役割を果たした（上林、2015）。現在、「多文化共生」が地域の国際化政策の柱に加わり、そして技能実習制度の普及とは別に全国の自治体へと浸透して

いる。「国際交流」と並び「多文化共生」も，自治体による技能実習制度への関与に正統性を付与するものとして活用可能となっているのである[*9]。この場合，自治体の目的は労働者を確保したい地場産業に手を貸すことであり，「多文化共生」は手段としての位置づけに止まる。技能実習制度の地域社会への包摂といった多文化共生の枠組みの適用による効果を期待することよりも，むしろ労働者確保施策としての技能実習制度の性格が強化されることで，当該制度の本来の趣旨と実質的な機能との間の齟齬がより大きなものとなることを懸念しなければならないであろう。

　川口市における技能実習生への支援は産業政策として取り組まれており，その意味では技能実習生「受け入れ」推進政策である。地場産業である鋳物業は，技能実習期間の5年への延長を長らく望んでいた。受け入れ企業は，人を育てるにはより長い期間が必要であることを認識し，そして優秀な人材には長く職場で活躍してほしいと考えている。他方で監理団体も，一度受け入れた技能実習生は技能実習制度を通じて再来日できないことから同一地域での継続的な人材の募集が難しいこと，また近年は台湾をはじめとする東アジア諸国との送り出し国での人材獲得競争が激しいことを課題として感じている。労働者の確保であれ確保した労働者の育成であれ，川口鋳物業は現状の技能実習制度に対して少なくないストレスを抱えているのである。

　こうした状況を踏まえれば，川口市が行う技能実習生への支援政策は，地場産業に以下のようなメリットをもたらすものとして期待されていると思われる。第一に「市内外国人労働者と市民との交流」を成功させることで，技能実習生が帰国した際，周辺の潜在的技能実習生候補者に対して川口市に関するよい口コミを提供してもらうことができる。第二に「市政情報提供のための技能実習生メールアドレス登録」により，再来日を希望する有望な技能実習生を川口市に呼び戻すことができるよう，連絡手段を保持することができる。また第三に，技能実習生に対して多文化共生の枠組みを適用することそのものが，川口市での技能実習生の受け入れに有利に働くことになる。2017年11月より開始する新しい技能実習制度では，優良な監理団体・受け入れ企業につき技能実習生の受け入れ枠の拡大および在留期間の延長が認められている。監理団体・受け入れ企業の「優良」さは，複数の要件に付与された点数（合計120点）のうち6割以上の得点を得ることを基準として判断されることとなっているが，「地域社会との共生」はその要件のひとつ（最大10点）となっているからである。

(3) 「技能実習生と多文化共生」からみえる，技能実習制度の限界

　技能実習生に対する多文化共生の枠組みの適用について，その有効性と課題を検討した。しかし上での議論は，技能実習制度が不変的であることを前提としたものである。技能実習制度に自治体が関与することで当該制度をめぐる諸問題の深刻さを和らげることはできたとしても，それを解決することにはならないであろう。「技能実習生と多文化共生」に関する考察を深めていくことで，技能実習制度そのものの限界についても触れなければならない。

　技能実習制度は，日本で習得した技能を母国で発揮するための制度である。技能実習生が技能を習得した後，当該技能を日本で発揮し，そのことで彼らが日本で生活を築くことはこれまで想定してこなかった。したがってすでに日本での生活を築き，今後も日本で生活を続けていくことが予想

される外国人をめぐるニーズから生起した「多文化共生」と技能実習制度とは本質的に馴染みにくい。川口市が行う技能実習生への支援政策は妥当性があり合理的なものだが，他の自治体が技能実習生へ多文化共生の枠組みを表立って適用することは難しいだろう。しかし川口市の取り組みが有効なものであり，その先進性が広く認められるのであれば，技能実習制度の設計の中に「生活者としての技能実習生」の存在をより反映する必要性が生まれてくる。

「技能実習生と多文化共生」政策の実施が多くの自治体にとって時期尚早だとしても，視点を技能実習生側に移せば，実態として彼らの「生活」は拡大しており，それを無視できない現状があることを指摘したい。5年間の滞日を認める新しい技能実習制度の開始が，その流れを加速させるであろう。川口市のA日本語教室で出会った，建設会社で働く技能実習生4年目[*10]のXさんの事例（2016年8月4日ヒアリング）を紹介する。

　　Xさんはベトナム国籍の男性で，現在26歳である。結婚はしていない。2013年7月に技能実習生として来日し，東京都にある建設会社（従業員25人）で，とび職として働いている。来日1年目は簡単な仕事から始まり，先輩の仕事を見て覚えて，来日4年目の現在は日本人と同じ仕事を行う。3年目まで900円程度であった時給は，現在約2,000円となっている。

　　Xさんは日本での仕事や生活に十分に適応しているようであった。Xさんは会社の社長やその家族のこと，そして次にいつ新しい技能実習生が来る予定かといったことまでよく把握している。日本での生活についても，日本で契約したスマートフォンを持ち，母国の食材をインターネットで購入するなどしており，不自由はなさそうである。また日本語の発音や聞き取りはスムーズとはいえないが，日本人と話すことに臆する様子は見られない。

　　交友関係もかなり手広い様子が窺われた。XさんはA日本語教室に初めて参加したのだが，これは別の会社で働く技能実習生に誘われて参加した。またXさんは盆と正月の休みを利用して日本国内を旅行しているが，次週に控えた盆休みには，技能実習生の友人と富士山に登る計画を立てている。技能実習生との交流だけではない。Xさんはつい先日まで，留学生として来日しているベトナム国籍の女性と恋愛関係にあった。お互いの日本での住まいが近かったことが出会ったきっかけだという。

　　Xさんはこれまで150万円程度を母国に送金しており，これとは別に貯金がある。5年間での目標貯金額を尋ねたところ，日本国内で行きたいところも多く，お金を遣ってしまうため，わからないと答えた。帰国後の予定について，現在と同じとび職に就ければよいと考えているが，はっきりとは決めていない。

以上がXさんの仕事と生活，キャリアに関するヒアリング調査結果である。一事例のみであり，とくに都市部で働く技能実習生であることには注意が必要だが，その示唆する点は以下のようになる。第一に，同郷者に限られるとはいえ，Xさんの日本での交友関係は広く，行動範囲も同様である。情報通信機器の普及が，こうした生活を下支えしているであろう。技能実習生の人間関係は，すでに職場以外にも拡がっているのである。また第二に，来日4年目に入ってXさんの時給は大幅に上

がったが，その分を仕送りや貯金に回すことに精を出すような素振りはみられない。むしろそれを日本での消費に充てることに魅力を感じている。生活を切り詰めることで出稼ぎ労働者としての目的を達成しようとする「経済人としての技能実習生」（上林，2012：65-66）ではなく，稼いだ金を元手に日本での生活を充実させようとする「生活者としての技能実習生」の姿が，Xさんの事例に示されているであろう。

情報通信機器の普及等を背景として，技能実習生の生活は日本社会に根づきつつある。新しい技能実習制度の設計がそれを間接的に認め，助長している。川口市が行う技能実習生への支援政策は，こうした動向を先取りしたものだともいえる。技能実習生が日本で習得した技能を日本で発揮し，そのことで生活や消費を行うことを想定していない技能実習制度の趣旨は，やはり再考を迫られることになるのである。

7　まとめと今後の課題

埼玉県川口市は，多文化共生の枠組みを適用した技能実習生への支援政策を展開している。現在自治体の外国人政策に注目が集まっているが，川口市ではどのような経緯で技能実習生への支援を行うことになったのか。また技能実習制度は問題を多く抱えるが，技能実習生に対する多文化共生の枠組みの適用にはどのような有効性と課題，限界があるのか。

本稿ではまず，川口市でなぜ技能実習生への支援政策が成立しえたのかを検討した。鋳物業は川口市の伝統的な地場産業であり，そして川口市の顔でもある。川口鋳物業が全国に先駆けて外国人研修生の受け入れを開始した際，川口市は市立高等職業訓練校の施設を貸し出すなどの協力を行ったのだが，当該施設に含まれる宿泊施設は現在も技能実習生が利用している。すなわち川口市はこれまでも，生活空間の提供という形で技能実習生の生活に関与してきたのである。そして新宿舎を建設するにあたり，川口市における多文化共生施策を新たに取り入れることで，川口市での技能実習生への支援政策が成立することとなった。

川口市における技能実習生への支援政策は始まったばかりであり，今後の展開が注目されるところである。本稿では次に，川口市での調査結果を踏まえつつ，自治体による「技能実習生と多文化共生」政策の効果について考察を行った。まず，自治体が技能実習制度に公式に関与することで，技能実習制度の適正な運用を期待できる。また多文化共生の枠組みを適用することで，これまで見えにくかった「生活者としての技能実習生」という側面への注目にもつながる。他方で「多文化共生」は，地場産業のために労働者の確保に努めたい自治体が，技能実習制度に関与する際の正統性を付与するものにもなる。

そもそも技能実習制度の趣旨や多文化共生の成り立ちから考えれば，自治体の「技能実習生と多文化共生」政策は全国的に普及しづらい面もある。しかし新しい技能実習制度の下，技能実習生の在留期間が3年から5年へと延長されることで，技能実習生の生活は今後ますます日本社会に根づくことになると思われる。日本で習得した技能をもとに築くべき生活は彼らの母国にあると想定する技能実習制度の趣旨は，再考されなければならないであろう。

本稿と関連することで，今後の課題を述べる。本稿で取り上げた川口市の取り組みは，自治体による技能実習制度への関与の事例として，他の自治体にとっても大いに参考になるものである。とはいえ実際の取り組みは，人口減少や地場産業の性格等，抱える問題と技能実習生に対して期待することによって自治体ごとに異なると思われる。事例を積み重ね，技能実習制度に対するニーズを把握するとともにその類型化を行うことが今後の研究上の課題である。地域社会における外国人の受け入れをめぐる多様な実践に注目することは，今後の日本の移民政策を考察するうえでも重要である。本稿では技能実習制度と多文化共生を取り上げたが，どちらも地域のニーズからアイデアが生まれ，日本社会へと普及していったからである。引き続き地域での動向に注目する必要があるだろう。

* *1　2016年4月1日現在の「多文化共生の推進に係る指針・計画の策定状況（全体）」（総務省，2016）をみると，都道府県では94％（44都道府県），指定都市では100％（20市），市（指定都市除く）では62％（479市）が多文化共生施策に関する指針・計画を策定している。
* *2　川口鋳物工業協同組合，1991年8月20日「川口鋳物ニュース」第390号
* *3　シンポジウムでのパネリストは永瀬洋治（川口市長），隅谷三喜男（聖学院大学教授），田中宏（愛知県立大学教授，いずれも当時）である。
* *4　川口鋳物工業協同組合，1989年12月20日「川口鋳物ニュース」第370号
* *5　川口鋳物工業協同組合，1990年12月20日「川口鋳物ニュース」第382号
* *6　川口鋳物工業協同組合，1991年12月20日「川口鋳物ニュース」第394号
* *7　なお埼玉県「外国人雇用状況の届出状況表一覧」（2016年10月末現在，埼玉県提供）をみると，川口公共職業安定所管轄区域（川口市，蕨市，戸田市）内の技能実習生は1031人で，全在留資格計の外国人労働者（5576人）の18.5％を占める。
* *8　年平均，新規学卒者を除きパートタイムを含む値である。
* *9　梶田ほか（2005）は，多文化共生が「自らが持つ響きのよさを保つために，モデルに適合しない現実から目をそらす，あるいはそれを排除する傾向」（梶田ほか，2005：295）にあるとする。この指摘をもとに換言すれば，以下のようになる。すなわちすでに人口に膾炙している多文化共生という言葉はその響きのよさから，自治体が地場産業の維持を目的として技能実習制度に関与するという事実を覆い隠してくれるものとして都合がよいのである。「多文化共生」だけでなく，「国際交流」もまた然りであろう。
* *10　建設分野では，2020年オリンピック・パラリンピック東京大会に向けた一時的な需要増に対応するための緊急措置として，2015年4月より建設分野での3年間の技能実習を終えた者が在留資格「特定活動」にて建設業務に従事できることとなっている。

《参考文献》
* 明石純一，2017「海外から働き手をいかに招き入れるか――日本の現状と課題」『日本政策金融公庫論集』34号，87～107頁
* 今野浩一郎・佐藤博樹編，1991『外国人研修生――研修制度の活用とその実務』東洋経済新報社
* 尾高邦雄編，1956『鋳物の町――産業社会学的研究』有斐閣
* 梶田孝道・丹野清人・樋口直人，2005『顔の見えない定住化――日系ブラジル人と国家・市場・移民ネットワーク』名古屋大学出版会
* 上林千恵子，2012「中国人技能実習生の出身階層と技能実習の成果――母国への送金と職場規律・生活規律の習得」連合総合生活開発研究所編『経済危機下の外国人労働者に関する調査報告書――日系ブラジル人，外国人研修・技能実習生を中心に』連合総合生活開発研究所，52～76頁

- 上林千恵子，2015『外国人労働者受け入れと日本社会——技能実習制度の展開とジレンマ』東京大学出版会
- 川口鋳物工業協同組合，2005『創立100周年記念誌　新生への鼓動』
- 川口鋳物工業協同組合，「川口鋳物ニュース」
- 川口市，2016「川口市まち・ひと・しごと創生総合戦略」（http://www.city.kawaguchi.lg.jp/kbn/Files/1/01090011/attach/sougousenryaku.pdf，2017年9月1日アクセス）
- 川口市「川口市統計書」（http://www.city.kawaguchi.lg.jp/kbn/04013058/04013058.html，2017年9月1日アクセス）
- 協調会編，1933『川口鋳物業実地調査』
- 高坂晶子，2015「地域の知見を活用した外国人材受入れの在り方——集住都市を中心に」『ＪＲＩレビュー』6巻25号，70〜92頁
- 厚生労働省，2017「一般職業紹介状況（職業安定業務統計）」
- 駒井 洋，2016『移民社会学研究——実態分析と政策提言1987-2016』明石書店
- 駒井 洋編，2004『移民をめぐる自治体の政策と社会運動』明石書店
- 駒井 洋・渡戸一郎編，1997『自治体の外国人政策——内なる国際化への取り組み』明石書店
- 佐野 哲，2002「外国人研修・技能実習制度の構造と機能」駒井 洋編『国際化のなかの移民政策の課題』明石書店，91〜129頁
- 江 衛・山下清海，2005「公共住宅団地における華人ニューカマーズの集住化——埼玉県川口芝園団地の事例」『人文地理学研究』29号，33〜58頁
- 自由民主党政務調査会・労働者確保に関する特命委員会，2016「『共生の時代』に向けた外国人労働者受入れの基本的考え方」（http://jimin.ncss.nifty.com/pdf/news/policy/132325_1.pdf，2017年9月1日アクセス）
- 総務省，2016「多文化共生の推進に係る指針・計画の策定状況（全体）」（http://www.soumu.go.jp/main_content/000443616.pdf，2017年9月1日アクセス）
- 二階堂裕子，2016「『非集住地域』における日本語学習支援活動を通した外国人住民の支援と包摂——ベトナム人技能実習生の事例から」徳田 剛・二階堂裕子・魁生由美子『外国人住民の「非集住地域」の地域特性と生活課題——結節点としてのカトリック教会・日本語教室・民族学校の視点から』創風社出版，81〜102頁
- 日本労働研究機構，1994「地方自治体における外国人研修生受け入れ事業——現状と課題」調査研究報告書，No.61，日本労働研究機構
- 橋本由紀，2011「外国人研修生受入れ特区の政策評価」RIETI Discussion Paper Series 11-J-048，経済産業研究所，1〜21頁
- 法務省「在留外国人統計」（http://www.moj.go.jp/housei/toukei/toukei_ichiran_touroku.html，2017年9月1日アクセス）
- 松井一郎，1993『地域経済と地場産業——川口鋳物工業の研究』公人の友社
- 三菱ＵＦＪリサーチ＆コンサルティング，2013「基礎自治体の外国人政策に関するアンケート調査報告書」（http://www.murc.jp/publicity/press_release/press_130521.pdf，2017年9月1日アクセス）
- 毛受敏浩，2016『自治体がひらく日本の移民政策——人口減少時代の多文化共生への挑戦』明石書店
- 晏 晴，2010「多文化共生事業における外国人職員の役割に関する考察——川口市の実践から」『多言語多文化——実践と研究』3号，86〜101頁
- 山脇啓造，2009「多文化共生社会の形成に向けて」『移民政策研究』1号，30〜40頁
- 渡戸一郎編，1996『自治体政策の展開とNGO』明石書店
- Castles, S., 2004, "The Factors That Make and Unmake Migration Policies," *International Migration Review* 38(3), pp.852-884.
- Hollifield, J., Martin, P. and Orrenius, P., 2014, *Controlling Immigration: A Global Perspective*, Stanford, CA: Stanford University Press.

Local Government Support for the Acceptance of Technical Intern Trainees and 'Multicultural Symbiosis':
A Case Study of Kawaguchi, Saitama

YAMAGUCHI Rui

Hosei University

Key words: Technical Intern Training Program, local government, multicultural symbiotic

The aims of this paper are 1) to clarify the backgrounds and factors that facilitated policy for supporting technical interns at Kawaguchi, Saitama, and 2) to consider the efficacy, apprehension and limit in applying the concept of Multicultural Symbiotic to Technical Intern Training Program.

As for 1), casting industry, the main local industry of Kawaguchi, was a pioneer in utilizing Technical Intern Training Program, and the Kawaguchi city has supported it from the outset, for example by providing accommodations to the technical interns. In addition, Kawaguchi is now giving priority to the policy for Multicultural Symbiotic to cope with increasing foreigners. That is why Kawaguchi city makes use of 'multicultural' programs to further support technical interns.

As for 2), as a result of this, the new dimension of technical trainees, so-called technical trainees as "residents", will come into the spotlight. Given that employers are now suffering from a shortage of workers, employers and local governments may be able to secure technical interns in the name of Multicultural Symbiotic. Meanwhile, technical interns are taking root in the Japanese society. We should rethink the objectives of Technical Intern Training Program.

投稿論文

高度外国人材育成を支える日本語学校に関する事例研究
――多様化する留学生に対応した進学予備教育及び指導の在り方に着目して

文　朱姫　名古屋大学大学院博士後期課程

キーワード：日本語教育機関，進学予備教育，高度外国人材育成

　日本は高度外国人材の戦略的獲得の一環として，2008年から留学生受入れの促進・拡大を図った「留学生30万人計画」を展開している。「留学生30万人計画」では，「入口」から「出口」まで一貫性のある支援施策を通して，外国人留学生の日本での定着を促している。「留学生10万人計画」以来の課題として残された入試・入学の複雑さを改善すべく新たな試験の展開や渡日前入学許可等が施されたが機能せず，むしろ国内日本語学校の在籍者に主に活用され，日本語学校における進学予備教育の在り方に大きな影響を与えた。このような状況下，来日した留学生による入試・入学制度への適応を支援し，希望する進学先への入学を支援する役割を担っているのが日本語学校である。本稿では，日本語学校に在籍する留学生の進学予備教育及び指導の現状からその特徴と課題について，進学支援の現場の視点から考察する。事例校を対象に行った質問紙及びインタビュー調査から，各事例校における学生指導や教育活動の内容・方法，用いる教材などが各校の進学に対する方針や在籍者の特性・ニーズによって多様化している実態を明らかにした。一方，海外に発信する日本語学校の総合情報は法務省の告示やコース表記に限られており，多様な進学予備教育や指導に関する積極的な情報発信が課題として残される。

1　はじめに

　1990年代から始まったグローバル化と知識基盤社会の到来によって，高度人材の獲得が国の競争力の源泉の一つと見なされるようになった。高度な科学技術や文化に立脚する一方で言語や社会習慣の独自性が強い日本において，この高度人材の獲得に大きな役割を果たすのが留学生の受入れであり，留学交流の促進・拡大は長年大きな政策課題と考えられてきた（佐々木，2009；横田，2012）。
　日本は1983年に始まった「留学生10万人計画」により，2003年には留学生が10万人を突破し，2008年には「留学生30万人計画」（以下30万人計画）が策定された。30万人計画では従来の国際貢献としての留学生受入れという基本方針を維持しながら，「高度人材受入れとも連携させながら，優秀な留学生を戦略的に獲得していく」という，留学生受入れを高度外国人材受入れとして位置づけ

ている（栖原, 2010）。日本学生支援機構（以下JASSO）(2016) によると，留学生総数は23万9287人である。そのうち日本語教育機関（以下日本語学校）に在籍する留学生数は6万8165人と3年間で2倍以上の増加を見せ，留学生全体の約3割を占め，留学生受入れの主要な機関の一つとなっている。また，日本語教育振興協会（以下日振協）の実態調査（2017）によると，2015年度の日本語学校を卒業した留学生の77.1％（2万2685人）が進学しており，そのうち，専修学校専門課程57.8％，大学28.2％，大学院（研究生を含む）10.5％と，日本語学校の留学生が日本の高等教育機関への進学予備群となっていることがわかる。

　こうした状況下にある日本語学校をめぐる行政及び外部環境は，2010年以降激変している。行政においては，日本語学校が高等教育機関へ進学するためのワンステップの窓口として位置づけられ，従来日本語学校に在籍する者に付与された在留資格の「就学」が2010年7月に「留学」に一本化された[*1]。これによって日本語学校の在籍者にも在留資格の「留学」が付与され，行政上においてはじめて日本語学校に在籍する留学生が高等教育機関に進学する予備群として認知された。この行政上の法的地位の変更に伴って，文部科学省においても変化が現れ，2011年から8回に亘って「高等教育機関に進学・在籍する外国人学生の日本語教育に関する検討会議」が開かれ，日本語学校の教育の質保証及び高等教育機関との連携などに関する課題の検討が行われた。また，2013年からはJASSOの留学生数に日本語学校の在籍者数が加えられ，留学生として認知され始めた。さらに，2017年には文部科学省のホームページにおいて「日本語教育機関における外国人留学生への教育の実施状況」が公表され，日本語学校の教育の質を維持・向上することに関わる状況の可視化への取組みも進められている。これらの行政上の大きな変化は，留学生受入れの入口段階としての日本語学校の役割の重要性が反映されたものと考えられる。

　他方，外部環境の変化としては，2002年に開始された新たな日本留学試験[*2]（以下EJU）による大学入試の変化や東アジアにおける高等教育の発展，2011年の東日本大震災，日系企業の需要の変化などが挙げられる。新たな試験や東アジアにおける高等教育の発展により，受験対策に力を入れる日本語学校の増加や有名大学進学のみを目指す留学生を対象とした留学生予備校や大手予備校と提携した日本語学校が増えつつある[*3]。また，進学予備教育以外の機能として企業及び日系企業への就職支援，難民支援などの役割を担う例も現れている[*4]。また，留学生の出身国や留学目的が多様化し，中国，韓国などの漢字圏からの留学生が減り，ベトナムやネパール等の非漢字圏からの留学生が増加している。特にベトナムからの留学生が5万3807人と前年比で38.4％増加し，最大の中国人留学生数9万8483人との差を縮め，主な留学生出身国の一つとなった（2016年5月1日現在）。

　本研究では，日本語学校の機能が多様化する中で，日本語学校の在籍者の77.1％が卒業後に高等教育機関に進学し，高等教育機関を卒業した留学生の1万4170人（2016年）[*5]が日本の企業に就職している実態から，高度外国人材の卵である留学生を対象に進学予備教育を行うことを目的として進学コースを設ける日本語学校に焦点を当てる。進学コースとは，日本の高等教育機関へ進学を希望する対象者に日本語科目の他にEJUに対応した科目や授業内容を設けるコースである。急変する環境の中で進学コースを設けている日本語学校における進学予備教育及び指導の実態はどのようなものだろうか。また，進学予備教育及び指導の特徴と課題とは何だろうか。本稿では，進学コース

を開設する日本語学校への調査・分析を通じて進学予備教育及び指導の傾向を示し，その特徴と課題を概観する。その上で，進学をめぐる環境変化に対応して進学予備教育及び指導体制の見直しを行った事例3校からその取組みの詳細な分析を行うことによって，進学予備教育及び指導の在り方の特徴と課題について考察する。

2　日本語学校における進学予備教育の現況と課題

　日本語学校の進学予備教育及び指導に関する研究としては，日振協が実施する大規模調査がある。まず，「平成16年度第1回日本留学試験に関する調査分析」では，日振協加盟校の90％以上がEJUの対策授業を実施し，そのうち90％が日本語の授業内で実施している。学力を測る基礎科目に関しては全体の70％が対策授業を実施している。EJU試験に関して留学生が必要とする主な情報としては，「受験科目の選択」，「志望校の合否と得点」，「受験の必要度」が求められている。

　次に2016年度の「日本語教育機関実態調査」では，日振協の加盟校286校のうち151校が進学予備教育を実施し，総合科目が最も多く，続いて数学，小論文，英語の順であり，実施校で9968人が受講している。高等教育機関への進学者の出身国の構成としては中国人9714人が最も多く，次いでベトナム人6034人，ネパール人3408人，台湾人627人，スリランカ人591人となっている。そのうち，進学率が最も高いのは，93.2％のネパール人であり，次いでスリランカ人86.3％，ベトナム人84.5％，中国人82.5％の順であり，主に非漢字圏からの進学者が増えている。

　留学生が大学に進学する際に必要な書類は，出願書，履歴書，高等学校の卒業証明書・成績証明書，出身高等学校の教員の推薦状，健康診断書である。入学試験としては書類審査，学力検査，面接，小論文，EJU，日本語能力試験（以下JLPT）[6]，大学入試センター試験が実施される。近年，EJUは留学生選抜の際に活用される主要な試験と位置づけられており，JASSOによると，2017年3月時点で，EJUの利用率は日本の全大学747校中433校（58％），うち国立79校（96％），公立52校（62％），私立302校（52％）である。これらの試験に対応したカリキュラムを構築しているものの，学習期間・時間に制約が存在する日本語学校においては，留学生自身が望む大学への進学予備教育が重視され，試験対策に偏る傾向があるとの指摘がなされている（林部，1979；市嶋・長嶺，2008）。他方，2012年に発足した任意団体の日本語学校進路指導研究会[7]は，日本語学校における留学生のキャリアデザインを視野に入れた進学及び就職の情報提供や研究を行っており，試験対策にとどまらない，留学生のキャリアを視野に入れた教育を目指す動きも現れている。

　小堀（2002）は，日本の高等教育に関して知識の少ない留学生に対して，大学の探し方，願書の書き方，面接の練習などの指導をどのように行っているかの実態を明らかにし，留学生に対する進学指導の充実を図る必要性を指摘している。日本語学校においては，留学生が進学の際に必要とされる資源（内部進学，進学情報）や相談相手が限られ教師への依存度が高いため，教師や事務員の対応の在り方が進学に大きな影響を及ぼす（京，2012；村越，2012）。そのため，日本語学校の留学生は一般留学生以上に，教師・事務員の強力な支援が必要とされ，教師や事務員を中心とした支援システムの構築が推奨されている（邱・久保，2008；村越，2012）。

既述のように留学生の進学予備教育機関としての日本語学校の認識が強まっているものの，一方では在籍者の質の低下，法律上の位置づけが明確でないことに起因する教育の質のばらつきなどの課題も顕在化している。2010年5月の事業仕分けにより，日振協による日本語学校の審査・認定の枠組みが廃止され，法務省の告示をもって日本語学校が認定されるようになった。それに伴い，日本国内で公的に認定された日本語学校の数は，2010年の日振協に認定された449校から，2017年10月時点での法務省告示により認定された643校へと，7年間で約200校増加した。日本語学校の水準を維持・向上するための審査枠組みの在り方，外部委託による審査などが議論されてきているが，日本語学校を管轄する行政上の枠組みは未だに不明確のままである。管轄機関の不在は日本語学校の教育の質や受入れ学生の質などの低下を招き，重要な課題となっている。多様な設置形態によって運営される日本語学校の中でも，特に小規模の日本語学校では，物理的，経済的制約のために進学予備教育と一般教育を別立てにした体制が十分に整備されていない（西原，2005）。伊能（2004）は，日本語学校の留学生が抱える問題への支援は，教師や事務員が日本語教育や学校運営などの本業の片手間に行うものとして認識され，おろそかになりがちであると指摘する。先述した日振協の実態調査からも，調査に回答した286校の内，進学予備教育の実施校は151校（52.8％）と約半数にとどまり，進学指導担当者1077人（82.4％）が教員や事務職員として日本語教育や学校経営などを本務としながら進学指導を兼務として行っている実態がみえてくる。

　以上，日本語学校における進学予備教育及び指導は留学生の進学達成と深く関わっているにもかかわらず，その実態は必ずしも統合的な視点からの調査・分析が十分に行われてきているとは言いがたい状況がある。日本語学校に在籍する留学生のニーズや支援についての研究は進んでいるものの，進学予備教育及び指導を実施する日本語学校の視点から分析した研究は少ない。

　本研究の独自性は，進学予備教育及び指導を展開する日本語学校の現場の視点から分析した点，また2010年以後に急変する環境の変化に対応して教育内容，コースデザインなどに加えて進学指導体制を見直した事例3校を挙げて分析した点である。高等教育機関に進学する高度外国人材の予備群を育成するため，日本語に加え進学予備教育及び指導を施す機関として日本語学校が果たす役割は大きいものであり，その実態と特徴及び課題を探ることには大きな意義がある。

3　本研究の分析枠組み

　日本語学校の進学予備教育及び指導に関する体系的な研究やそのもととなる分析枠組みが過去示されていないことから，本研究では，2001年から東京都教育委員会により指定され，進学指導の充実を図り進学実績の向上を重点においた進学指導重点校の取組みを参照し，その上で日本語学校の進学予備教育及び指導の取組みに焦点を当てた本研究独自の分析枠組みを構築することとする。

　先行研究で明らかになったように，留学生は日本の大学に進学する際にEJUをはじめ，論文，各大学の試験に備える必要があり，その際に日本人学生と同様の指導が必要であることから進学指導重点校と類似する教育活動や指導が展開されていると考えられる。進学指導重点校を対象にした研究の中で，東京都と広島県の進学指導重点校の取組みの分析を行った田中（2006）は，教育活動に

ついて次の4つのパターン，すなわち，(1)進学目標を設定し，目標達成のプロセスを組み立てて実行する「目標設定達成型」の教育活動の展開，(2)生徒の個々人に応じた「複数教員による個別指導」の強化，(3)大学入試問題の分析結果によって，知識に関連付けて思考力，判断力を問う問題へ変化しているとの認識に立つ学習の捉え直しから析出される「総合的な能力の育成」，(4)「外部の教育機関との連携」による教育力の向上を析出した。

　しかし，日本の高等学校とは異なり，日本の学校教育法上の位置づけがない日本語学校には民営主体による市場に立脚した経営が大多数であり，教育活動の在り方においても経営者や運営者が持つ教育方針などが強く影響すると考えられる。さらに，日本語学校は在籍者の学費によって運営が維持されていることから，在籍者のニーズに対応して教育活動の取組みが変化すると考えられる。そこで本研究では，(A)教育方針・ミッションと(B)そこで学習する留学生のニーズという2つの主な属性によって，各日本語学校において進学に関する諸活動の在り方が異なるという仮説に基づいた分析枠組みを設定する。まず，2010年以後に激変する環境に対応して進学に関する教育活動の改革を実施したグループと実施していないグループに分けて，教育活動及び進学指導の在り方の比較を行う。さらに，各事例校の進学予備教育及び指導の取組みについて，(1)進学に関する教育活動，(2)進学指導，(3)活用する資源に分け，設定した2つの属性がどのように影響しているか分析する。その上で，各事例校が進学予備教育及び指導の際に直面した課題を抽出し，その改善の方向性を提案する。

4　調査の概要

(1)　調査校の選定

　2017年10月時点，法務省の告示による日本語学校総数は643校である。本研究では調査期間及び研究目的を考慮し，進学予備教育及び指導の取組みに関してある程度一般化が可能な地域として，大阪府と京都府を選定した。大阪府の告示校は105校であり，京都府は31校である。告示校に関しては，設置コースや学生の構成など詳細な情報を得ることが困難であるため，日振協による「2010年度の日本語教育機関要覧」から，進学コース開設校を調査対象とする。

　調査開始2014年時点で，日振協による認定校数は377校であり，そのうち大阪府38校，京都府11校である。49校のうち，進学コース開設校は43校であり，設置形態としては株式会社14校，専修学校専門課程12校，各種学校正規課程4校，有限会社6校，個人及びその他7校である。各対象校に調査協力書を送付し，表1に示す20校から協力を得ることができた。筆者は，2014年6月から2015年5月までこれら20校を対象にインタビューと質問紙調査を行った。調査校の詳細としては，株式会社5校，専修学校専門課程4校，各種学校正規課程4校，有限会社3校，その他4校と，各種学校正規課程からの回答率が高いなどの傾向が見られるものの，日振協加盟校に含まれるすべての設置形態からの回答を得ることができた。学生構成から中国人学生主体10校，台湾人学生主体3校，ベトナム人学生主体3校，中国人・ベトナム人学生主体4校と，過半数が中国人学生を主体としている。進学先としては主に大学・大学院に進学17校，専修学校専門課程に進学3

表1　調査校リストと概要

調査校	調査協力者	時間	設置種別	開始年度	学生数 中国	台湾	韓国	ベトナム	その他	総数	終了後の進学者数 大学	大学院	短期大学	高等専門学校	専門学校
1	理事・副校長	2h	専修学校専門課程	1969	63	19	8	0	2	92	36	5	0	0	17
2	理事・副校長	2.5h	各種学校正規課程	1990	43	46	19	1	28	137	18	4	0	0	26
3	事務局長 教務主任	3h	専修学校専門課程	1989	34	97	26	0	32	189	17	6	0	0	64
4	学科長	2h	専修学校専門課程	2003	18	0	0	11	2	31	4	4	0	0	3
5	校長・進路担当者	2h	株式会社	1992	138	29	78	84	5	334	56	32	3	0	72
6	運営者 教務就任	3h	株式会社	2003	25	0	0	0	0	25	12	3	1	0	6
7	校長・副校長	2h	株式会社	2002	57	0	0	1	0	58	27	2	0	0	8
8	校長・教務主任	3.5h	個人	2007	59	0	0	31	1	91	19	5	0	0	22
9	理事本部長 国際進学室長 進学担当者	2.5h	専修学校専門課程	1989	153	14	12	8	26	213	63	37	0	0	68
10	事務局長	4h	各種学校正規課程	1985	28	3	2	24	4	61	15	1	0	0	13
11	理事・専任教員	3h	特定非営利活動法人	2006	3	0	0	13	0	16	6	0	0	0	2
12	副センター長	2.5h	各種学校正規課程	1970	43	16	4	2	58	113	57	41	0	0	39
13	校長・教務主任	2h	有限会社	2003	27	0	0	25	3	55	8	4	0	0	6
14	事務局長 教務主任	2.5h	有限会社	1986	14	3	1	13	2	33	7	3	0	0	2
15	教務主任	3h	有限会社	2012	2	0	0	28	6	36	0	5	0	0	0
16	校長	3h	公益財団法人	1950	2	25	2	1	7	37	8	2	0	0	3
17	校長	4h	各種学校正規課程	1969	17	78	10	1	92	198	17	12	0	0	31
18	校長・副理事長	2.5h	株式会社	2001	22	2	5	57	33	119	9	5	2	0	9
19	校長	2.5h	株式会社	2006	34	0	0	0	0	34	4	4	0	0	0
20	京都	3h	各種学校正規課程	1992	327	0	0	0	0	327	247	43	1	0	16

注：色付けしている3校は事例校の詳細である。
出典：日本語教育振興協会・日本語教育機関2014年より著者作成

校である。

(2) 質問項目及び調査手順

　まず，質問紙調査では，日振協による日本留学試験に関する調査を参考に，各調査校の基本的な進学予備教育及び指導体制に関して把握可能な項目を作成した。①進学予備教育の体制として，EJUの日本語科目や基礎科目の実施状況，英語対策授業，模擬試験の有無とその方法を問うた。②指導体制では，指導の実施有無と実施形態，実施主体，指導内容について聞いた。インタビュー調査では，①進学予備教育の現状と課題，②進学指導の実施状況と課題，③進学のための他の教育機関との連携状況，④進学予備教育と指導体制の今後の方向性を中心とした質問項目を作成した。質問項目に基づいて，調査校の運営者及び進学担当者に半構造化されたインタビューを実施した。学校によって学校運営者が進学担当者を兼ねている場合もある。本稿では進学予備教育及び指導体制の特徴及び課題について検討するため，主に進学担当者へのインタビュー記録を文字化した上で質

表2　調査校の進学予備教育及び指導の取組み

大カテゴリー	進学予備教育																進学指導											
中カテゴリー	JLPT				EJU日本語				EJU基礎科目				英語				指導主体者			内容					外部連携			
ケース ＼ 小カテゴリー	必修科目として実施	選択科目として実施	コース別に実施	日本語授業内で実施	必修科目として実施	選択科目として実施	コース別に実施	日本語授業内で実施	必修科目として実施	選択科目として実施	コース別に実施	希望者のみに実施	必修科目として実施	選択科目として実施	コース別に実施	希望者のみに実施	担任教師	進学担当者	その他の教師	キャリア形成	進学の流れ	進学に関する試験	大学の募集要項	受験勉強の仕方	日本語学校	専門学校	大学	その他の機関
改革実施　2	●		●	●		●		●		●		●		●			●	●			●		●	●	●	●	●	
改革実施　3		●		●			●		●									●			●		●		●		●	
改革実施　4 (C校)	●		●	●		●				●			●				●	●			●		●		●	●	●	
改革実施　9 (A校)		●	●			●			●						●		●	●			●		●			●	●	
改革実施　12	●			●			●			●				●			●	●			●		●		●		●	
改革実施　17 (B校)	●	●			●												●	●			●		●		●		●	
改革非実施　1				●				●				●						●			●		●	●	●		●	
改革非実施　5				●				●				●						●					●		●		●	
改革非実施　6				●				●				●					●						●		●		●	
改革非実施　7				●				●				●						●					●		●		●	
改革非実施　8				●				●				●						●					●		●		●	
改革非実施　10				●				●				●						●					●		●		●	
改革非実施　11				●				●				●				●		●					●		●		●	
改革非実施　13				●				●				●						●					●		●		●	
改革非実施　14				●				●				●						●					●		●		●	
改革非実施　15				●				●				●						●					●		●		●	
改革非実施　16				●				●				●						●					●		●		●	
改革非実施　18				●				●				●				●		●					●		●		●	
改革非実施　19				●				●				●						●					●		●		●	
改革非実施　20	●		●		●			●		●			●					●					●		●		●	

的な分析を行い，知見を整理した。

(3) 調査校の進学予備教育及び指導実態の概観

　調査校の全体の実態を摑むために，質問調査とインタビュー調査の調査項目①，②を基に分析を行った。表2はケースとして改革実施と改革非実施に分け，カテゴリーとしては大・中・小の段階別に分けて進学予備教育と指導の実施形式や詳細の内容を示した。

　まず，改革を実施している日本語学校6校と非実施の14校において，改革を行った6校の設置形態は表1のように専修学校専門課程と各種学校正規課程で構成されている。進学予備教育のJLPT，EJU日本語の実施実態では，改革非実施14校のうち13校が日本語の授業内で実施しており，EJU基礎科目においては10校が希望者だけを集めて放課後に実施しており，希望者がいない科目は実施していない。一方，改革実施の6校の場合は，1校を除く5校の学校が進学予備教育の実施形態として必須科目や選択科目，コース別など多様な実施形態の展開を見せており，カリキュラム編成の一部分となっている。このことから，改革を行っている日本語学校では，そうではない日本語学校に比べて，進学予備教育が充実していることがうかがえる。

　さらにEJUの予備教育の実施状況に関するアンケート調査では，日本語科目の対策授業としては

13校が通常の授業で行っており，2校は特別授業を設けて実施している。実施時間数は科目別に2時間から80時間，科目を分けないケースでは72時間から160時間と，学校によって大きなばらつきが見られる。基礎科目においては，総合科目（9校）と数学（9校）の対策授業が最も多く，その次に数学Ⅱ（7校），化学（6校），物理（5校），生物（3校）の順となっている。実施形態としては，特別授業を設けて行われるケースが多く，通常の授業で行われるケースはわずか3校である。英語対策授業に関しては，15校のうち5校が実施しており，英語授業を設けない理由として時間的余裕がなく担当者の不在が挙げられる。2004年度の日振協の調査と比較してみると，授業の実施形態には大きな変化は見られないが，平均実施時間（5時間から10時間以上）や実施校の割合が増えていることから留学生にとって試験のニーズや重要性が高まっていることが考えられる。

一方，インタビューから，ベトナム人留学生の割合が高い多数の日本語学校では，EJUの対策授業を実施しても日本語能力が低いため参加者が極めて少なく，JLPTも同様に上級レベルを受験する学生は少数であり，全体的な授業レベルが必ずしも高くない現状がうかがえる。実施体制としては，従来の体制である①日本語の能力による編成，②受験希望者のみを対象にした編成，③選択科目としての編成，④志望進学先によるコース編成が見られる。主に専修学校専門課程と各種学校正規課程の設置種別において③と④の傾向を見せ，その他の設置種別では①と②の教育体制が見られた。

また，進学指導体制としては，改革実施6校のうち3校は担任教師と進学指導担当者による指導体制を採っており，3校は担任教師，進学担当者に加えてその他の教師の存在が見られ，複数教員による組織的な進学指導が見られる。一方，改革非実施校においては，複数教員による指導は14校のうち4校であり，他の10校においては担任教師或いは進学担当者のどちらかによる指導が行われている。改革実施校の方が複数教員による指導体制を展開しているものの，20校のうち18校が担任教師を指導主体とした体制であり，先行研究で指摘された進学指導を兼務として行っている様子が今回の調査においても同様に見られる。指導の際にすべての調査校が大学と連携しており，入学選抜に関する情報提供や推薦入学，出前授業などの連携が行われている。

以上，調査校における進学予備教育及び指導の実施状況の概観から，改革実施校において進学に係る教育活動及び指導の在り方に変化が生じていることが明らかになった。以下では，分析枠組みで設定した二つの属性が進学予備教育・指導の在り方にどのように影響しているかについて検討するため，改革実施校のうち，設置コースやカリキュラム編成，指導体制に特徴を持つA，B，Cの3校を事例として取り上げる。A校とC校は専修学校が運営主体であるため専修学校専門課程，B校は大学が運営主体であるが運営において独立されており，各種学校正規課程に位置づけられている。B校の事例は進学コースから脱して総合コースに変更している特殊な事例であり，コース変更による進学予備教育及び指導の在り方に注目した。学生構成としては，A校は中国人学生主体であり，B校は台湾人学生主体，C校は中国人とベトナム人学生主体（2014年調査時点）と主要な留学生出身国に対応している。進学先としては主に大学・大学院進学2校，専門学校進学1校である。

5　事例校の分析

(1) 進学予備教育及び指導体制をめぐる改革の概要

(a) A校の体制改革

　A校は1989年に専門学校の中に日本語学校を開設し，日本語に限った教育を実施した。予備校を展開しているA校は「留学生の志望大学合格を実現させるためにサポートを通してなりたい自分を支援する」という教育方針を持っており，進学を希望する留学生の支援を目的としていたが，2005年までは進学に必要な専門科目はあくまで補助的に実施する体制であった。しかし，2008年以後，中国人留学生の進学に関する認識変化や外部環境の変化による受入れ国の変化に対応して従来の日本語能力レベル別の編成から，主に中国人学生のニーズに合わせて目標進学先別のコースに編成し，コース別のカリキュラムデザインを行った。

　　　中国人の学生のなかにも偏差値が馴染みこんで，できれば国公立に行きたい，有名な私立大学に入りたいというニーズが高まりました。そうなると，今までの授業では対応できないのでその後，国公立コースや有名私立大学コースができました。……単なる日本語学校だった本校は留学生のニーズもあって，留学生予備校に移っています。（2015年1月22日，進学担当者）

　さらにクラス担任制による従来の進学指導体制に加え，進学指導部門を設置して進学指導担当者と担任，教務主任という複数教員による組織的な進学体制を構築した。A校の体制改革は，学校運営者の教育方針と在籍者のニーズがマッチしたことにより，従来の日本語を教える日本語学校から，日本語を用いて留学生を進学させるという進学予備教育の機能を強化していることが言える。

(b) B校の体制改革

　B校は1969年に日本語教育を開始し，「日本理解を通して，より良い国際社会を築く人材を育成する」という教育方針を持ち，1980年に日本語専修コースを設置して台湾，タイからの留学生を受け入れていたが，1987年より，中国からの留学生が急激に増え，彼らのニーズから進学予備教育を施した。また，1997年からは，美術大学の進学予備教育を実施した。しかし，2012年に進学コースの体制から，総合的な力を養うために総合日本語を中心に学生の興味関心に合わせて自由に選択できる教育体制へと編成し，一方では，美術進学クラスを見直し，美術に係る専門学校及び大学との連携を強化した。

　　　近年，留学生や外国人の増加により様々な働きが日本語学校に求められるのに，進学に集中して他の機能ができにくい……中略……別に進学コースを設けなくても進学指導は対応ができるので，進学コースを残さず一般コースに変更しました。進学コースを運営していた時，ある学生はEJUの点数は高いです。でも，自分の考えをまともに話せないし，書かせても理論的に

書けないですよ。本当に進学を考えるならば，進学のための日本語教育ではなくて総合的な力を上げるべきです。(2014年7月17日，校長)

B校における体制改革は，学生のニーズにより，進学予備教育を実施していたものの，コース運営者の教育方針と進学教育の在り方に関する問題意識が強く影響したことにより，進学コースから総合コースに変更した。さらに，受入れの主な対象国である台湾や欧米の学生は以前に比べて大学に進学する学生が著しく減って，むしろ専門学校の進学者が増えていると指摘しており，学生の国籍によっても進学のニーズや在り方等その変化の多様性が見られることが示された。

(c) C校の体制改革

C校は2001年に専門学校として始まり，2003年に本校への内部進学を促す目的として日本語学科を増設した。C校は日本語学校でありながら専門学校であるため，海外から直接入学する留学生を対象にしたコースとC校やそれ以外の日本語学校から入学するコースがある。「進学後に役立つ日本語力の育成に加え，安心・信頼・尊敬される人材育成を目指す」という大学への進学を希望する学生を主な対象にした教育方針を持っている。

学生のそれぞれの目的が違うので，実際の状況としてはあらゆるニーズに対応していかないと，偏った学生を受入れるだけでは学校の運営ができないので，大学や大学院の進学や就職，ただの日本語学習など，ニーズに合わせています。(2015年5月，日本語学科・学科長)

C校の教育改革の動機は，2010年以後，中国人留学生の進学意識の変化，入学定員を確保するためのベトナム市場の開拓により，多様な学生のニーズが生じたことである。進学のニーズが明らかに異なる中国人とベトナム人留学生に応じて，ベトナム人学生には主に日本語能力を身に付けさせ，中国人学生には希望する大学や大学院に入れる能力を身に付けさせる方針を取る。C校においては，教育方針と学生のニーズが同様に影響した結果，進学予備教育における改革を行ったことが考えられる。

(2) 進学に関する教育活動の取組み

(a) 進学予備教育の取組み

進学に係る教育活動において，各進学先が求める日本語能力及び基礎学力に備えるための進学予備教育の在り方は重要な位置を占めており，受け入れた留学生が志望する進学先に進むことができるように，適切な進学予備教育の支援が必要とされる。

表3が示すコース編成では，A校とC校は進学に重点を置き，目標とする進学先別にコースを設けており，B校は進学を総合コースの一部分として編成している。カリキュラム編成では，事例校別に開講する授業の内容の差はあるが，試験対策授業としての進学予備教育と進学後に備えたキャリア教育が区別されて実施されている。中国人留学生を主な受入れ主体とするA校，C校は，国公

表3　各事例校の進学予備教育の取組み

区分		A校	B校	C校
コース		・東大・京大・阪大進学コース ・国公立進学コース ・大学院進学コース ・一般進学コース	・総合コース	日本語学科 ・進学コース グローバル教養学科 ・国公立大学・大学院進学コース ・有名私立大学・大学院進学コース
カリキュラム	進学予備教育 （入学試験に必要な能力を身に付けることを目的とする。）	・JLPT, EJU ・作文 ・数学Ⅰ・Ⅱ, 物理, 生物, 化学 ・総合科目 ・TOEFL 英語	・必須選択科目 EJU, JLPT	・EJU, JLPT ・総合科目 ・数学Ⅰ・Ⅱ, 物理, 化学, 英語
	キャリア教育 （進学後に必要とされる能力を身に付けることを目的とする。）	・アカデミックコミュニケーション （面接能力やプレゼン能力を養う。） ・進学ゼミナール	・選択科目 京都文化Ⅰ・Ⅱ 日本語と新聞Ⅰ・Ⅱ 美術デザインクラス ・特別活動 大学及専門学校と連携プロジェクト	・アカデミックジャパニーズ 調査, 発表, ノートテイク, 要約

立大学や有名私立大学の試験に備えた基礎学力試験対策に重点をおいた科目編成を行いつつ，進学後に必要な運用能力をキャリア教育に配置している。B校においては，総合的運用能力を高めるという教育方針に基づいて，試験対策授業よりキャリア教育に重点をおいて科目編成が行われており，特に美術系進学という一つの分野に特化した予備教育を強化している。

　　午後からは日本語以外の授業にしています。英語も3段階に分けて開講しています。……中略……先生は日本人の予備校生に教えているベテランの先生です。日本留学試験の点数がすべてですから，留学試験対策を中心にした授業です。（A校）

　　本校の強みを生かして大学に入って大学の授業を理解するだけではなく，自分から発信していくことができる総合教育を行っています。美術・デザインへの進学を希望する人に特化していることが特徴です。（B校）

　　午後からは日本語以外の科目を開講しています。希望する人を対象に行っています。日本人が担当していますが場合によっては中国人講師がする場合もあります。授業料は無料ですがその代わりに午後の授業も出席率に入れて評価します。（C校）

　A校は予備校運営のノウハウや資源を留学生進学予備教育に活かし，B校は美術進学教育を行った経験を活かして進学予備教育に取り組んでいる。他方，日本語学校の設置年数が比較的短いC校においては，外部講師の活用に依存している。すなわち，各事例校における進学予備教育の取組みにおいて，各校が持つ強みや資源を活用することによって進学予備教育に多様な取組みが行われて

表4　各日本語学校の進学指導の概要

区分	A校	B校	C校
指導体制	・国際進学事業部 　－進学支援室 　　進学情報のデータ化 　・蓄積・提示 　－メンタリング支援室 ・担任制度	・一般進学： 　専任教員＋担任教師 ・美術進学： 　外部専門教員＋担任教師	・学部進学： 　二人の担任教師 ・大学院進学： 　専門進学指導者
指導主体	担任教師＋進学担当者	担任教師＋専任教員 ＋連携大学の専門教員	担任教師＋進学担当者
指導形態及び内容	・集団指導： 　進学の日程情報提供 ・クラス指導： 　各大学の偏差値提示 　合格に必要な得点の提示 ・個別指導： 　希望進学先相談 　必要な情報提示 　大学各自の試験指導	・クラス指導： 　美術進学に必要な知識や技術の指導 ・個人指導： 　希望進学先相談 　必要な情報提示	・集団指導： 　進学の日程情報提供 ・クラス指導： 　進学希望先の決定 　進学先別の資料提供 　希望進学先の情報提示 ・個人指導： 　大学院の進学指導

いると言える。

(b) 進学指導の取組み

　3校共に担任教師による指導体制に加え，学生一人一人に応じた指導を強化するために複数指導者による組織的な体制を構築している。表4の通り，A校は国際進学事業部を設け，その中に進学支援とメンタリング支援に分けて展開している。主に進学支援室では，進学に必要なすべての情報を蓄積し，学生に発信することによって進学への意識や関心を高める。B校は一般進学と美術進学ごとに指導体制が異なり，特に美術進学を指導する際には，連携大学の教員による美術専門領域の指導がされている。C校では，学部進学と大学院進学に分け，専門領域の知識を要する大学院進学においては専門進学担当者による指導が行われている。これらの組織化された指導体制は，進学の際に必要となる情報提供を豊かにすると同時に，特定分野の専門知識を有する指導者の存在により，担任教員の経験や知識で対応できない部分を補うことが可能となる。

　事例3校から，集団指導，クラス指導，個人指導という3つの指導形態が見られ，その内容としては，「志望大学の選定から入試までの指導」，「進学先の試験内容に関する指導」，「受験勉強の仕方に関する指導」と3つの領域に大別される。集団指導では進学に関する普遍的なガイダンスが実施され，クラス指導では同じ進学先を目標としている学生に進学先別の情報が提示される。個人指導では個々人の進路相談をはじめ，進学先の設定や志望大学の情報，面接対策など学生一人一人に応じた指導が行われている。3つのタイプの指導形態が有機的に連携しながら，留学生の進学意識を向上させるために働きかけている様子がうかがえる。

　内部進学制度がない日本語学校において，学校が進学に対してどのような対応をするかによって，進学に大きな影響を与える。そのため，日本語学校の留学生が進路を選択する際に様々なサポート源を有効に活用するため，進路担当者の確保や学内のシステムの整備が必要である（京，2012，村越，

表5　各事例校における活用資源

項目		A校	B校	C校
機関	大学院	・地方の国公立大学院の入学の連携	・なし	・なし
	大学	・指定校推薦 ・大阪府内の国公立大学の独自の説明会 ・大学教師による入試説明会 ・体験授業	・指定校推薦 ・美術大学と連携 ・専門学校の教師による定期的な授業	・指定校推薦 ・面接試験の講義 ・進学説明会
	専門学校	・指定校推薦	・指定校推薦 ・専門学校の教師による定期的な授業	・指定校推薦
	日本語学校	・なし	・学生の質を保つための情報提供	・ベトナム人留学生を対象にした教材の共有
人材	外部教師	・EJU の基礎科目と英語：予備校の熟練された教師	・連携大学・専門学校の教師	・EJU 基礎科目の担当教師
情報	進学先	・EJU の合格点 ・各大学の試験内容：特に国公立大学での英語試験有無	・主に美術大学の入試内容	・各大学の資料
	試験	・EJU の過去問題 ・各大学の試験問題 ・各大学の面接問題	・なし	・EJU 及び JLPT の問題 ・J・TEST の問題 ・各大学の入試問題

2012)。つまり，各事例校も同様に，留学生の進学において進学指導者や指導体制の在り方が大きく左右すると考え，体系的な進学指導体制の強化が見られる。

(c) 進学に関する教育活動における活用資源

各事例校が進学予備教育及び指導を実施する際に活用する主な資源としては，①機関，②人材，③情報に分けられる (表5)。3校共に主に活用する機関は大学であるが，A校はそれに加えて大学院，B校は専門学校の活用が進んでいる。A校は，府内の国公立大学による独自の説明会や大学教員による大学入試説明会といった認知度の高い大学への進学に関わる情報共有の連携が見られる。B校は，外部講師による座談会や大学・専門学校教員による特別授業など，進学後の勉学に関する理解を深める連携が主になされ，それに加えて美術系の専門学校や大学の連携による推薦入学や専門教員による講義提携も進んでいる。

C校は，連携大学の教員による講義や大学訪問ツアーによる講義への参加，説明会などが展開されている。

3校共，大学と専門学校との指定校推薦入学が活用されている。しかし，A校とC校では推薦による積極的な募集を行う大学側のニーズと志望する中国人留学生側のニーズにズレがあり，学部進学において推薦入学がうまく機能しない様子がうかがえる。

　　　進学指導が浸透する前には指定校推薦で能力のある学生がとんでもないレベルの低い大学に入学することがありました。先願で縛りがあるため，合格すると仕方なく入学するしかなかっ

たみたいです。3年前からはレベルの低い大学との指定推薦はなくなりました。レベルが高いところは，二つぐらいですね。この学校以外の指定校推薦はほとんどなくなりました。(A校)

中国人学生は大学の偏差値やランキングに関する意識が高まり，国公立大学への進学志向が強いです。進学指導において最も困難な点は，推薦入学などの連携を提案する大学は中国人留学生の間で認知度の低い大学が多いので，学部進学においては推薦入学による進学はなかなか難しい状況です。(C校)

人材活用では，A校とC校は，EJU基礎科目，英語分野での活用が著しく，B校では，主に美術進学クラスで活用され，専門領域の意識を要する分野において外部からの人材が活用されている。情報の活用に関しては，主に進学先に関する情報と試験に関する情報に分けられる。特にA校は志望大学に進学するための得点，各大学の試験内容，国公立大学の英語試験の有無を活用しており，その中でも国公立大学の英語試験の有無は中国人留学生の進学を円滑にさせるために工夫された資源である。

特に中国人留学生からは，「日本語と専門科目には自信がある。でも，英語は苦手…英語が上手だったらアメリカに留学した。だから，国公立の大学の中で英語が必要ない大学に受験したい。」声がありました。それで全国の国公立大学の私費留学生の募集要項をしらべてその大学のリストを作りました。(A校)

英語能力を避けて日本に留学した学生にとって英語試験は進学の大きな壁となるため，A校は志願したい進学先のニーズを合わせながら，それらの壁を解決できる進学指導の工夫がなされている。

多くの留学生は絵が上手に描けたら大学に行けると勘違いしています。日本で，美術，特にデザインはコミュニケーションなので，しっかり自分の意図を伝える必要があります。だからEJUで何点を取ることではなく，非言語的なものを言語化して伝える能力を備える必要があります。(B校)

B校では，週3回の授業を通して，美術大学に特化した入学試験の指導が体系的に実施され，日本の美術大学の文化に適応させている。すなわち，各事例校は，日本での進学経験や知識がない留学生を支援するために多様な機関との連携を通して人材，情報を確保し，提供できるように工夫されている。

6　まとめと今後の課題

本論文では，高度外国人材の予備群を高等教育機関へ送り出す役割を果たす日本語学校を対象に

した質問紙及びインタビュー調査から進学予備教育及び指導の現状と特徴及び課題について考察した。

　まず，調査校の実態考察から，学校によって進学予備教育の実施内容や時間に違いが見られた。先行研究と同様に日本語教育を兼ねながら進学指導を行っている状況に加えて学校によって指導者のばらつきなどの課題が浮かび上がり，日本の高等教育機関に進学する際に重要である進学予備教育の質を保証し，向上するためにその基準及び枠組みの検討が必要とされる。また，近年著しく増加しているベトナム人留学生の日本語能力が高くない状況から，進学予備教育を受講する学生が減少しており，渡日前に母国での日本語教育や非漢字圏学習者を対象にする日本語学習の情報蓄積の充実がより求められる。

　次に各事例校の進学に関する教育活動の改革概要の考察から，それぞれの事例校の運営方針や学生のニーズへの認識の違いがその教育や指導の在り方を規定する大きな要因であることが示された。すなわち，各事例校が自らの教育方針・ミッションをどのように規定し，所属する留学生のニーズをどう認識するかによって，教育活動の在り方が異なっていることが明らかになった。各事例校の教育活動から見られる特徴としては，第一に，進学予備教育の取組みにおいては，試験対策偏重を否定したものではなく，それが持つ課題の改善策として試験対策授業に加え，キャリア教育を開設することにより，進学後に必要な運用能力を養成しようとする点である。第二に，進学指導においては，担任教師に加えて専任教員や進学担当者，外部教員などの複数指導者による進学指導によって，担任教師間の経歴や知識の差による進学指導の課題を改善すると共に学生個々人に応じた指導体制の強化を試みた点である。第三に，学内に限定せずに①機関，②人材，③情報の外部資源を活用することにより，単なる進学指導を超え，小堀（2002）が指摘する留学生が母国とは異なった日本社会や日本の教育制度に順応することができるように支援している点である。

　一方，教育活動における課題としては，近年大学院進学者が増えている中で，活用する資源の考察から大学との連携に比べ，Ａ校を除きＢ校とＣ校では大学院との連携が進んでいない様子がうかがえる。高度外国人材の育成を目的とした留学生受入れの一つの課題として，今後，日本語学校を経由して大学院に入学する経路を円滑にするために日本語学校と大学院の連携に関する方策が求められる。また，指定校推薦の活用に関するＡ校とＣ校の事例から，中国人学生において大学側と学生側の志望のズレによって指定校推薦が有効に機能していない実態が浮かび上がった。日本語学校に在籍する有能な人材を積極的に受け入れるために私立大学に限定せず，国公立大学における指定校推薦制度の在り方の検討が必要とされる。さらに，本研究の事例から日本語学校の進学に関する教育活動が各校の教育方針やミッション，受け入れた留学生のニーズによって多様化していることが明らかになった。しかし，日本語学校の全体を把握できるのは法務省による告示校のみであり，2010年の事業仕分けによって法務省及び文部科学省が一時的に日本語学校の設置に関する審査・認定を行っているものの，多様化している日本語教育機関の情報を体系的に海外に発信する機関が不在である。それによって海外からは，進学予備教育の多様化された中身に接することができず，留学目的に必要な教育を受けることが困難になる可能性もあると考えられる。海外からの留学志願者がニーズに合わせて必要とする授業を提供する日本語学校を選択することによって，次のステップ

に円滑に進めることができるだろう。今後日本語学校の多様な在り方を体系的に海外に発信するため，行政上において日本語学校の管轄機関の明確化が求められる。

　本研究では，改革を実施した日本語学校に絞って詳細な分析を行っており，改革非実施校については全体的な状況分析にとどまっている。また，対象は大阪府と京都府に限定されており，本研究で得られた知見をもとにすべての日本語学校について議論することはできない。改革非実施校においてはどのような進学教育活動の取組みが行われ，改革をしていない背景にどのような要因が影響しているかについては，今後これらに対象を拡大した事例研究を重ねることで明らかにしていきたい。

*1　法務省入局管理局，2016年11月，「留学生の適正・円滑な受入れについて」(http://www.nkg.or.jp/wp/wp-content/uploads/2017/02/161108-5.pdf，2017年11月11日アクセス)
*2　日本の大学（学部）等に入学を希望する者について，日本語能力及び基礎学力の評価を行う試験であり，受験科目は日本語，数学Ⅰ・Ⅱ，総合科目，物理，化学，生物である。
*3　日本経済新聞2017年10月27日「語学学校の留学生急増——日系企業の需要高まる」
*4　日本経済新聞2017年8月26日「難民対策に新たな選択肢——シリアからの留学生受入れ本格化」，同年6月30日「中国eラーニング日本進出——日本留学を支援，最大手フージャン」
*5　「平成27年における留学生の日本企業等への就職状況について」，法務省入国管理局，平成28年10月 (http://www.moj.go.jp/nyuukokukanri/kouhou/nyuukokukanri07_00111.html，2017年9月20日アクセス)
*6　公益財団法人日本国際教育支援協会と独立行政法人国際交流基金が主催の，日本語を母語としない人を対象に日本語能力を認定する検定試験である。
*7　非営利の任意団体「日進研」は，「日本語学校進路指導研究会」の略称である。(http://www.shoei-data.co.jp/nisshinken/，2017年11月5日アクセス)

《参考文献》
- 市嶋典子・長嶺倫子，2008「『進学動機の自覚を促す』日本語教育実践の意義——レポート分析とエピソード・インタビューを基に」『日本語教育論集』24号，国立国語研究所，65～79頁
- 伊能裕晃，2004「日本語学校における就学生支援——必要となる認識，活動，組織についての提言」『留学生教育』9号，169～180頁
- 邱 焱・久保隆夫，2008「中国人就学生のサポート源についての検討——日本語学校に焦点を当てて」『留学生教育』13号，51～61頁
- 小堀郁夫，2002「外国人留学生と日本語教育——私費留学生の場合」『明海日本語』7号，1～10頁
- 財団法人日本語教育振興協会，2004「平成16年度第1回日本留学試験に関する調査分析」23～45頁
- 財団法人日本語教育振興協会，2010「日本語教育機関要覧」313～359頁
- 佐々木隆生，2009「日本の大学入学者選抜と留学生入学選考」『留学交流』21巻6号，2～5頁
- 栖原暁，2010「『留学生30万人計画』の意味と課題」『移民政策研究』2号，7～19頁
- 田中均，2006「進学指導の課題と高大連携の展開について——アドミッション・ポリシーの経営方策」『大学教育』3号，119～132頁
- 西原純子，2005「日本語学校における日本語教育の現状と課題——京都日本語学校の実践を通して」『留学交流』17巻3号，18～21頁
- 林部一二，1979「国際学友会における大学進学教育」『厚生補導』153号，22～28頁
- 京祥太郎，2012「外国人留学生のための進学指導用教材の開発についての研究」『愛知産業大学短期大学紀要』24号，83～102頁
- 村越彩，2012「日本語学校に通う学生が活用している進路サポート源と理想とする教師」『お茶の水女子大学人

文科学研究』8号，133～145頁
- 横田雅弘，2012「日本における留学生受入れの現状と展望」『学術の動向』17巻2号，74～82頁
- 財団法人日本語教育振興協会HP内，2016「平成28年日本語教育機関実態調査」（www.nisshinkyo.org/article/pdf/overview05.pdf，2017年9月20日アクセス）
- 独立行政法人日本学生支援機構HP内，2016「平成28年度外国人留学生在籍状況調査等について」（https://www.jasso.go.jp/about/statistics/intl_student/data2016.html，2017年9月16日アクセス）
- 独立行政法人日本学生支援機構HP内，2017「入学試験に日本留学試験（EJU）を利用している学校（利用校）」（https://www.jasso.go.jp/ryugaku/study_j/eju/examinee/use/index.html，2017年9月17日アクセス）
- 法務省HP内，2017「出入国管理及び難民認定法第七条第一項第二号の基準を定める省令の留学の在留資格に係る基準の規定に基づき日本語教育 機関等を定める件（平成二年法務省告示第百四十五号）」（http://www.moj.go.jp/content/000107266.pdf，2017年11月9日アクセス）
- 文部科学省HP内，2017「平成29年度日本語教育機関における外国人留学生への教育の実施状況の公表について」（http://www.mext.go.jp/a_menu/koutou/ryugaku/1382482.htm，2017年11月10日アクセス）

A Case Study of the Japanese Language Schools Supporting High-Level Foreign Human Resources Development:
A Focus on Preparatory Education and Guidance for University Entrance

MOON Juhee *Nagoya University*

Key words: Japanese language institutions, preparatory education, high-level foreign human resources development

In order to strategically obtain high-level human resources from overseas, Japan implemented the "300,000 International Students Plan" in 2008. "The 300,000 Plan" promotes the settlement of international students with a comprehensive acceptance system that supports them from the time before they enter Japan through their domestic job search after graduation.

In order to reform the complicated college entrance examinations and enrollment procedures, the Japanese government implemented a new system of examination and admission, but these changes were largely unsuccessful. The new type of exam, rather, has become more important for Japanese language school students and has greatly influenced the methods of preparatory education for entrance into Japanese universities. This study investigates the details and problems of the present conditions of Japanese language schools from the viewpoint of preparatory education and enrollment guidance supporters. The findings suggest that there is a demand for more customized support for individual needs of international students at Japanese language schools that provides detailed guidance for moving on to higher levels of education. However, general information regarding Japanese schools' overseas programs is limited to "Kokuji" by the Ministry of Justice. There remains a challenge with respect to the dissemination of information on a variety of preparatory education and enrollment guidelines concerning Japanese language schools and their overseas programs.

投稿論文

日本企業における外国人高度人材の採用・配置・人材育成

福嶋 美佐子　法政大学大学院研究生

キーワード：外国人高度人材，日本企業，人材の定着

　労働人口の減少かつ企業の国際的な事業展開において，外国人高度人材を増やすためには，日本企業はどのような人材を採用し，配置・育成をすべきだろうか。日本の大学や大学院で学ぶ留学生を採用し育成する日本企業，関連省庁，大学，留学生就職支援企業，ならびに日本の大学や大学院を卒業（修了）して日本企業で働く外国籍従業員から聴き取り，外国籍従業員の採用・配置・育成のモデルを導出することは，今後の日本の外国人高度人材政策を考える上で意義があると思われる。

　外国人留学生を採用する日本企業には，留学生を特別枠で採用し管理するタイプと彼／彼女らを日本人と全く同じように扱うタイプだけでなく，特別枠を作ることはしないが柔軟な対応[*1]をしながら採用・配置・育成をする3タイプが見られた。長期雇用を前提とした日本的人材育成の戦略に基づく第3のタイプでは，外国人留学生を一定数採用でき，定着率も安定していた。定着率は，キャリア・パスの提示とインフォーマルなネットワークでの情報共有によって高まると推察される。

1　はじめに

　労働人口減少と企業の国際的な事業展開が同時進行する中，優秀な人材の確保は必至である。日本に限らず同様の問題を抱える先進諸外国は，既に優秀な人材を積極的に世界中から集め始めており，「The Global Competition for Talent（才能をめぐるグローバル競争）[*2]」と呼ばれる（OECD, 2008）。ところが，高等教育修了者の日本への移住率は，経済開発協力機構（Organisation for Economic Co-operation and Development, OECD）諸国の中でも際立って低く，日本は世界的な人材獲得競争から取り残されていると言っても過言ではない。

　このような状況において，「外国人高度人材を増やすには，長期雇用に基づいた日本企業の採用・育成方法を変えるべき」という考え方が生まれてきている。しかし，外国人高度人材を増やすために，日本の長期雇用に基づいた採用・配置・育成の特長[*3]を変えるべきという指摘が，日本企業にとって最適だろうか。ドラスティックに変えずとも外国籍従業員を定着させることは可能ではないだろうか。そこで本研究では，外国籍従業員が定着するためには，企業にどのような働きかけが求

められるかを明らかにすることを目的とし，日本の大学や大学院で学ぶ留学生を採用し，育成する日本企業担当者 15 名，関連省庁担当者 3 名，大学担当者 3 名，留学生就職支援企業担当者 2 名を聴取調査した。また，被雇用側として日本の大学や大学院を卒業（修了）し日本企業で働く外国籍従業員 38 名から，企業の取組に対する意識を聴き取った。福嶋（2016）の探索的調査研究[*4] を基に，外国籍従業員が満足し定着している企業とそうではない企業に差が見られた結果を分析し，外国籍従業員の採用・配置・育成のモデルの導出を試みる。

2　論文の構成・用語の定義・研究対象

(1)　論文の構成

第 1 に，「日本的人材育成の特長」と「外国人高度人材」に関する先行研究を概観し，従来の研究と本研究の視点の違いを明らかにする。第 2 に，データ収集を行った調査結果を示す。第 3 に，分析に基づき外国籍従業員の採用・配置・育成モデルを導出する。

(2)　用語の定義：「外国人高度人材」・「外国人留学生」

高度人材に関する定義は必ずしも確立されていない。本稿では，就労が認められている 18 種類の在留資格のうち，「技術・人文知識・国際業務」を発給され，大学卒業以上の資格を有する者を「外国人高度人材」と定義する。本研究の対象者は，「日本の大学や大学院を卒業（修了）し，日本企業に就職した者」であり，通常，彼／彼女らに付与される在留資格は，「技術・人文知識・国際業務」のためである[*5]。

留学生に対するとらえ方も様々である。例えば，日本学生支援機構では，「出入国管理及び難民認定法別表第 1 に定める『留学』の在留資格により，我が国の大学（大学院を含む），短期大学，高等専門学校，専修学校（専門課程），我が国の大学に入学するための準備教育課程を設置する教育施設及び日本語教育機関において教育を受ける外国人学生」と定義して調査を行っている（日本学生支援機構, 2017）。2010 年まで日本語学校で学ぶ者は「就学生」であり「留学生」と区別されていたが，同年 7 月以降は一本化され，留学生の在留資格を持つ者を「留学生」としている。だが本稿では区分し，勉学を目的として国境を越えて日本の大学あるいは大学院で学ぶ外国人学生に限って「留学生」と定義する。

(3)　研究対象

2016 年 12 月における「技術・人文知識・国際業務」の在留資格者は，16 万 1124 人である（法務省, 2016）。このうち，日本の大学や大学院を卒業（修了）し，日本企業に就職した者が研究対象となる[*6]。

3　先行研究の検討

(1) 日本的人材育成に対する批判の先行研究と課題

　本研究は，日本企業が外国人高度人材を雇用し育成する際にも，日本的人材育成の特長を活用することは可能と考える。そこで日本的人材育成の特長をまとめ，批判する先行研究との違いを明確にする。

(a) 日本的人材育成の特長の先行研究

　小池（1991, 1993, 2002, 2005）の研究によると，多くの日本の大企業における人材育成の特長は，次のようにまとめることができる。
　　①大卒ホワイトカラーは一括採用され，幹部候補生の別枠採用はほとんど見られない。
　　②企業の成長段階によるところもあるが，多くは新卒採用である。
　　③採用時からの早期選抜はほとんど見られない。
　　④長期に亘るリーグ戦の後，トーナメント戦へ進む遅い選抜である。
　　⑤キャリアの初期の段階で，現場を経験させる。
　　⑥ジョブ・ローテーションはランダムではなく，「幅広い一職能型」となるよう設計されている。
　そして，これらは
　　⑦長期雇用を前提としている。

　日本的人材育成の特長は，他の国際比較研究からも明らかにされている。本田（2002）による日本とイギリスのチェーンストアの比較では，日本企業の②新卒採用，③早期選抜なし，⑤初期の現場経験が明らかにされている（本田，2002：121-128）。

　尾川（2006）は，日本の製薬会社の研究者のキャリア追跡を通じて，⑥幅広い一職能型を見出している。入社後に一貫して薬理部門やその中の特定分野に固定して所属しているわけではないが，ランダムに異動が行われているわけでもなく，長期的に従事したテーマで特定部門の深い専門知識と技術を習得し，その後他の部門でそのテーマのリーダーに就くようになされている（尾川，2006：76-91）。

　小池は，このような関連の深い小領域間の相乗的な相互作用のことを「重層的効果」と呼び，ある小領域の経験が他の小領域の仕事遂行能力に大きく寄与すると見ている。専門の中での幅広い領域を経験することで，需要や景気，長期の構造変動，更には技術や製品の変化によって生じる多様性と変動に対応することもできるからである（小池，1991：14-18；小池，1993：147-150；小池，2005：64-66）。

　日本企業の遅い選抜は，④長期のリーグ戦の後，選抜された者によるトーナメント戦を採用していることを意味する。猪木（2002）によると，早すぎる選抜は判断を誤る可能性があるだけでなく，選抜された者のその後の働く意欲を喪失させ，選抜されなかった者の意欲をも喪失させる可能性がある（猪木，2002：41）。

(b) 日本的人材育成に対する批判と課題

八代（1997）は，日本的雇用慣行の特徴[*7]として，①長期的な雇用関係（終身雇用），②年齢や勤続年数に比例して高まる賃金体系（年功賃金），③企業別に組織された労働組合を挙げ，雇用者の技能形成のカギを握る企業内訓練を効率的に行うための経済合理的システムと評しながらも，現代においてはそぐわないと論じている（八代，1997：i）。

日本企業は，企業内訓練を重視し，未熟練の新卒労働者を定期的に異なる職種・職場へと配置転換させることで，長期的に企業内の多様な業務に対応できる熟練労働者に育成するシステムを採用する。しかし，経済の低成長期においては，頻繁な配置転換は過剰な投資となり，コストが嵩む。また，小池（1994）が指摘する通り，企業内訓練を通じた遅い昇進に基づく長期の見えにくい競争は高度な技能を形成するシステムであるが，八代（2015）は出世のための長時間労働と批判し，限られたポストを多くの従業員が目指すより，早期に選別され外部から幹部が登用される可能性が大きい欧米型の早い昇進の方が，多くの従業員にとって公平な仕組みと指摘する（八代，2015：40-44，63-67）。

しかし，本研究では，長期雇用に基づく企業内での人材育成を時代遅れとは考えない。まず，配置転換はランダムではなく，幅広い一職能型に設計されていることより，無駄なコストと断言できないからである。早期選抜によって，専門性を守りながら多くの部署での経験を通じてスキルを高めることができるのは必要最小限の人材のみとなり，コストは抑えられるかもしれない。しかし，「誰が玉で誰が石なのかは時代によって異なる[*8]」上，大学での専門分野を問わず新卒採用を行う日本企業において，早期選抜自体にリスクが内在する。

(2) 外国人高度人材の先行研究と課題

外国人高度人材の研究を採り上げ，日本的人材育成の特長と関連付けながら，本研究との違いを明確化する。経済産業省への聴取調査において，政府が外国人高度人材受け入れを進める理由がイノベーションとダイバーシティ・マネジメントであったことより，本稿ではこの2点に絞る。

(a) イノベーションのための外国人高度人材の先行研究と課題

村上（2015）は，シュンペーター（Schumpeter, 1928）の「新結合[*9]」の発想をベースに，ドラッカー（Drucker, 1985）の包括的アイディアを取り入れて，イノベーションを「知識，技術，資源などを能力，スキルを活用して新たに結合し，新しい経済的・社会的価値を創出するための営み（村上，2015：16）」と定義する。その上で，高度人材の国際移動がイノベーションに与える効果を論理的・実証的に考察し，人材の国際移動によるイノベーションが，長期に亘る停滞を経験している日本経済が不確実性を超えて発展していくためのひとつの処方箋であると強調している。しかし，外国人高度人材を雇用する日本の組織は，採用する外国人に外国人ならではの能力や知識を求めると同時に，日本的雇用慣行と働き方への適合を求めるがゆえに，外国人高度人材には受け入れられず，外国人雇用の足かせになっていると指摘する。その上で，職務を限定しない「就社」から，職務や役割を明確にし，個人と企業が雇用契約を行う「職務・役割主義」に転換することを提唱する（村上，

2015：83-89)。

しかし，本研究は異なる立場を取る。なぜなら，日本企業のイノベーション・ランキングは決して低くないからである。例えば，世界経済会議が 12 の指標に基づいた各国の競争力を数値化したところ，日本の競争力は 6 位，指標のひとつであるイノベーションについては 5 位にランクされている (World Economic Forum, 2015：24, 214-215)[10]。当然のことながら，創造性のないところにイノベーションは興らない。イノベーション・ランキング結果は，新しいアイディアを生み出す力と実現させる力が，日本企業には備わっていることを客観的に示していると思われる。従って，外国籍従業員を雇用するのはイノベーションのためではなく，本研究の調査結果からも明らかなように，企業の国際的な事業展開により優秀であれば国籍に関係なく採用し始めたことによると考える[11]。

(b) ダイバーシティ・マネジメントのための外国人高度人材の先行研究と課題

塚﨑 (2008) は，外国人，女性，高齢者のマネジメントを比較，整理した上で，「外国人に特化した採用・募集，キャリア支援は，ダイバーシティ・マネジメントの重要な柱」とし，専門的外国人の雇用についての具体的取組として，①柔軟なキャリア・パスの整備および人事労務管理制度の見直し，②専門的外国人に特化した採用・募集，③積極的なキャリア形成支援，④ワーク・ライフ・バランスの実現，⑤日本社会・企業への適応を促進するための対応策，を提言している (塚﨑, 2008：264-266)。その前提として，日本においては職業キャリアの主体が個人ではなく組織にあることより「キャリア権」が確立されておらず，エンプロイアビリティを主体的に幅広く高めていきたいと考えるキャリア志向の高い専門的外国人にとって，日本はキャリア・リターンの限界があり魅力的ではないとする (塚﨑, 2008：187-192)。

しかしながら，本研究は，外国人に特化した採用・募集，キャリア支援に疑問を呈する。なぜなら，近年の複数の研究から，組織に貢献するのは能力や経験の多様性に基づいた「タスク型のダイバーシティ」であって，性別や国籍，年齢など，目に見える属性による「デモグラフィー型のダイバーシティ」ではないと示唆されている (Joshi and Roh, 2009；Horwits and Horwits, 2007) ことより，目に見える属性によるダイバーシティを推進しても成果に繋がるとは限らず，能力や経験の多様性に着目して人材を採用することの方が重要と考えられるからである。従って，日本企業の人材育成の特長のひとつである幅広い一職能型の場合は，一職能という軸を持ちながらも様々な部署での経験を経ることで各自が異なるキャリア・パスを描くため，結果として経験の多様性を作り出しているとも言える。

また，職業キャリアの主体が組織にあることが，エンプロイアビリティを高める際の阻害になると言い切ることもできない。前述のとおり，日本企業における配置転換はランダムではなく幅広い一職能型に設計されている。また，本研究の調査結果から明らかなように，日本の大学や大学院で学んだ勤続年数の長い外国籍従業員は，自分が幅広い一職能型として長期的視点で育成されていることを理解している。この相違は，塚﨑 (2008) が，主に外国の大学を卒業した者や企業内転勤で働く外国籍従業員を想定していることとも関連があると思われる。

⑶ 外国籍従業員の先行研究と課題

　最後に，外国籍従業員に対する先行研究と本研究との関係を示す。

　白木（2008）は，企業の事業戦略・人材戦略を事業戦略軸と人材戦略軸から4つの類型に分類し，各々に応じた留学生のキャリア観を示している。事業戦略がグローバルで人材戦略が外部調達型の場合は，日本での短期就労を望むスペシャリストが，グローバルで内部育成型の場合は，日本での短期就労を望むラインが相応しい。一方，事業戦略がドメスティックで人材戦略が外部調達の場合は，日本での長期就労を望むスペシャリストが，ドメスティックで内部育成型の場合は，日本での長期就労を望むラインがマッチングする。この類型と留学生の希望がミスマッチすることにより，留学生は就職をしてもすぐに辞めることになる（白木，2008：2-5）。しかし，本稿では，日本企業の事業自体が国際化し，留学生の母国とは関係なく海外事業を開拓・拡大する時代に入っているため，事業戦略がグローバルで人材育成が内部型の場合も，日本での長期就労を前提としたラインに当てはまるのではないかと考える。

　鈴木（2015）は，入社3年程度の若手外国籍従業員10名に対し，留学生を経て日本企業に文系入社後，配置先の担当業務を学んで職場に適応するプロセスを聴き取った結果，配置先の環境に応じて，「大卒優秀人材としてのギャップ」または「外国人高度人材としてのギャップ」，あるいは双方を感じていることを見出している。前者は，母国のアジア諸国に多いメンバーシップ型[*12]による配置や，キャリアの初期における現場経験に対する抵抗感から生じている。後者は，外国人としての独特の感性や強みを活かせず，日本式に同化するよう求められることによる失望感による。そして，受け入れ企業側の育成・支援体制によって，その後の意欲と適応状況に違いが発生するとしている（鈴木，2015：75-82）。これらを鑑みれば，八代（1997）が主張するとおり日本的人材育成は時代にそぐわなくなってきていると考えられる。しかし，本稿では，勤続年数の長い30〜40代の外国籍従業員も分析対象とすることで，メンバーシップ型の配置やキャリア初期の現場経験を変えずとも育成は可能という結果を導いている。鈴木が対象とした若手従業員が抱えるギャップの解消の一考察ともなり得ることより，本稿は鈴木の研究の補完的な立場も取る。

4　日本企業に対する調査結果と分析

⑴ 調査概要

　日本企業がどのような必要性から雇用し人材育成を進めているかを知ることで，日本における外国人高度人材の経緯と今後の見通しの理解に繋がると考える。また，日本企業と外国人高度人材を支える存在にも着目する。外国人高度人材を，日本経済を支える存在と位置づけ政策の実現に繋げようとしている経済産業省や，外国人留学生が学ぶ機関を管轄する文部科学省も重要である。付随する機関として，大学ならびに外国人留学生採用支援企業も対象とした。更に，日本の大学や大学院を卒業して日本企業で働く外国籍従業員にも聴き取りを行っている（表1）。

表 1　調査概要

調査日	2016 年 6 月 − 2017 年 1 月
調査場所	日本国内（首都圏ならびに関西圏）
調査時間	各 1 時間 − 1 時間 30 分
調査対象者とコンタクト方法	主な質問
A．外国人留学生採用日本企業の担当者・担当役員（15名） ・筆者の知人（経営者または人事・採用担当者） ・筆者の知人が所属する上場企業役員の私的勉強会（メンバー約 30 名）に協力を依頼し、応じてくれた企業の人事・採用担当者	①日本で外国人留学生を採用し始めた時期ときっかけ ②採用し始めてからの採用人数、定着ならびに最も高い役職 ③外国人従業員に求める役割と人材育成プログラム
B．外国人留学生支援省庁（経済産業省・文部科学省）担当者（3名） ・筆者が知人を通じて紹介された担当者	①外国人高度人材を求める理由 ②外国人高度人材予備軍としての留学生に対する期待 ③アジア人財資金構想の「高度専門留学生育成事業」と「高度実践留学生育成事業」に対する評価
C．外国人留学生受入大学担当者（3名） ・スーパーグローバル大学採択校に直接依頼し応じてくれた担当者	①外国人留学生の概要と卒業後の進路 ②大学における外国人留学生のサポート ③スーパーグローバル大学への対応
D．外国人留学生就職支援企業経営者（2名） ・外国人留学生支援省庁担当者および外国人留学生受入大学担当者に紹介された経営者	①外国人留学生を採用する企業の特徴 ②日本企業が求める外国人留学生の能力 ③経済産業省ならびに大学の取組に対する感想
E．日本の大学・大学院を卒業（修了）した外国籍従業員（38 名） ・筆者の知人 ・筆者の知人の紹介に応じてくれた従業員 ・AまたはDの企業による紹介に応じてくれた従業員	①日本への留学のきっかけ ②日本での就職を決めた理由と就職活動 ③現在の生活と今後の予定

出典：筆者作成

(2)　外国人留学生雇用企業の分析

(a)　企業の経験「過去の失敗から何を学んだのか」

調査対象の企業が現在に至るまでに失敗を重ねた理由と、どのように克服したかを整理する。

①企業の失敗

まず、採用基準が語学力に偏っているケースで失敗が見られた。例えばL社（電気機器・上場）では、1985 年頃からアイビー・リーグを卒業した日本語ができる外国人学生を 10 名ずつ新卒採用し、日本の本社に配置した。20 年でおよそ 200 名を採用したものの、現在でも在籍しているのは数名である。同社が、日本語ができることと日本を知っていることの違いに気づかずに採用し、入社時に初めて来日した外国籍従業員が受けるカルチャーショックに対応することができなかったからと見られる。また、日本語能力のみに着目し、通訳としての役割だけを期待したことより、大学や大学院での専攻を全く活かせない企業に対して、彼／彼女らが落胆したと思われる[*13]。

次に、日本では一般的なキャリアの初期における現場配置は、出身国によってはプライドを傷つけ、退職に繋がっていた。その結果、N社（小売・上場）では、中国へ赴いて中国人学生を不定期に

採用していたが，当時の従業員の半数が退職してしまった。

　更に，欧米系の企業に比べ昇進が遅いことを焦り，退職するケースも散見された。例えばA社（化学・上場）では，中国の超一流大学を卒業後，日本の有名私立大学大学院（英語で学位取得コース）を経て入社した韓国人従業員に大きな期待を寄せていたが4年目に辞めてしまい，「○○（退職した従業員の名前）の悲劇」として社内で語り継がれている。しかし，後述するが，昇進の遅さというよりは，人事システムを説明できず誤解を抱かせてしまったことが要因だったとA社では分析している。

②企業の克服

　失敗した企業が変えた点と，企業が外国籍従業員を変えた点がある。前者は，採用対象をそれまでの外国の大学を卒業した外国人学生から，日本にいる外国人留学生へシフトさせたことが挙げられる。外国人留学生を採用するメリットは，既に日本の生活に馴染んでいるだけでなく，日本で採用活動を行えることによる企業の費用や手間の軽減である。

　採用のターゲットを外国人留学生にシフトさせることは，企業が変わるのではなく，外国籍従業員に適応を求めることにも繋がっている。日本の外国人留学生を対象とすることで，外国籍従業員のための特別枠をなくし日本人と同じように採用でき，中長期的戦略に基づく配置，育成が可能になる。

③企業の現状

　留学生採用枠のある企業以外では，「日本人を採用するつもりで募集したところ，外国人留学生も応募してきた。上から順に内定を出したら彼／彼女らも交じっていた」という始まり方のため，明確な戦略があったわけではない。それでも，企業の国際的な事業展開との関連が見られる。40年前は海外売上比率が3％だったが現在では50％を超えるD社（その他製造・上場）のように企業の成長過程で海外進出し幅広い人材を求め始めたり，G社（電気機器・上場）のように自社での必要性は感じていなかったものの取引先に追随しての海外展開で外国籍従業員が不可欠となったりしている[14]。

　日本人とは全く別に採用しているのはC社（サービス・上場），J社（機械・上場），K社（精密機器）のみであり，全く同じように採用しているのはE社（卸売業・上場），F社（情報・通信・上場），H社（情報・通信・上場），M社（サービス），O社（金属製品）であった。残りの7社は，募集要項では「国籍に関係なく採用」と明記しているものの，採用人数の目安や目標値があり，概ね「1割程度」という回答が多い。

　優秀な外国人留学生を企業に紹介する就職支援企業P社に聴き取った際，留学生に求める能力として，①日本語能力（日本語能力テストJ1以上），②英語能力の双方を挙げていた。しかし，聴取調査対象企業は業種が多岐にわたっているが，日本語試験の受験を必須としていた企業はなく，日本語能力は面接の中で見極めているとしていた。それよりも，企業の理念や経営方針の理解，コミュニケーション能力の方が重視されていた。日本語でのコミュニケーションを問われているものの，日本語試験の点数で測っているわけではない。経済同友会所属の企業が，日本人学生の選考で特に重視した点の上位の，コミュニケーション能力，行動力・実行力，性格・人柄（経済同友会，2014）

と一致する。

(b) 守り続けていること

採用対象を外国人留学生へシフトし始めても守り続けていることがあり，外国籍従業員にも遵守させている。

A社（化学・上場）やB社（小売・上場）では，昇格試験を英語でも受験できる体制を整えている。それでも，社内公用語を英語にする予定はない。また，社内公用語を日本語から英語へ，または日本語に英語を加える，と変更したり検討をしたりしている企業は見られなかった。

日本人と同様に雇用することは，長期雇用を前提としている。A社のように，長期雇用を見据えた人材育成を現地法人にも適用しているケースもある。現地法人の人材だけでなく，日本の外国籍従業員に対して企業の姿勢を示している側面もあるという。

国籍に関わらず従業員がその企業に勤続するか否かの鍵は，理念の共有と考える企業は多い。従って，時間をかけても理解を得ようとしている。K社（精密機器）のように，海外を任されている外国籍従業員（生活拠点は日本）が，日本本社の指示ではなく自らの経験に基づき，率先して企業理念を海外拠点に浸透させようとしている事例も見られた。

長期雇用を前提としているが故，ジョブ・ローテーションを通じて人材育成を行い，適材適所を探っている。例えば，K社では，3年ずつ3部門の経験をさせた後，マネジメントを任せるというローテーションを組んでいる。マネージャーとして必要とされる能力を吸収できるように計画され，外国籍従業員も理解している。

また，外国人留学生に対しても新卒一括採用を適用し新人研修を行う結果，同期の仲間ができ，社会人としてのスタートをスムーズにさせている。その結果，長期雇用の中で，同期はヨコのネットワークの構築に繋がると同時に，ライバルにもなる。

(c) 柔軟な対応

外国籍従業員を採用し始めても守り続けていることがある一方，柔軟に対応している点も見受けられる。柔軟な対応とは，予算の計上や，制度の新設や変更といった明示的取組ではなく，次のような個別に配慮していることを示す[*15]。

I社（エネルギー・上場）のように，日本語がある程度できることを前提として採用しながら，入社後に希望者対象とした日本語研修を導入するなど，日本語能力向上の猶予期間を与えている企業もある。日本語も多様な能力のひとつと捉え，入社後における可能性を見通し，成長後に企業に貢献できるかを鑑みての総合的な判断をしていると思われる。

携わっている仕事が企業のどの部分を支え，達成すればどのようなキャリアが拓けるかを示すことで，本人のモチベーションを保ち，最大限のパフォーマンスを引き出すことができると考えている。しかし，各自が異なるキャリアをたどる幅広い一職能型のため，具体的に示すことは難しく，退職まで年功序列が続くわけではないことや，現場経験をさせる理由の説明など，企業の人材育成方針を理解させるものである。「○○の悲劇」を経験したA社（化学・上場）では，管理職以降の昇

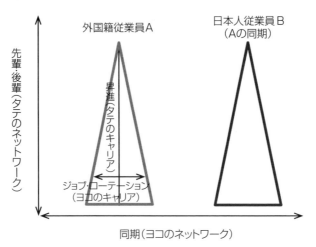

図1 外国籍従業員のキャリアとネットワーク
出典：筆者作成

格や昇進は年功序列ではなくジョブ・ベースになることなど，外国籍従業員が誤解しがちな点を丁寧に説明することに努めた結果，早期での退職を回避できるようになった。また，定期採用を始める前は外国籍従業員の半数が辞めていたN社（小売・上場）では，初期の現場配置は人材育成の一環であることを知らせるようにした。同社では，1期生の中から主任が出始め，中国との提携業務や，それに伴う記者発表で活躍するなど，ロールモデルができつつあることも外国籍従業員に安心を与えている。

日本人とは別に採用し別に育成している2社以外では，外国籍従業員を日本人従業員と同じように採用していることより，配置でも日本人従業員と区別することはないとの回答であった。しかし，総合職採用のため本人の希望に沿わないこともあるとしながらも，B社（小売・上場）のように，能力を活かせる場所へ集中させている企業が多く見られた。各日本人従業員の適性が異なるように，外国籍従業員にも適性に応じた配置をしたと考えれば，配置先の偏りもあり得る。

同期入社従業員がヨコのネットワークだとすれば，外国籍従業員の集まりはタテのネットワークと言える。双方が備わることで，組織における人脈が豊かになり，外国籍従業員の仕事の幅や働きやすさが増し，企業もより強い組織へと成長する。

(d) 外国籍従業員のキャリアとネットワーク

長期雇用を前提として外国人留学生を採用し，配置や育成をするために，日本企業はジョブ・ローテーション（ヨコのキャリア）や同期意識の醸成（ヨコのネットワーク）を保持するとともに，外国籍従業員の交流（タテのネットワーク）などの柔軟な対応をしている。その結果，外国籍従業員はタテとヨコのキャリアとネットワークを構築している（図1）。

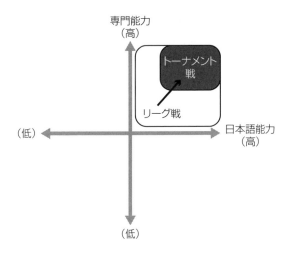

図2　日本的人材育成の特長に合致した外国籍従業員の人材育成
出典：筆者作成

5　外国籍従業員の定着化の要因

　外国籍従業員が活躍している企業は，採用において日本人と同じながらも目標値が設定されるなど柔軟な対応がなされ，育成においても柔軟な対応がなされていることが明らかとなった。
　企業が守り続けている点は，長期雇用を前提とした日本的人材育成の特長とほぼ合致し，柔軟な対応をしている点も長期雇用に基づいた人材育成を行うためであった。
　長期雇用に基づく人材育成の恩恵を受けるのは，企業だけではない。外国籍従業員は横並びのリーグ戦の間に，選抜のトーナメント戦に備えることができる。ビジネス日本語などに対応できるようになる頃には，語学だけでなく業務における専門性も高まり，トーナメント戦に参加することができる（図2）。日本語能力などのための猶予期間や，企業理念の共有，現場経験を含めたジョブ・ローテーション，タテとヨコのネットワークは，長期雇用を前提にした企業の人材育成戦略である。
　企業はどのように働きかければ外国籍従業員が定着する環境を作ることができるだろうか。聴取調査から浮かび上がったのは，キャリア・パスの提示とインフォーマルなネットワークでの情報共有である（表2）。なぜそこに配置されその業務をする必要があるのか，それを行うことによって次にどのような機会が拓けるのか，といった見通しを企業から説明されることや，実際に社内にどのようなキャリアを積んでいる人材がいるのか，どのような悩みや問題を克服したかを知ることによって，長期雇用の中での自分の位置を確認することが可能となり，目標を持って最善を尽くすことができる。
　どの企業もウェブサイトの学生向け採用欄にモデルケースを載せるなど，キャリアの提示はしている。また，社内研修などを通じて周知もしている。しかし，浸透し理解されているかは一様ではない。F社（情報・通信・上場）とH社（情報・通信・上場）のような例外もあるが，キャリア・パス

表2 キャリア・パスの提示，インフォーマルなネットワークと離職率の関係

社名	業種	キャリアパスの提示	インフォーマルなネットワーク	離職率
A	化学（上場）	②明示的にあり	①ない，機能していない	2%以下
B	小売（上場）	②明示的にあり	①ない，機能していない	日本人従業員と同じ（どちらも高い）
C	サービス（上場）	①明示的になし	①ない，機能していない	離職率1割，母国への転籍率7割
D	その他製品（上場）	②明示的にあり	①ない，機能していない	ほとんど辞めていない
E	卸売業（上場）	②明示的にあり	①ない，機能していない	低い
F	情報・通信（上場）	①明示的になし	①ない，機能していない	低い
G	電気機器（上場）	②明示的にあり	①ない，機能していない	ほとんど辞めていない
H	情報・通信（上場）	①明示的になし	①ない，機能していない	日本人従業員と同じ
I	エネルギー（上場）	②明示的にあり	②あり，機能している	日本人従業員と同じ
J	機械（上場）	①明示的になし	①ない，機能していない	あまり定着していない
K	精密機器	②明示的にあり	②あり，機能している	6名中1名退職
L	電気機器（上場）	①明示的になし	①ない，機能していない	新卒50名のうち半分は3年で退職
M	サービス	①明示的になし	①ない，機能していない	日本人従業員と同じ（どちらも高い）
N	小売（上場）	②明示的にあり	①ない，機能していない	（定期採用が始まったばかり）
O	金属製品	②明示的にあり	①ない，機能していない	日本人従業員と同じ

注：離職率は，採用を始めてからの実績で，聴取調査対象者の表現を基にしている。
「日本人従業員と同じ」場合「（どちらも高い）」以外は「低い」，8割がグローバル事業部を離れるC社，50名中半分は3年で退社するL社は「高い」と判断した。
出典：筆者作成

の提示をしているが伝わっていない企業は離職率が高く，提示しなおかつ伝わっている企業では低い傾向が見られる（図3）。離職率が低い企業では，幅広い一職能型のため各自が異なるキャリアをたどることや，一定期間勤続していなければ機密を扱うような責任者に据えることは難しいといった，日本企業の人事戦略を伝えていると考えられる。

　ネットワークには，企業によるフォーマルなものと，従業員のインフォーマルなものがある。フォーマルからインフォーマルに発展しているもののひとつとして，E社（卸売業・上場）のヨコのネットワークがある。E社では，入社時から1年ごとのフォローアップ研修を経てビジネスリーダー研修まで，現地法人に配置される予定の日本採用の外国籍従業員も一緒に受けさせる。外国籍従業員は，研修を通じて現地に派遣された同期従業員と見なされ，インフォーマルなネットワークもでき，仕事の効率を上げている[16]。外国籍従業員によるタテのネットワークでもインフォーマルが効果を発揮している。I社（エネルギー・上場）では，初めて採用された外国籍従業員が後輩の入社と同時に歓迎し，その後も公私にわたって世話をしている[17]。

　インフォーマルなネットワークの重要性については，1920年代のウェスタン・エレクトリック社ホーソン工場の実験で指摘されている（Roethlisberger, 1941；Mayo, 1933）。また，グラノヴェターは，転職情報を提供した者と転職した者との紐帯に注目し，弱い紐帯が社会移動の機会をもたらす重要

		キャリアパスの提示	
		明示的になし	明示的にあり
離職率	高い	C, J, L, M	B
	低い	F, H	A, D, E, G, I, K, O

図3　キャリア・パスの提示と離職率との関係
注：記号は表2の各社。なお，N社は定期採用開始直後のため対象から外す。
出典：筆者作成

な資源であることを見出している（Granovetter, 1973；Granovetter, 1995）。これらの研究は，企業がフォーマルに提供するネットワークだけでは不充分で，インフォーマルなネットワークにまで発展するかどうかが，従業員の意識に影響を与えることを示唆している。

　インフォーマルなネットワークでの情報共有に関しては，キャリア・パスの提示と離職率ほど，はっきりした相関は見られなかったものの，従業員が入社後に活躍し定着しているⅠ社（エネルギー・上場）やK社（精密機器）のように，会社が把握できている場合には離職率が低い。

6　外国籍従業員の採用・配置・育成モデル

　勤続6年以上の外国人従業員に自分の受けた人材育成を尋ねたところ，彼／彼女らの多くは新卒採用され，早期選抜はなく，幅広い一職能型を身に付けるためにジョブ・ローテーションを経験した後，遅い選抜が始まる日本的と言われる長期雇用に基づいた育成をされ，それに理解を示している（表3）[*18]。

　日本企業は，外国籍従業員が長期的に貢献することを望み，幅広く柔軟に企業の国際的な事業展開に携わる人材として育成している。果たして外国籍従業員は，長期雇用に基づいた人材育成に対し，どのように捉えているのか。遅い選抜，初期の現場経験，幅広い一職能型に基づくジョブ・ローテーションに的を絞り考察する。

　日本の大学院を修了してエネルギー企業に就職し，大学院での専門分野の研究員になったものの，販売や企画を経てプロジェクト責任者となっているe. e.（中国・40代・男性）のキャリアは，尾川（2006）の製薬会社の事例に近い。大学の研究室を離れた時点で，研究者以外の業務を担う覚悟はできていた。そして，「（幅広い一職能型のために）日本の昇進がゆっくりだということは，わかっている」と言い，遅い昇進に疑問を持つ後輩の外国籍従業員に対して，自分の経験を基に長期的視点に立って仕事をすることの重要性を教えている。結果として，この企業の低い離職率にも貢献している。

　A. A.（トルコ・40代・男性）は，英語で学位を取得できる日本の大学院を修了後，小売企業にＩＴ

表3 外国籍従業員の人材育成モデル

	勤続6年以上の外国籍従業員								
	A.A.	G.G.	J.J.	O.O.	S.S.	e.e.	w.w.	y.y.	z.z.
	トルコ	ネパール	中国	韓国	中国	中国	中国	中国	中国
	40代・男性	30代・男性	30代・女性	30代・男性	30代・男性	40代・男性	30代・男性	30代・男性	30代・女性
(小池による)日本的人材育成の特長	小売(上場)	財団法人	化学(上場)	電気機器(上場)	情報・通信(上場)	エネルギー(上場)	精密機器	エネルギー(上場)	エネルギー(上場)
①新卒採用	○	○	×	○	○	○	○	○	○
②早期選抜なし(なしが○)	○	○	○	○	○	○	○	○	○
③遅い選抜	○	○	○	○	○	○	○	○	○
④初期の段階での現場経験	○	×(現場なし)	×	○	×(現場なし)	×(新人研修のみ)	○	×(新人研修のみ)	×(新人研修のみ)
⑤幅広い一職能型に基づくジョブ・ローテーション	○	○	×(狭い専門)	○	○	○	○	○	○

出典：筆者作成

エンジニアとして入社したが，現在は物流総合責任者となっている。入社時の配置は店舗の食品売場である。初期の現場経験について，「現場に立たせることで，会社は自分の本気度や成長の見込みを見ていたのだろう」と冷静に振り返る。その後，ITを軸に経営を含めた物流全般を任せられるよう育成された結果，業界団体の役員にも選ばれ，日本の業界内で知られる存在となっただけでなく，海外の同業者とのネットワークも構築できている。入社時は日本語がほとんどできなかったが，今では会話は勿論のこと，読み書きもビジネスに必要な専門用語も含め日本人と全く変わらない。昇格試験は日本語で受験し合格している。

w.w.（中国・30代・男性）は，日本の大学院修了後に精密機器企業に入社したが，定期点検・修理，顧客担当，新製品開発と3年ごとにジョブ・ローテーションされている。当初はランダムな配置に感じたが，日本に居住しながら海外拠点を管轄する責任者に抜擢されたことより，全ての経験が繋がっていることを理解でき，「日本企業の育成方法が好き」と言う。経営陣になることも含め，来るべき時にはどんな仕事も引き受けようと考えているし，引き受けられるように育成されてきたと自負している。また，社内の外国籍従業員からの生活面も含めた多岐にわたる質問を積極的に受け付け，悩みの解決に寄与している。この企業も，彼の存在により離職率は低い。

以上のように，6年以上勤続している外国籍従業員は，長期雇用に基づいた人材育成を肯定的に捉え，納得しながら自分のキャリアを分析している。

7　本研究の限界

最後に，本研究における限界を3点示す。第1に，質的調査であり量的調査による実証分析にはなっていないこと。第2に，日本人と別に育成されている企業に対し，日本人の育成とプログラム

の違いなどまで比較できていないこと。第3に，インフォーマルなネットワークでの情報共有と離職率の相関について推察に留まっていることである。今後，これらの点に注視しながら，研究を深めていきたいと考えている。

*1 この概念は，アトキンソン（Atkinson, 1985）より示唆を得た。
*2 2008年のOECDの報告書 "The Global Competition for Talent: Mobility of the Highly Skilled" が基である。
*3 本稿では，長期雇用に基づく採用・配置・育成を優れていると評価する為，「特徴」ではなく「特長」と著す。
*4 福嶋（2016）は，外国人留学生採用日本企業の担当者・担当役員（10名），日本の大学・大学院で学ぶ外国人留学生ならびに日本の大学・大学院を卒業し日本で就職した外国籍従業員（33名），外国人留学生支援省庁（経済産業書・文部科学省）担当者（3名），外国人留学生受入大学担当者（3名），外国人留学生採用支援企業経営者（1名）を聴取調査した結果に基づく探索的調査研究である。
*5 日本企業の外国籍従業員の在留資格として「企業内転勤」もあるが，日本の大学や大学院を卒業している可能性が低い上，本人の意思で日本に滞在しているとは限らない。故に「外国人高度人材」の定義からも外す。
*6 2014年に「留学」の在留資格から，就職を目的とする在留資格へ変更した1万2958人のうち，8758人が「人文知識・国際業務」に，2748人が「技術」に変更している。2015年に在留資格が統合されたことより，「技術・人文知識・国際業務」で86.4％（1万1506人）を占める。
*7 日本的雇用慣行の特徴としてこの3点を最初に指摘したのは，アベグレン（Abegglen, 1958）と言われている。
*8 聴取調査：J社（機械・上場）。
*9 シュンペーター（Schumpeter, 1926）は「新結合」の概念を示し，5つの場合を含むとする。
①新しい財貨あるいは新しい品質の財貨の生産，②新しい生産方法，③新しい販路の開拓，④原料あるいは半製品の新しい供給源の獲得，⑤新しい組織の実現。後に「イノベーション」と言い換えられる（Schumpeter, 1950）。
*10 他に，トムソン・ロイターによるグローバル・イノベーターの100社では，初回から2015年まで5年連続で受賞しているのは，日本15社，アメリカ14社，フランス11社である（Thomson Reuter, 2015）。また，ブルームバーグによるイノベーション指数では，2015年に日本は「研究開発」と「先端企業」，「特許活動」の3カテゴリーでトップ5に入り，総合評価でも，前年の4位から2位に浮上している（Bloomberg, 2015）。
*11 志甫（2015）は，留学生がそのまま就職する可能性があるアルバイト先の重要性から，人材不足の穴埋めという企業ニーズの存在を示唆している（志甫，2015：113）。
*12 ジョブ型とは先に仕事を決めてそこに人を当てはめるため欠員が出て初めて採用を行う欧米型人事を，メンバーシップ型とは人を中心に管理をし，人と仕事の結びつきを自由に変えられるようにしている日本独特の人事システムを指す。従って，メンバーシップ型では，新入従業員の一斉採用や，定期的な人事異動が頻発すると考えられている（濱口，2013：25-40）。
*13 倉田（2003）によると，知識労働者について当初は，「外国人性」に主眼が置かれていた。
*14 上林（2017）は，「日本の大企業の高度外国人材の雇用は，その経済的ニーズから始まったというよりも，大企業の社会的責任の一環として始められた」と分析している（上林，2017：298）。
*15 日本人従業員と外国籍従業員を同じように採用し育成する企業において，アファーマティブ・アクションのような制度化は馴染みにくい。I社の外国籍従業員（中国・30代・男性）からも「日本人と同じ能力と認められて入社しているので，会社に特別扱いはしてもらいたくない」と聴き取っている。
*16 第1号従業員は，現在シンガポール現地法人マネージャー。大変優秀で，今後マレーシア法人を任せる可能性がある。別のタイ人従業員も，シンガポールでも，マレーシアでも行くと言っている。これらについては，国を超えた人材配置が迫ってきている。その際は，日本本社雇用に切り替えなければならないとE社は考えている。
*17 この外国籍従業員（中国・40代・男性）は「会社の主催では本音は出ないだろう」と答えている。
*18 必ずしもキャリアの初期の段階で現場を経ていない。外国籍従業員だからではなく，聴き取った企業の多くが，近年，新人従業員の現場経験を省略していることが要因と思われる。

《参考文献》

- 猪木武徳, 2002「ホワイトカラー・モデルの理論的含み――人・組織・環境の不確実性を中心に」小池和男・猪木武徳編『ホワイトカラーの人材育成――日米英独の比較』東洋経済新報社, 35～54 頁
- 尾川信之, 2006「企業内研究者の人材育成――一人前の研究者に向けたキャリア」小池和男編・監修『プロフェッショナルの人材開発』ナカニシヤ出版, 65～101 頁
- 上林千恵子, 2017「高度外国人材受入政策の限界と可能性――日本型雇用システムと企業の役割期待」小井土彰宏編『移民受入の国際社会学――選別メカニズムの比較分析』名古屋大学出版会, 279～309 頁
- 倉田良樹, 2003「専門的・技術的労働者の受け入れ」依光正哲編『国際化する日本の労働市場』東洋経済新報社, 77～96 頁
- 経済同友会, 2014「『企業の採用と教育に関するアンケート調査』結果」(https://www.doyukai.or.jp/policyproposals/articles/2014/pdf/141222a.pdf, 2017 年 5 月 15 日アクセス)
- 小池和男, 1991『大卒ホワイトカラーの人材開発』東洋経済新報社
- 小池和男, 1993『アメリカのホワイトカラー――日米どちらがより「実力主義」か』東洋経済新報社
- 小池和男, 1994『日本の雇用システム――その普遍性と強み』東洋経済新報社
- 小池和男, 2002「問題, 方法, 意味」小池和男・猪木武徳編『ホワイトカラーの人材育成――日米英独の比較』東洋経済新報社, 15～34 頁
- 小池和男, 2005『仕事の経済学 第 3 版』東洋経済新報社
- 志甫啓, 2015「外国人留学生の受入れとアルバイトに関する近年の傾向について」『日本労働研究雑誌』No.662, 労働政策研究・研修機構, 98～115 頁
- 白木三秀, 2008「留学生の就職と採用における諸課題」『留学交流』20 巻 2 号, 日本学生支援機構, 2～5 頁
- 鈴木伸子, 2015「外国人社員の非日本人意識とその入社企業の育成・支援の様態――元留学生の文系総合職社員の場合」『移民政策研究』7 号, 移民政策学会, 71～85 頁
- 塚﨑裕子, 2008『外国人専門職・技術職の雇用問題――職業キャリアの観点から』明石書店
- 日本学生支援機構, 2017「平成 29 年度外国人留学生在籍状況調査結果」(https://www.jasso.go.jp/about/statistics/intl_student_e/2017/index.html, 2018 年 4 月 1 日アクセス)
- 濱口桂一郎, 2013『若者と労働――「入社」の仕組みから解きほぐす』中公新書クラレ
- 福嶋美佐子, 2016「外国人高度人材受け入れの現状と政策的課題――探索的調査研究」『公共政策志林』4 号, 法政大学大学院政策科学研究科, 155～173 頁
- 法務省, 2016「在留外国人統計 16-12-03 第 3 表 在留資格別 年齢・男女別 在留外国人」(http://www.e-stat.go.jp/SG1/estat/List.do?lid=000001177523, 2017 年 5 月 15 日アクセス)
- 本田一成, 2002「チェーンストアの日英比較」小池和男・猪木武徳編『ホワイトカラーの人材育成――日米英独の比較』東洋経済新報社, 109～133 頁
- 村上由紀子, 2015『人材の国際移動とイノベーション』NTT 出版
- 八代尚弘, 1997『日本的雇用慣行の経済学――労働市場の流動化と日本経済』日本経済新聞社
- 八代尚弘, 2015『日本的雇用慣行を打ち破れ――働き方改革の進め方』日本経済新聞出版社
- Abegglen, J. G., 1958, *The Japanese Factory: Aspects of Its Social Organization*, New York: Free Press (= 1958, 占部都美訳『日本の経営』ダイヤモンド社)
- Atkinson J., 1985, "Flexibility, Uncertainty and Manpower Management," IMS Report No.89, Institute of ManpowerStudies, California: The University of California.
- Bloomberg, 2015, The Bloomberg Innovation Index. (http://www.bloomberg.com/graphics/2015-innovative-countries, May 15, 2017)
- Drucker, P. F., 1985, *Innovation and Entrepreneurship*, London: Heninemann Ltd. (=1985, 小林宏治監訳, 上田惇生・佐々木実智男訳『イノベーションと起業家精神――実践と原理』ダイヤモンド社)
- Granovetter, M. S., 1973, "The Strength of Weak Ties," *American Journal of Sociology* 78, pp.1360-1380. (=2006, 大野栄美訳・野沢慎司編・監訳「弱い紐帯の強さ」『リーディングス ネットワーク論――家族・コミュニティ・社会関係資本』勁草書房)
- Granovetter, M., 1995, *Getting a Job: A Study of Contacts and Careers*, 2nd edition, Chicago: The University

- of Chicago Press.（=1998, 渡辺 深訳『転職——ネットワークとキャリアの研究』ミネルヴァ書房）
- Horwits, S. and Horwits, I., 2007, "The Effects of Team Diversity on Team Outcomes: A Meta-Analytic Review of Team Demography," *Journal of Management* 33, pp.987-1015.
- Joshi, A. and Roh, H., 2009, "The Role of Context in Work Team Diversity Research: A Meta-Analytic Review," *Academy of Management Journal* 52, pp.599-627.
- Mayo, E., 1933, *The Human Problems of an Industrial Civilization,* Michigan: The Michigan Company. （=1967, 村本栄一訳『新訳　産業文明における人間問題——ホーソン実験とその展開』日本能率協会）
- OECD, 2008, *The Global Competition for Talent: The Mobility of Highly Skilled,* OECD Publishing.
- Roethlisberger, F. J., 1941, *Management and Morale,* Cambridge, Mass.: Harvard University Press.（=1954, 野田一夫・川村欣也訳『経営と勤労意欲』ダイヤモンド社）
- Schumpeter, J. A., 1926, *Theorie der wirtschaftlichen Entwicklung, 2. Aufl,* München, Leipzig: Duncker & Humblot.（=1977, 塩野谷祐一・東畑精一・中山伊知郎訳『経済発展の理論（上）』岩波文庫）
- Schumpeter, J. A., 1928, "The Instability of Capitalism," *The Economic Journal* 38(151), pp.361-386.
- Schumpeter, J. A., 1950, *Capitalism, Socialism and Democracy,* 3rd edition, New York: HarperCollins Publishers.（=2016, 大野 一訳『資本主義，社会主義，民主主義Ⅰ』日経BP社）
- Thomson Reuters, 2015, 2015 Top 100 Global Innovators.（http://ip-science.thomsonreuters.jp/media/Press/releases/Top100_2015.pdf, May 15, 2017）
- World Economic Forum, 2015, The Global Competitiveness Report 2015-2016.（http://www3.weforum.org/docs/gcr/2015-2016/Global_Competitiveness_Report_2015-2016.pdf, May 15, 2017）

Hiring, Placement, and Human Resources Development of Highly Skilled Foreign Workers at Japanese Companies

FUKUSHIMA Misako

Hosei University

Key Words: highly skilled foreign workers, Japanese companies, human resources development

This article, based on qualitative interviews with Japanese companies which hire highly skilled foreign workers who have graduated from Japanese universities or graduate schools, examines how these companies should hire and train foreign workers. Deriving an ideal model is of value in considering human resources policies for highly skilled foreign workers.

As a result of this research, it was found that there are three ways in which foreign workers are hired and trained. The first is hiring and training them in the same way as Japanese workers, the second is treating them as special employees, and the third is being flexible in hiring and training them. Companies which choose the third approach are able to hire a certain number of foreign workers and maintain a stable retention rate. This style is based on Japanese training strategies, with their assumption that the goal is long-term employment. It is inferred that the secrets for maintaining a high retention rate are presenting foreign workers with career paths and sharing information within informal structures.

報　告

夜間中学校における多様な生徒の受入と国への働きかけ

関本 保孝　基礎教育保障学会事務局長・元夜間中学校教員

キーワード：義務教育未修了者，当事者性の追求，夜間中学等義務教育拡充議員連盟

　夜間中学校は1947年に開設されて以来，多様な義務教育未修了者を受け入れてきたが，国の理解・協力が得られず，長年にわたり大きな困難を抱えてきた。1954年に全国夜間中学校研究会が設立されて以来，初期法制化の取り組み，そして長年にわたる要望書の国への提出を行ってきた。また，2003年には日本弁護士連合会へ「全国各地への公立夜間中学校開設を目指した人権救済申立」を行い，調査の結果，国に対し意見書が提出されたが，全国各地への公立夜間中学校開設は進まなかった。そこで，議員立法による法律制定を目指すこととなり，2016年12月に夜間中学校の根拠法として「義務教育機会確保法」（義務教育の段階における普通教育に相当する教育の機会の確保等に関する法律）が成立した。議員立法成立に向けては特に義務教育未修了の当事者の発言を重視したが，これは超党派国会議員の考えを変え深める上でも大きな力になった。

　今後，附則の「施行後三年以内の検討・見直し・必要な措置の実施」の規定を踏まえ，一層の施策前進に向け，関係者による対応が強く求められている。

1　夜間中学校の歴史

⑴　夜間中学校のスタート

　夜間中学校は大阪と神奈川で1947年にスタートした。

　東京では足立区中学校校長会で1950年に「不就学実態調査」が行われ，足立区内中学校全在籍生徒約1万8000名の内，7％にあたる約1200名もの多数の生徒が不就学であることがわかった。足立区立第四中学校の伊藤泰治校長は，暫定的な手段として「戦前の尋常夜学校」のようなものでの「解決」を決意した。そして「中学校二部」として設置するよう，足立区教育委員会，東京都教育委員会，文部省に強力に働きかけた。当時，文部省は「学校教育法で認められていない」「労働基準法の違反に通ずる」等の理由で反対したが，足立区教育委員会の承認と東京都教育委員会の「試験的二部学級開設」という前提での認可を受け，1951年7月16日に東京で最初の夜間中学校がスタートした。

(2) 1950年代～1960年代：夜間中学数89校に増加

　1947年以降，全国13都府県で次々に夜間中学校が開設され，1954年及び翌年には89校と現在までを含め，最高数を数えた。東京8校，神奈川12校，愛知2校，京都14校，奈良5校，和歌山8校，三重1校，大阪7校，兵庫20校，岡山1校，広島3校，鳥取1校，福岡7校であった（1954年）。1960年代までは多くは学齢生徒（12～15歳）や十代後半の生徒が入学し昼仕事をして家計を支えながら夜通学していた（一部成人生徒も在籍）。

(3) 1960年代末～：帰国者生徒の増加と生徒の多様化

　1965年には，日韓基本条約が締結され，かつて日本の植民地時代に朝鮮半島に住んでいた日本人やその家族が，日本へ引揚げるようになった。しかし，韓国引揚者が学ぶ日本語学習機関はなく，「救急学校」として，都内の夜間中学校等で受け入れを始めた。

　しかし，日本語のできない韓国引揚者は他の日本人生徒と同じ教室で学ぶしかなく大きな困難を抱えていた。そこで，荒川区立第九中学校卒業生高野雅夫さんや夜間中学関係者が都議会に「夜間中学における引揚者の日本語学級開設及専任教師配当に関する請願──引揚者センター建設に向けての暫定的措置に対して」を提出し採択され，1971年6月1日に夜間中学校3校に日本語学級が設置された。1972年には日中国交が正常化され中国引揚者が日本へ引き揚げ，1970年代後半より激増した。1975年のベトナム戦争終結後からはインドシナ難民が来日し，1980年頃より日本語や義務教育の場として夜間中学に入学してきた。

　1970年代以降は，戦争や貧困のためかつて学ぶ機会が得られなかった成人や中高年日本人，在日韓国・朝鮮人，元不登校・ひきこもりの若者も多く入学するようになった。

(4) 2000年前後以降：新渡日外国人の激増

　2000年前後以降は，仕事や国際結婚等で来日した外国人やその家族等が急激に増え，アジア・アフリカからの難民や脱北者等も入学してきた。また，無戸籍・居所不明の若者の入学もある。このように夜間中学校は時代の鏡のように，社会的弱者である義務教育未修了者のかけがえのない学びの場として大きな役割を果たしてきた。

2　夜間中学拡充の働きかけの歴史

(1) 初期法制化の取り組み

　夜間中学校は国の積極的な認知を受けられなかったが，最高数（89校）となった1954年には，情報交換や行政への働きかけを目ざし，第1回全国中学校夜間部教育研究協議会が開催された（1959年から全国夜間中学校研究会〔略称・全夜中研〕に改称）。

　採択された「中学校夜間学級の法的措置に関する陳情書」は「定員確保，予算の獲得，施設設備の充実，就学の奨励等について各都道府県地方教育委員会のこれが実施を更に助成し，これが運営に支障なからしむるためには自ら関係現行法の不備を是正したり或いは新しく法制の裏付けを確立

することが先決となる」と記し，学校教育法の具体的な改正案（「特殊学級」の対象者に経済的な理由による学習の遅滞者を追加）を提案した。

(2) 1966年夜間中学早期廃止勧告

1963年5月，荒木文部大臣が参議院文教委員会で「全国的な実態をはっきりとつかんだ上で，解消できるものかどうか検討。場合によっては制度上認めない」と述べた。さらに行政管理庁が1966年に「夜間中学早期廃止勧告」を出し，関係者に大きな衝撃を与えた。しかし，この「勧告」は一方で大きな反対運動を全国に広げることになった。荒川九中夜間学級では1967年に開設十周年記念として，昼仕事しながら夜間中学で学ぶ生徒の姿を描いた記録映画「夜間中学生」を制作したが，卒業生の髙野雅夫さんは全国上映を行い，大阪等で夜間中学が新たに開設されるきっかけとなった。

(3) 要望書の取り組み（すべての都道府県に一校以上の夜間中学開設を！）

夜間中学校をめぐる問題が新たな展開をむかえる中，1976年の第22回全夜中研大会では「すべての義務教育未修了者の学習権を守るために」を大会主題とし，この大会以降毎年採択されるようになった要望書の中で「各都道府県に少なくとも1校以上の夜間中学校設置を制度化されたい」との項目が盛り込まれ現在まで引き継がれてきた。

また，1980年代後半頃より「形式卒業者」の夜間中学校入学が不可能になる中，1987年の要望書には「中学校形式卒業者も義務教育未修了者同様に夜間中学校入学を保障すること」との項目が盛り込まれ，約30年間にわたり要望してきた。

(4) 人権救済申立の取り組み

1982年以降，夜間中学校が34〜35校にとどまるなか，全夜中研では，2000年大会で「全国への夜間中学開設をめざした日本弁護士連合会への人権救済申立」を行うことを決定し，自主夜間中学や弁護士などの協力も得て，2003年2月に人権救済申立を行った。

日本弁護士連合会に対し，義務教育未修了者の陳述書をはじめ，義務教育未修了者の様々な困難な状況，自主夜間中学の困難，その他の資料を提出し，その結果，2000年8月10日に日本弁護士連合会より「学齢期に修学することのできなかった人々の教育を受ける権利の保障に関する意見書」が国に提出された。

この意見書は大変画期的な内容のもので，大要は以下の通りである。

①義務教育はすべての人の固有の権利であり，学齢超過か否かに関わらず，義務教育未修了者は国に教育の場を要求する権利をもつ。

②国は全国的実態調査を速やかに行い，普通教育を受ける権利の実質保障のため，様々な手段を尽くすべきである。

③義務教育未修了者を中高年齢者，障がいのある人，中国帰国者，在日韓国・朝鮮人，十五歳以上の新渡日外国人の五つのカテゴリーに分け個別分析し，憲法・教育基本法等の国内法だけでなく国際人権規約，子どもの権利条約，ユネスコ学習権宣言等広く条約等の法的根拠を

示し国籍を超えすべての人の学習権の保障を求める。

⑸ 2008年「すべての人に義務教育を！21世紀プラン」

　全夜中研では「意見書」を受け，2008年大会で「すべての人に義務教育を！21世紀プラン」を採択した。日弁連意見書を踏まえ，全国の自主夜間中学を含む関係者の声を踏まえて作ったもので「いつでもどこでもだれでも」つまり「何歳でもどの自治体に住んでいてもどこの国籍でも」基礎教育としての義務教育が保障されることを目指した。

　具体的には，以下の内容を行政施策として求めた。

　　①「夜間中学校の広報」を行政施策として求めます。
　　②「公立夜間中学校の開設」を行政施策として求めます。
　　③「自主夜間中学等への援助」を行政施策として求めます。
　　④「既存の学校での義務教育未修了者の受け入れ・通信制教育の拡充・個人教師の派遣等の推進」を行政施策として求めます。

3　夜間中学校の現状

⑴　義務教育未修了者の心の叫び

　日本弁護士連合会への人権救済申立等の中で，以下の声が寄せられた。

　「子どもの学校で話題に入れず発言できない。病院で受診する科がわからない。買い物でも割引が計算できない。字が読めず駅で切符が買えない」「文字の読み書きが必要ない仕事しかできない」「選挙でも主張がわからず，ただ名前を書いているだけ」「障がいのため学校へ行けず文字も読めず現在二重の苦しみを背負っている」「結婚後，私が中学校を卒業していないことを知った主人から離縁を言い渡された」「中国から日本の東北地方に来て母親が日本人男性と結婚したが，帯同した子どもが町の教育委員会から学齢超過を理由に昼の中学校入学を断られたので，母子で上京し東京の夜間中学校に入学し高校進学をめざした」等々の声が寄せられている。

　以上のように義務教育未修了者の方々は，高学歴者社会日本の中で大変な不便と苦痛を感じ人間としての尊厳まで奪われている。

　義務教育未修了者は，「国民の諸権利」（「参政権」「職業選択の自由」「表現の自由」「生存権」「幸福追求権」「平等権」「学問の自由」「移動の自由」「裁判権」等）の行使も事実上，大きく制約されており，「土台的人権」として学習権の実質保障が一人一人の方々が人間らしい人生を送る上で決定的に重要だと言える。

⑵　現在の夜間中学生

　「第63回全国夜間中学校研究大会・大会資料」掲載の2017年9月全国夜間中学校研究会調査（30校分）によると，以下の通り生徒の実態がわかる（生徒総数：1826人）。

①生徒層別人数
　【A】新渡日外国人（仕事や国際結婚等で戦後来日した外国人と家族等）1265人（69.3%）
　【B】日本人313人（17.1%）【C】中国等からの帰国者181人（9.9%）
　【D】在日韓国・朝鮮人63人（3.4%）【E】難民3人（0.2%）【F】日系移民1人（0.1%）
②生徒の出身の国籍・地域：33　多国籍化が進んでいる。
③年代別人数：10代358名，20代342名，30代247名，40代231名，50代182名，60代200名，70代190名，80代以上76名。
　以上より，全ての年代の人々が夜間中学を必要としていることがわかる。
④性別生徒数：男子636名（34.8%）　女子1190名（65.2%）
　女子が2倍近く在籍しており，多くの女性が学びを求めていることがわかる。

(3) 夜間中学生の要望

　以下，神戸大学大学院の浅野慎一教授による夜間中学生大規模調査の結果である。
　（「ミネルヴァの梟たち 夜間中学生の生活と人間発達」2011年7～10月に実施したアンケート調査〔全国の夜間中学生・1150名 回答〕等を踏まえた夜間中学生の生活と意識の実態をふまえ，その歴史―社会的意義の考察参照。以下，「第2節　夜間中学が直面する課題」より）それによると，夜間中学生は以下の要望をもっている。
　　第1位「夜間中学があることをもっと多くの人に知らせて欲しい」（44.5%）
　　第2位「中学を卒業した人も入学させてあげてほしい」（22.4%）
　　第3位「奨学金・就学援助金がほしい」（29.9%）
　また「在学延長（もっと長く在学できるようにしてほしい）」「給食（給食がほしい）」「日本語学級（日本語だけを特別に教えるクラスを作ってほしい）」等の要望もある。

4　政府及び国会への働きかけと議員立法成立

(1) なぜ，議員立法成立を目指したか

　2006年に日本弁護士連合会より国に意見書が出されたものの，夜間中学校開設は進まなかった。例えば，埼玉に夜間中学を作る会では長年，川口市で自主夜間中学を行いつつ市に公立夜間中学校開設を求めてきたが，市交渉では「全県的な問題なので県に行って欲しい」と言われ，埼玉県交渉では「設置者は市なので，市に行って欲しい」と"たらい回し"の状態が続いており，全国各地で同様の状況であった。
　そこで，全国夜間中学校研究会では，これまでの経過を踏まえると，今後は議員立法による法的整備でしか全国への夜間中学拡大は不可能だと考え，2009年の大会で議員立法成立を目指すことを決定した。

⑵　国会・国の変化

　全国夜間中学校研究会の働きかけの中，2012 年より超党派国会議員参加による，国会院内集会が 4 回，公立夜間中学校ないし自主夜間中学の視察が 3 回行われ，また 2014 年 4 月には「夜間中学等義務教育拡充議員連盟」も結成された。そして 2015 年からは議員立法成立に向けての議員勉強会が行われるようになった。

　このような国会での積極的な動きを受け文部科学大臣は度々国会で「1 県に少なくとも 1 校の夜間中学設置が必要」と答弁する等，夜間中学校拡充への大転換が進んできた。

　以上の背景には，何があったのだろうか。21 世紀になっての「人口減少社会への移行」「少子高齢化や引きこもり 100 万人と言われる状況の到来」「外国人人口の増加」という，日本社会がかつて経験しなかった新しい社会状況の進行があったことが挙げられる。

⑶　文部科学省の夜間中学拡充方針への大転換

　国会の動きと連動し文部科学省も「少なくとも各都道府県に 1 校は設置できるよう，様々な支援を行い設置を促進する」と述べる等，夜間中学政策を大転換してきた。
　①夜間中学設置調査研究の委託事業（2015 年度以降，夜間中学未設置道県等に対し，「ニーズ把握に係る調査研究」を委嘱し実施してきた。）
　②文部科学省「中学校夜間学級等の実態調査の結果について」
　　発表（2015 年 4 月 30 日）調査結果ポイント「多くの夜間中学未設置道県で開設要望（ニーズ）あり。自主夜間中学等の取組も多くあり，不登校による形式卒業者も学ぶ。」
　③形式卒業者の夜間中学校受入へ：文部科学省通知 2015 年 7 月 30 日
　④体系的で広範囲な広報活動：「政府インターネットテレビ」「文部科学広報 2015 年 11 月号夜間中学特集」「内閣府広報ラジオ」「リーフレット作成」「PR ポスター作成とニーズ調査（サンプル調査）」等々。
　⑤2017 年 8 月 7 日文部科学省説明会実施（「『夜間中学』をすべての都道府県に」との趣旨。8 月下旬には大阪にて実施）
　⑥「平成 29 年度夜間中学等に関する実態調査」公表（2017 年 11 月 7 日）

5　2016 年 12 月「義務教育機会確保法」成立

　2016 年 12 月に夜間中学校関係者が長年待望した，夜間中学校の根拠法として「義務教育機会確保法」（義務教育の段階における普通教育に相当する教育の機会の確保等に関する法律）が成立し，2017 年 2 月に全面施行された。以下夜間中学関連のポイントである。
　①義務教育未修了者の意思を十分に尊重しつつ，年齢・国籍その他の置かれている事情にかかわりなく教育機会が確保されるようにする。
　②国・地方公共団体は教育機会確保施策を策定・実施する責務があり，そのための財政措置をも講ずるよう努める義務を負う。地方公共団体は学校での学びを希望する義務教育未修了者

が多数存在することを踏まえ夜間中学における就学の機会提供その他の必要な措置を講ずる義務を負う。
③都道府県と市町村・民間団体による協議会の設置。その他

6 国会・国への働きかけにおける夜間中学の教訓

全国夜間中学校研究会等が国会や国に働きかける上で，以下5点が大きな役割を果たした。

(1) 超党派国会議員への継続的働きかけ

国会に何回も足を運び継続的に働きかけることが決定的に重要であった。全国夜間中学校研究会では，以下の要望を行った。

「超党派院内集会を開きたいので，ぜひ呼びかけ人になっていただきたい」「『夜間中学等義務教育拡充議員連盟』(仮称)を作っていただきたい」「議員立法の協力依頼」「国勢調査等に関し国会質問を行って欲しい」「夜間中学を視察して欲しい」等々である。一方，超党派国会議員側からも「形だけの法律はたくさんある。何を法律に盛りこみたいかが重要」「要請は簡潔に1枚紙にすることが重要である」等々の貴重なアドバイスもいただいた。

(2) 当事者性の追求

2012年以来4回開催した「国会院内集会」では必ず義務教育未修了者の体験発表を行った。これは国会議員の胸を打ち考えを変え深める上で決定的に重要なものとなった。

(3) 幅広いネットワークを作る

「院内集会」を含む議員立法成立に向けた取り組みでは，公立夜間中学や自主夜間中学(教師やスタッフ，生徒や学習者)，夜間中学を作る会，研究者(日本語教育・特別支援・教育学等)，不登校関係者，夜間中学卒業生，夜間中学元教師，地方議員，文科省関係者，メディア関係者等に参加していただき，大きな力になった。

(4) 要求の明確化

4回の「院内集会」ではすべて超党派国会議員を念頭にアピール等を採択した。特に「法案作成」の直前の2015年「6・4国会院内の集い」では，「夜間中学等義務教育拡充議員連盟」に「要請文」を手渡し，結果として法律文面にも活かされることとなった。

(5) データを重視する

一つは，「義務教育未修了者数」である。

これについては，2000年の全国夜間中学校研究大会で，「全国への公立夜間中学校開設を目指した日弁連への人権救済申立」を行うことを決定した際，合わせて国への要望書の中に「国勢調査に

おいて小中学校の項目を分離し，すでにある『未就学者（学歴ゼロ）』と合わせ『義務教育未修了者数全体』が算定できるようにして欲しい」との趣旨を盛り込んでいた。そして，2003年2月の日弁連への人権救済申立に際しては，全夜中研としての「義務教育未修了者（推定）百数十万人」とのデータを提出した。

なお，総務省は全夜中研の要請と国会議員の度々の質問を受け，2020年国勢調査では「項目改善」の方向で動いている。

もう一つは，夜間中学の「年間運営予算」である。

2013年8月6日「国会院内シンポジウム」の『資料集』では，「中学校夜間学級年間運営費について」という項目を盛り込んだ。大阪府下の夜間学級の「例」が掲載され，「生徒数約100名　クラス数4　常勤教職員7」等とともに「年間運営費6180万円」と記載（諸経費約680万円，人件費約5500万円）。この例を踏まえ，生徒数・数十名の標準的な夜間中学校の年間運営費は約5000万円程度であり，未設置の39道県で新たに夜間中学を運営する場合，5000万円×約40道県＝20億円であり，国・都道府県・区市町村全て合わせて20億円を増やせば，当面の目標である"全都道府県での夜間中学設置"が実現すると，関係者に伝えた。

7　今後の国・自治体の課題

「義務教育機会確保法」は，2017年12月7日に成立一周年を迎えたが，法律附則では，「3　政府による法律の施行後三年以内の施行の状況についての検討・在り方の見直し・必要な措置の実施」を求めており，関係者による早急な対応が求められている。その具体的内容として以下の6点を挙げておきたい。

(1)効果的な夜間中学PRと相談窓口の設置及び効果的なニーズ調査の実施（各自治体からの夜間中学校開設の動きがまだまだ弱いので。）
(2)「就学援助」～年齢制限の撤廃（法律では国の支援対象は「学齢児童生徒」のみである。）
(3)十分な夜間中学教職員配置と研修制度の確立（専任教諭が2～4名しかいない夜間中学もある。）
(4)各都道府県での「夜間中学校協議会」早期立ち上げと民間団体の参加（「協議会」が設置された都道府県は少なく民間団体等を含めたものはごくわずかである。）
(5)エレベーター設置等（1978年度までの国の「就学免除・猶予」のため学びの機会が得られなかった障がい者等に配慮しエレベーターを完備することが求められる。）
(6)自主夜間中学への公的支援実施（義務教育相当の方々に教育機会を提供しているにもかかわらず年間三十数万円の施設借用料を負担する団体もある。）

今後も国・自治体の課題は残されていよう。

《参考文献》
- 関本保孝,2014「夜間中学の現状と役割,そして未来へ」『月刊社会教育』58 巻 10 号,60~65 頁
- 関本保孝,2017「『義務教育機会確保法』の成立と国・自治体・民間団体の課題」『月刊社会教育』61 巻 4 号,58~61 頁
- 全国夜間中学校研究会,2008『全国への公立夜間中学校開設を目指した人権救済申立の記録』全国夜間中学校研究会
- 東京都夜間中学校研究会編,2011『東京都夜間中学校研究会 50 周年記念誌』東京都夜間中学校研究会
- 東京都夜間中学校研究会引揚者教育研究部・在日外国人教育専門部,2007『夜間中学校に学ぶ帰国者及び外国人生徒への教育のあゆみ——日本語学級開設 35 周年にあたって』東京都夜間中学校研究会引揚者教育研究部・在日外国人教育専門部
- 「第 63 回全国夜間中学校研究大会・大会資料」(2017 年 12 月 1 日 2 日第 63 回全国夜間中学校研究大会事務局発行)

Accommodating Diverse Students at Japanese Nighttime Junior High School and Calls for Policy Change

SEKIMOTO Yasutaka

Japanese Society for the Study of Basic Education and Literacies [Kisokyōikuhoshō Gakkai]; a former nighttime junior high school teacher

Key Words: people who were unable to complete compulsory education; an approach focusing on the persons affected; the parliamentary association for the expansion of compulsory education at nighttime junior high school

Established in 1947, Night Junior High Schools (yakan chūgakko) in Japan have accepted diverse students who do not have a diploma for compulsory junior high school education. These schools, however, have faced difficulties for a long time due to the lack of understanding and support from the central government. The National Research Network on Night Junior High School (zenkoku yakan chūgakko kenkyūkai), organized in 1954, has for many years worked toward relevant legislation and submitted petitions to the government. In 2003, the network filed a petition for human rights remedies with the Japan Federation of Bar Associations (JFBA), with the aim of opening public night junior high schools throughout the country. Although the JFBA submitted an opinion to the government with a report on survey results, the anticipated establishment of additional night junior highs did not follow. The research network then shifted its goal to lawmaker-initiated legislation. In December 2016, the Act to Guarantee Access to Supplementary Learning (for the purpose of guaranteeing equal educational opportunity for general education equivalent to the compulsory education level) was finally enacted. In working for lawmaker-initiated legislation, the research network attached great importance to hearing the voices of those who were unable to complete compulsory education. This approach turned out to be highly effective in changing the attitudes of Diet members and deepening their understanding of this subject. Now the parties concerned must take proactive measures in order to further develop this policy area, in accordance with the supplementary provision in the law "to review the progress within three years after it comes into effect and to take any necessary measures."

報告

入管行政からみた外国人政策の変遷と今後
——交流共生社会は可能か

水上 洋一郎　社会福祉法人さぽうと21

キーワード：交流共生社会，ボートピープル，移民国日本

　日本の外国人政策は戦後，入管発足とともに始まったが，入管は朝鮮半島からの密航者対策を主な任務とし，日韓国交回復後は在日コリアンの処遇問題に深くかかわった。この間，1975年以降，日本に初めて到来したベトナムからのボートピープルは難民の受け入れを拒否してきた政府の政策を大きく転換させた。その引き金はアメリカの世論，圧力であった。日本は対外イメージの悪化と認識した外務省の主導により難民の定住への道を開き，人権規約，難民条約の加入に至った。

　他方，1980年代から1990年代にかけて特にバブル経済の影響下，日系人，研修生・技能実習生，不法就労者等の外国人労働者問題が議論され，改正入管法が施行された。政府の「いわゆる単純労働は認めないが，専門的・技術的分野の外国人の就労は歓迎する」という建前はあるが，実態は大きく違っている。

　現政権は「成長戦略」の達成のため優遇策の導入，国家戦略特区の活用など幅広く外国人受け入れ政策を推進している。しかしながら政府は，日本が統計的に事実上移民国であることを認めようとせず，今後少なからずの外国人が移民となる可能性が高いにもかかわらず，未だ外国人受け入れの総合政策を策定していない。外国人の7，8割はストック，フロー双方においてアジアの人々である。私たちは歴史を振り返りながら，このことにもっと留意したほうがよい。私たちはまた，これらの人々と交流共生社会を形成していくことにもっと構想力を働かせることが求められている。

1　はじめに：なぜ交流共生社会か

　私は30数年，公務員として主として入管行政に携わり，難民問題や在日コリアンの問題などにかかわってきました。その後，現在は外国，外国人に関係する団体，（公財）日韓文化協会，（社福）さぽうと21，（一財）日本語教育振興協会等の役員などをしています。法務省，入管を離れて15年になりますが，この間，民間の側から，外国人の関係者として民間人の立場から，時には外国人の立場に自らを置いて色々と見てきました。そしてこういったことの，つまり外国人受け入れ，さらには移民，外国の人たちとの共生について理念，理想は何だろうかと考えてきました。そのあたり

のことをテーマである「入管行政からみた外国人政策の変遷と今後」のサブタイトルとして「交流共生社会は可能か」という問いかけで表してみました。

私が最初に「交流共生」という言葉を使ったのは2005年東京財団研究報告書「日本の難民・避難民受け入れのあり方に関する研究」においてでした。難民関係者や学者・研究者，ジャーナリストと1年ほど議論をした結果報告です。その中で私は「交流共生基本法」制定，「交流共生庁」設置を提言しました。いまや市民権を得たかに見える多文化共生という言葉をつかわないのは，いかにも欧米起源の多文化主義や文化多元主義などと共生を予定調和的に気楽に結びつけている感じがするからです。多文化共生が外国人に対する差別と偏見について啓蒙的な役割を果たしていることは認めますが，「文化」や「民族」がもたらした歴史的，政治的な影の部分について日本では十分，論究されているとは思いません。私の関心事は「交流共生社会の構想」です。

2　入管政策の大枠と近年の外国人政策

では，本題に入ります。日本の外国人政策は留学生ならば，「留学」という在留資格，外国人の技術者やビジネスマンならば，「技術・人文知識・国際業務」という在留資格，観光客ならば，「短期滞在」という在留資格，外国人の配偶者ならば，「日本人の配偶者等」という在留資格を与えて，日本における滞在，つまり在留を認めるという在留資格制度を大きな柱としています。その在留資格は今，30種類前後あります。外国人政策はこの制度を中心に行われているといっても過言ではありません。その手続きと行政側からのコントロールが出入国管理であり，在留管理です。その根拠となる法律は「出入国管理及び難民認定法」（以下「入管法」という）です。以前あった「外国人登録法」は廃止され，その多くの機能は強化されて「入管法」に吸収されました。在日コリアン等については「出入国管理特例法」が適用されています。外国人登録法の廃止とともに外国人住民については日本人と同様，「住民基本台帳法」が適用されるようになりました。

さて，外国人政策をめぐる近年の大きな動きは1980年代中頃（昭和60年代）から1990年にかけて日系人や研修生・技能実習生の問題などの外国人労働者問題，あるいは不法就労や国際テロの問題などにみられます。これらの課題を踏まえて数次にわたり入管法の改正が行われ現在に及んでいます。ここ数年は現政権の成長戦略の下，あらゆる分野において外国人人材の活用が求められ，高度な専門的知識や技術をもつ技術者，経営者，管理者などから家事支援外国人としての家政婦や介護人材に至るまで様々な外国人が入国し，滞在しています。人口減少・超高齢化社会にあって外国人受け入れ・移民のあり方，外国人との共生，社会的包摂など中長期的な課題がありますが，残念ながら，国の政策として本格的な議論が未だ行われていない状況です。

3　入管の発足と在日コリアン問題

ではまず，戦後発足した入管と在日コリアン問題について述べます。

戦前は外国人の入国，滞在に関する事務，業務は内務省の管轄となっていました。戦後，占領下

にあった日本は，GHQ（連合国最高司令官総司令部）が基本的には外国人の入国を認めず（最後のポツダム政令である外国人登録令3条），しかも日本国籍保有者である朝鮮人等については外国人とみなし（同令11条），外国人登録を命じ（同令4条），外国人登録証明書の携帯，呈示を義務づけていました（同令10条）。この基本的な管理構造は現在の在留カード制度に踏襲されています。端的にいえば，一時的な鎖国であり，密入国の防止と在日コリアン等の管理が開始されました。占領下では外国人関係の業務はGHQ，外務省，法務府（それ以前は法務庁，いずれも法務省の前身），厚生省，都道府県知事，警察などがそれぞれ担当しました。ところが，朝鮮戦争勃発の1950年，警察とは別個の組織を作るようにというGHQの覚書によって，その年の10月1日，出入国管理庁が外務省の外局として設置されました。この年は自衛隊の前身である保安隊，そのまた前身である警察予備隊が創設された年でもあります。入管はこの日をもって入管行政が始まった日としています。初代出入国管理庁長官であった鈴木一は「当時朝鮮半島は動乱の最中で，戦線は次第に釜山に迫り，韓国からの避難民は何時，何万何十万と，日本で引き受けねばならぬのではないかとさえ憂えられた時でありました。」（出入国管理行政発足二十周年記念式典）と後に述懐しています。出入国管理庁は1年後に入国管理庁と名称を変え，1952年日本が独立を回復した年に入国管理庁は法務省に移管され，入国管理局となり現在に至っています。

　当時の入管の業務は，占領時代から引き続き，主として朝鮮半島からの密航者の摘発，収容，送還等でした。密航者のうち，日本で家庭生活を営んでいた者が単身，朝鮮半島に渡り，その後子や妻などのために再度日本に帰ってきた者や，生活の基盤を長期にわたり日本で築き平穏に暮らしていた者などに，人道上在留特別許可を与えることなども入管の主要な仕事でした。また，戦前の植民地政策の結果，生活のため日本に定住し，あるいは定住せざるを得なくなった朝鮮半島出身者，台湾出身者とその子孫の人々の待遇の問題，主として在日韓国・朝鮮人，つまり在日コリアンの法的地位が入管行政の上で大きな課題となっていました。当時，日韓国交正常化は日韓双方で大きな政治問題となっていましたが，1965年に国交が回復されました。翌年在日韓国人の法的地位協定が発効し，出入国管理特別法により一定の要件に当てはまる在日韓国人に対して一般永住より有利な協定永住が与えられました。

　また，在日コリアン側において民団（在日本大韓民国民団，以前は在日本大韓民国居留民団と称した）主導の行政差別撤廃運動，権益擁護運動が行われ公立学校教員の就職問題，公営住宅入居などに成果を得たものもあります。1980年代後半，外国人登録法上の指紋押捺に対して指紋押捺拒否運動，指紋押捺留保運動が行われ，これに日本市民や労働組合，宗教団体などが加わりました。指紋押捺制度はその後，最終的に廃止されました。いわゆる1991年問題，つまり日本国籍離脱者の三代目以降の処遇問題ですが，これを含めて在日コリアン等の法的地位が，「出入国管理特例法」によって特別永住者として解決されます。特別永住者については，その後の種々の制度改正や運用では，一般外国人に比べ規制が緩和されていきます。再入国有効期間は現在，通常，最長は5年ですが，特別永住者は6年です。一般外国人は在留カードの携帯義務がありますが，特別永住者は特別永住者証明書の提示義務のみです。出入国審査では日本人用ブースを利用できます。そのほか，在日コリアン関係の業務としては1959年に在日朝鮮人の北朝鮮事業が始まり，約9万3000人の人たちが出

国しました。

4　ボートピープル：「黒船来航」日本にとって難民とは何か

　次に，日本の入国管理政策の転換点となったボートピープルをはじめとするインドシナ難民についてふれます。

　1975年4月30日，南ベトナム・サイゴン政権が崩壊します。5月12日にはもう米国船グリーンハーバー号がベトナムのボートピープル9名を救助し千葉港に入港します。ここから全く新しい挑戦が始まりました。今から42年前のことです。日本には何の準備もありませんでした。難民に関する法的な仕組み，つまり法律もなく，したがって予算もなく，それに対応する政府の機関もなく，人もいませんでした。ましてや収容，宿泊する施設などはありません。しかし，事前にアメリカ側から連絡もあり追い返すわけにはいきません。外国人の入国や上陸を担当する法務省の入国管理局が前面に立たされます。とりあえずボートピープルに対しては，海上で水難にあった人に与える水難上陸許可というものを最小期間（つまり，上陸して出国するまでの必要時間）で上陸を許可します。水難上陸許可は現在，法律上は遭難上陸許可に名称を変更しています。その後，同様の形で引き続き海上で救助され日本に到着したボートピープルには15日とか30日とか，上陸し第三国に出国するまでの必要期間を与えて上陸許可をしました。また，上陸させる許可の形式もボートピープルの救助された状況や日本上陸・入国の態様に合わせて水難上陸許可，上陸特別許可，緊急上陸許可，不法入国扱い，渡航証明書による入国許可と入管の持てる全ての手続きを動員して対応しました。

　さて，法務省入国管理局はこのようにどうにか上陸の許可は与えるけれども，国には難民として，ボートピープルとして受け入れる収容施設，宿泊施設は全くありませんでした。難民として受け入れる法律がないのですから，そういう施設はありません。当初はカトリックのカリタスジャパンなど，宗教団体にお願いして，宿泊施設を提供してもらいました。しかし，その後も引き続きボートピープルは救助されて日本に入ってきます。カトリックなどの民間施設には限りがあり，受け入れ側も政府が施設を用意すべきだと発言し始めます。入管は受け入れ施設がない限り，無責任に上陸許可を出すことはできません。そもそも法的制度がないわけですから，本来上陸許可はできない，少なくとも宿泊施設がない限り路頭に迷わせることになり上陸を許すわけにはいかない，というのが当時の入管の立場でした。

　そこで，入管は自らの施設である収容場・収容所，自衛隊の施設，各省庁が所管する国の施設，代々木にあるオリンピック記念青少年総合センター，海外移住センター（現在はない），関東財務局管理の施設，ユースホステル，日赤の施設などに目星を付けて利用を検討することにしましたが，いずれも施設の目的に反するなど，その使用は適当ではないとされました。法務省を含め各省は難民の収容・宿泊施設の提供は権限外のこと，つまり自分たち，自らの仕事ではない，むしろ提供してはならない，要するに全く関係はないという立場で，いわゆる消極的権限競合が続きました。しかしながら，そうはいうものの一番窮地に追い込まれたのは，上陸許可の権限だけを持っている入

管でした。当時のボートピープルの上陸許可の原則は，受け入れ施設が確保され，ボートピープル，難民が何日か後に出国するという保証がなければ上陸の許可はしないというものです。そうこうするうちに関係国や船主などから，出国の保証が得られず難民を乗せたまま船が出港するというケースも出ました。

　一つ，問題となった例をあげます。1977年6月13日に上陸を許可したリベリア船ロス・アンデス号37名のケースです。このケースは，収容施設，宿泊施設の確保がとても難しく，長い時間を要し，その間日本に到着した船は難民を乗せたまま，日本の港を鹿児島市谷山港，愛知県衣浦港，大分港，兵庫県加古川港と転々としたものです。最終的には，リベリア大使館から出国保証，船主の属するスイスからは受け入れ保証，UNHCR（難民高等弁務官事務所）からは財政保証を出させました。この日本の対応については，国内のメディアは特に非難するような論調はありませんでしたが，海外の報道は厳しいものがあり，韓国の東亜日報は，一時滞在のベトナム難民に対する日本政府の姿勢は消極的で人道主義に反している，としました。特に日本の難民への対応をフォローしてきたニューヨークタイムズは「ベトナムからの脱出者，地獄の辺土（そば）にいる。世界はこれに耳を傾けない」と題して，ロス・アンデス号については，「8日前日本に到着したが，当局は一時上陸さえ許可していない。リベリア政府又はスイス政府が37名の日本からの出国について責任を取らない限り，また，いずれかの国が難民に永住を与えない限り，日本は上陸を許可しないであろう」，そして，「日本政府は難民に日本で待機することを許可することで人道的義務を果たしているとしている。日本は食料，衣類，住居を与えず，医療，教育，社会的福祉も与えず，また難民に対して働くことも認めていない」としています。そのほか，この記事は日本における在日の人々の歴史的経緯などを述べ，至極まともな意見を述べています。ただし，当時日本はUNHCRなどには金銭的，財政的な支援は相当していましたが，難民を直接引き受けるというような，いわば顔の見える，人的・人道的な貢献はしていませんでした。これが問題だったといえます。

　この記事はアメリカ世論に大きな影響を与えました。アメリカでは議会下院司法委員会（移民・市民権・国際法小委員会）でも議論されたようです。同小委員会ではホルブルック国務省次官補（東アジア・太平洋担当）の「米国以外の諸国もベトナム難民を受け入れるよう米政府は外交的に働きかける方針である」という証言をあげることができます。

　さて，難民問題は基本的に日本の国内問題，つまりボートピープルを日本で引き受けるか否かということなのですが，既に述べたとおり，難民やボートピープルを受け入れる制度も組織もありません。したがって予算も人的な裏づけもありません。受け入れについて，メディアや世論の支持もありません。当初，外務省の南東アジア第一課長は「日本に受け入れる社会的基盤がない。社会へとけこませるには膨大な経費がかかる。世論もない。」と述べています。当の法務省は，①日本は国土が狭く人口も過剰でこれを受け入れる体制にはない，②外国からの移民，単純労働者を受け入れた経験もないし，受け入れていない，③日本は単一民族国家で，難民の社会的統合は至難なことで社会問題を誘発する恐れがある，④難民を受け入れることはアジア全域からの難民の流入の呼び水になる，などと対外的に表明していました。このうち①を除き，②から④は今も日本の社会になんとなく「空気」「気分」のように漂っていないでしょうか。結局，こういった日本の消極的対応がア

メリカなどで報道されるなど，特にアメリカの議会や政府でとりあげられ，国際世論，外圧となって返ってきました。対外イメージの悪化であると問題を認識した外務省は，解決に向けて前面に出てきました。外圧を背景に外務省が動いていった，あるいは動かされていったという政策決定過程があります。推進力は外務省であり，法務省ではなかったということです。

　このような経過をたどり，ボートピープルが日本に初めて到来して2年半後，ようやく1977年9月20日，内閣に「ベトナム難民対策連絡会議」が設置されます。これは後に「インドシナ難民対策連絡調整会議」となり，2002年には脱北者が中国瀋陽にある日本総領事館に駆け込むという事件を契機に，インドシナという名称をはずし，「難民対策連絡調整会議」となり，現在に至っています。ところで，もう一度，当時を振り返ってみますと，政府は各省横断的で統一的な組織として「ベトナム難民対策連絡会議」を設置しますが，問題解決には十分なものではありませんでした。難民の，ボートピープルの一時的な上陸は認めるけれども，特に定住を認めるかどうか，つまり，ボートピープルを日本社会に受け入れるかどうかについて，未だ否定的でした。当時の法務大臣は国会答弁で次のように答えています。「ただ問題は，日本にずっと定住させるか否かというところに問題があるわけでございます。ご承知のように，非常に狭いところに人口の多い国でしかも社会生活が激烈といいますか競争が非常に激しいところで，ああいうベトナムのような方々がちゃんと職について安住の地を得られるかどうか。日本はアメリカその他の広大な国とは違って，そういうところに問題がある。それで難民の人をここに受け入れて定住させて，かえってそれが幸せであるかどうか。そういうところで検討に悩んでおるというのが実情でございまして，できるだけ難民高等弁務官と連絡をしながら，行き先が決まればそちらに移ってもらう。こういうことを現在しているわけでございますが，今後のそういう定住の，問題等については，今お話のように総理府に特別対策室をつくって検討を進めており，こういう事情でございます」。ところが，実はこの法務大臣答弁から3日後，日本は閣議了解で初めてボートピープルの定住受け入れをすると決定しました。なぜでしょう。当時，福田赳夫首相とアメリカのカーター大統領との首脳会談が目前に控えていたからです。再度，外圧です。閣議了解の2日後，1978年4月30日，福田首相一行はアメリカに向けて出発しました。

　ところで，ボートピープルに定住許可が与えられますが，当初はわずか1家族3名だけでした。それはそうでしょう。定住条件も日本人や日本企業などに関係あるものに限られ，日本語教育とか職業訓練などの日本に定着させる明確な政策がなかったからです。その後は定住条件などが緩和され，政策も確立されていきました。定住受け入れの人数枠も当初は数字の表明のないところから出発して，その後は国際環境，対外的な配慮から受け入れ枠を，500，1000，3000，5000，1万人と増やし，最後には枠をはずしました。結局，これまでのインドシナ三国の定住許可数は合計1万1000余りです。行政のインクリメンタリズム，増分主義，漸進主義といえるものでしょう。小出しで対外的にはインパクトがありません。

　総じて，当初の日本の難民問題は人権・人道問題というよりも対外イメージの問題であり，先進国として応分の負担をしなければならないという認識の問題であったといえるのではないかと思います。ボートピープルが日本に初めて到着した1975年は実はフランスで最初のサミットが開かれ，

日本は参加5カ国の1国として加わっています。日本の外面（そとづら）と内面（うちづら）のギャップのようです。その後は，1979年の東京サミット，同年のジュネーブにおける国連のインドシナ難民国際会議などを契機として，日本の難民対策は次の段階に進みます。「ベトナム難民対策連絡会議」は「インドシナ難民対策連絡調整会議」に拡充されます。同じ年，政府の委託を受けて，アジア福祉教育財団に難民事業本部が設置され，姫路と大和に定住促進センターが設けられました。民間においても「難民を助ける会」が立ち上がりました。

こうして内外の動向が政府を，メディアを，国内世論を動かし，目を内から外へ向かわせていき，国際人権規約，難民条約批准・加入に結びついていきます。難民条約加入に伴う法律改正により，それまでの出入国管理令（出入国管理令という名称だが，法律の効果を持つもの）が「出入国管理及び難民認定法」となりました。日本はこのような経過をたどり，全面的に難民を受け入れることになりました。難民条約はまた，社会保障について外国人の内国民待遇を求めています。内外人平等です。これによって国民年金法，児童手当に関する三法の国籍条項が撤廃されました。国際人権規約に関しては公共住宅関係の法律を運用する上での国籍条項が撤廃されました。入管令の退去強制事由についてもハンセン病患者，精神障害者，貧困者など公共負担者であることを理由に国外退去されることはなくなりました。ベトナム難民，インドシナ難民は，このように大きな政策転換を迫りました。難民の権利，人権が保障され，広く内外人平等となったことにより，日本が名実ともに先進国入りしたといえるでしょう。日本が国際標準に達したということでもあります。田中宏一橋大学名誉教授は，「『黒船』となったインドシナ難民」といっています。彼らは日本にある種の開国を迫ったということです。

しかしながら，これらの政策転換は，本来は戦前の植民地政策の負の遺産の清算として，在日コリアンなどに対して真っ先にしなければならなかったことです。人権規約，難民条約批准・加入によって，社会保障上の内外人平等が達成され，その権利が在日韓国・朝鮮人，在日台湾人に均霑されていきました。順序が逆です。当初，厚生省は社会保障における国籍条項の撤廃に反対しました。当時の新聞によると厚生大臣はほかの在日外国人の法的地位に関連してくるような問題は慎重にならざるを得ないと述べ，国民年金への難民加入などについて否定的な見解を示しました。これは，在日韓国人や朝鮮人に対して国民年金への加入を認めていないことをふまえたものとしています。

ところで，ベトナムからのボートピープルの流出は，1979年をピークにその後は減少していましたが，世界的に1987年から1989年にかけて7万人を超える数となりました。1989年には，日本にも約700名のボートピープルが到来しました。10年ぶりに，ジュネーブでインドシナ難民国際会議が開かれました。ボートピープルのなかに出稼ぎ目的のいわゆる「経済難民」がいることも，問題となりました。日本ではこの年は，次から次とボートが九州の海岸に到着しました。合計約3500名の者がボートで日本の海岸にたどり着きました。ところが，そのボートピープルの多くが，中国福建省からの出稼ぎ目的で日本に上陸した偽装難民だということが，判明したのです。日本に留学，あるいは日本語学校に通っていた中国人女学生から，大村の難民一時レセプションセンターかあるいはカトリック関係の施設だったか，いずれかだったと思いますが，そこに宿泊している夫の手紙が届いたので面会させてほしいという申し出があったことから，発覚したといわれています。結局，

中国福建省からの偽装難民約2800人が日本に来たということがわかりました。一方，この年は先に述べましたように，ベトナムからの本物の真正の難民もいましたから，合計3500名ものボート到着者で，入管は審査や調査，収容，宿泊施設の確保に難渋，苦労しました。九州方面の入管では，過労で職員2名に死者が出るということもありました。福岡入国管理局警備課は，それで人事院総裁賞を受けました。これも難民にまつわる話です。

　さて，難民条約加入に伴い難民認定制度を作り，今日に至っていますが，この難民認定について現在，大きな問題があります。昨年2016年の難民認定申請者数，不服申立数はそれぞれ，1万901人，5197人です。いずれの数も，最近はうなぎ登りに増加しています。今年はさらに増えています。ところが，どうでしょう。実際に難民認定された人の数は，わずか28名です。一昨年は27名でした。このように申請者や不服申立者の数に比較して，認定を受ける者の数が非常に少なく，外部から見るととても奇異に見えることです。そしてその数の少なさが，非難の対象となっています。その大きな原因の1つがこの制度の濫用・誤用です。日本で働くためこの制度を使って来日している者が，相当数いるということです。このほかにも原因がありますが，抜本的な改革が求められています。

5　外国人労働者問題

　では，日本の外国人政策が次の段階へ大きく進んでいった1980年代から1990年代をみてみましょう。1980年代半ば以降，入管政策，広くは外国人政策が大きく変わっていきました。その流れは今も続いています。その原因は内外の政治・経済・社会情勢の大きな変化，グローバリゼーション，特に世界における経済競争，近隣諸国との関係，国際テロを含む治安状況の影響などです。

　まず，特に1985年プラザ合意以降，高い円の影響もあり，バブルで加熱した日本に正規，不正規の両面において適法，違法を問わず外国人が入国，流入してきました。東南アジア女性を主とするジャパゆきさん，南西アジアなどの青年を主とするジャパゆきくんなどと呼ばれた人たちが観光などで入国し，オーバーステイをして働きました。また，日本語学校が彼らの来日の手段ともなりました。就学生と呼ばれた人たちです。一部の日本語学校が外国人労働者の受け皿となり，問題となりました。新宿歌舞伎町の歓楽街の中に日本語学校の看板をかかげているものもありました。1988年上海事件が勃発しました。日本語学校が入学許可を乱発したことにより，事件が起きました。入学金や授業料を払い込んだのに入国ビザが取れないと怒った中国人が，上海総領事館を取り囲んだという事件です。既に述べた福建省偽装難民到来の1年前のことです。日本語学校の問題は，外国人労働力との関係で，現在再び浮上してきています。

　当時，不法残留，オーバーステイも年々増加し，1993年には30万人近くになっていました。この年名古屋入管では，違法の外国人を収容する収容場の定員が10数名のところ，7〜80名の外国人を収容し，ひどい状態となったことがありました。

　この時期は，世界的にも1989年ベルリンの壁崩壊を大きな契機として，東西冷戦構造は崩れ，1990年代にかけて世界の大変動が始まります。現代の本格的なグローバリゼーションの開始です。

それは特にヨーロッパで顕著でした。その一面が，移民・難民の時代として出現しました。

　隣国との関係では，韓国は1988年にソウルオリンピックを成功させ，翌年海外旅行を自由化します。その後，韓国からの入国者は急増し，昨年2016年外国人入国者は2321万人で，そのうち韓国人は535万人で第1位，23％を占めています。中国は改革開放後WTO（世界貿易機構）に加盟，グローバル化の波に乗り，今や大国の道を歩んでいます。昨年の中国人の入国者は517万人で第2位，全体の22％を占めています。

　一方，1980年代後半から1990年代初頭は，先にジャパゆきさん，ジャパゆきくん，不法就労問題などふれましたが，バブル景気で労働者不足の時代でした。特に3K（きつい，汚い，危険）といわれた現場がそうでした。戦後初めて広く外国人労働者問題が色々と議論されました。政府の方針は一言でいうと「『単純労働者』は受け入れないが，専門的・技術的分野の労働者は歓迎する」というものです。1988年内閣官房に「外国人労働者問題関係省庁連絡会議」が設置されました。この時期，注目すべきは入管法の改正です。1989年改正，1990年施行です。この改正により「定住」という在留資格が設けられ，日系3世までが就労可能となりました。この法改正を契機として，多くの日系人がブラジルやペルーなどから日本に就労の場を求めて来日しました。

　また，研修が拡大され，技能実習が労働力の受け皿となりました。この研修・技能実習制度により，中小企業は中国，インドネシア，フィリピン，ベトナムなどのアジア諸国から，農業，漁業，製造業，建設業，繊維・衣服，食品製造などほとんどの産業，職種において研修生・技能実習生を受け入れてきました。2017年6月末現在25万人余りの技能実習生が在留しています。しかしながら，この制度発足以来常に問題となってきたのは，研修生，技能実習生に対する暴行・脅迫，パスポートなどの取り上げ，賃金未払い，違法な控除，残業過多などの人権侵害，労働法規違反でした。一方，研修生，技能実習生自身も失踪し，不法残留しました。このため，2度法改正が行われ，研修と技能実習を一本化して，新しい「技能実習」という在留資格を設けました。最近の改正により「技能実習法」（「外国人技能実習の適正な実施及び技能実習生の保護に関する法律」）が，この11月1日に施行されたばかりです。政府は相変わらず技能実習の目的を国際協力，国際貢献としていますが，閣議決定された「日本再興戦略2014」では，外国人技能実習制度は外国人材の活用のところで言及されています。外国人の労働力活用であり，労働力導入でしょう。この制度についてよく本音と建前といわれます。私自身，国際研修協力機構（JITCO）に勤務しましたが，このあたりの機微について，「綱渡り」「ガラス細工」だという声も聞かれました。

6　「成長戦略」と外国人

　現政権は，その経済政策，アベノミクス3本の矢のうち，「成長戦略」の一環として外国人材活用を前面に打ち出しています。グローバル化対応としては既に2012年以来，高度な学術研究，専門・技術，経営・管理の3類型については，学歴などにポイントを設け，一定の点数をクリアした外国人に対して，在留期間最長5年，複合的な在留活動の許容，永住許可要件の緩和，配偶者の就労の許容，一定の条件の下での親や家事使用人の帯同など，優遇策を講じてきました。最近はポイ

ント制を見直し，点数を緩和し，在留資格も「特定活動」として付与してきたことをやめ，入管法改正により「高度専門職」を新設して優遇策を加速させています。今年から「日本版高度外国人材グリーンカード」が創設され，ポイントの高い高度専門職は1年で永住許可申請を行うことができるようになりました。

さらに外国人の活用，それは一面においては外国人労働力の導入ですが，特徴的なのは国家戦略特区における外国人の受け入れです。たとえば創業人材については，特区において外国人起業家の受け入れを促進するため，在留資格「経営・管理」の要件を，入国後種々の準備活動をした後，6ヶ月以内に満たせばよいとしています。また，家事支援外国人の活用については，既に東京都，大阪府，神奈川県，兵庫県で始まっており，人材派遣会社を通じてフィリピンから家政婦さんが来ています。特区では「クールジャパン・インバウンド」導入が始まりました。漫画，アニメーション，ファッションデザイン，ゲーム，和食などクールジャパンとして知れわたっている日本の技術や発想，文化などを専門学校等で専攻した学生に対して在留を許可し，海外での事業展開や来日した観光客などへの対応をさせるものです。また，農業外国人の就労解禁も始まりました。そのほか，製造業における海外子会社等従業員を期間1年以内で，国内に受け入れるというものもあります。それから緊急的・時限的措置として，東京オリンピック・パラリンピックの施設整備や東日本大震災復興対応として，建設などの分野で技能実習が終わった人たちを雇い入れています。今年，「日本再興戦略」は「未来投資戦略2017」に衣替えしました。外国人材の活用として小売業についても企業内グループの短期間の転勤や技術習得などで外国人を受け入れようとしています。また，ITを活用した新たな金融サービス，フィンテック分野においても外国人材をポイント制において優遇する計画があります。

今年は「介護」の在留資格が新設され，11月からは「技能実習」で介護が可能となりました。ご存知のとおり，既にインドネシア，フィリピン，ベトナムとの間でEPA経済連携協定を結び，看護師，介護福祉士が日本で働いています。介護には3つの形態が登場しました。今後も色々な形で外国人を受け入れていくことでしょう。

今や「日本再興戦略」「未来投資戦略」「国家戦略特区」「高度外国人材の更なる呼び込み」等々，外国人政策はすべて成長戦略一色という感じがします。成長戦略に役立つものなら，あらゆる外国人材，外国人労働者を受け入れるというものです。近年の多くの政策，施策は，各種の諮問やワーキンググループ，民間議員の活用などお膳立ては多くあるものの，官邸を中心とする種々の会議体や決定でトップダウン方式によって各省庁におろされ，そこで細部が検討され，まとめ上げられていっています。広く関係者，利害関係者，関係団体，学界，研究者，国民の間で十分議論する機会が与えられていません。また，議論の機運もありません。

また，東京オリンピック・パラリンピックをひかえ，現在政府が力を入れているのは，成長戦略としての観光立国と国際テロ対策です。入管の現場では，審査の迅速化と同時にチェック機能を高めるため入国審査官を増員するとともに，できるだけ審査を合理化，機械化してきました。今もその過程にあります。今後，ICT化，AIの導入等の進展により，審査とは何かが問われるでしょう。

7　管理と抑止

　管理と抑止の分野について目を転じます。国連等の国際的な動向などに促されて，人身取引による被害者に対して，在留特別許可を与える措置や入国者収容所等視察委員会の設置，収容所・収容場の処遇改善などを除き，総じて上陸拒否事由，退去強制事由，罰則，在留資格の取り消し，指紋等の個人識別情報の取得，在留カード制創設，各種調査権限の付与など，近年，この分野は強化の方向にあったといえます。内外人平等がある程度達成されたという観点において，あるいは外国人の権利・利益との関係において，さらには日本社会が種々の領域において進化していることとのバランスにおいて，この分野が議論の俎上に載せられ十分に論及されたとは思われません。

8　在日コリアン，難民，日系人

　さて，ここまで戦後から外国人政策の流れをざっとみてきました。政府は現在，外国人労働の，外国人労働者の，あるいは外国人材の需要のあるところに，また，その需要の掘り起こしに間口を広げて政策を推し進めています。しかしながら，今，本当に必要なことは，もっと奥行きのある課題，本格的な外国人受け入れ，移民について，国会はもちろんのこと，各界各層にわたる国民的な議論を行い，基本的な方向を定め政策を確定し，諸法令を整備することです。それには少なくとも日本に定着し，定住・永住し，あるいは帰化している在日コリアン，難民，日系人が直面してきた問題，課題を，一度総ざらいしなければなりません。外国人政策，移民政策で最も肝心なことは，内外を問わず，生活し定着しその土地の住民となり，多くがその国の国民となる人々をどのように受け入れ，待遇するかが問題です。社会の構成員としての外国人とその役割，日本社会における自他共生，社会的包摂などは，国の政策レベルの問題，課題としてほとんど手つかずのままです。こういったことを考えるには，入管法などの既存の法律や政策の束はほとんど無力です。また，少子・高齢化問題なども，ただ人口や労働力移入の問題として論じるのであれば，40年前，日本は人口過剰だから，難民や労働者を受け入れないのだ，といったことの裏返しで，倫理性が欠けていることはもちろん，あるべき国の形が見えません。

　私は在日の人たちにも，その存在は歴史的経緯によるものではありますが，外国人として，外国に出自をもつ者として，これから続いてくる人たちの先輩として，先を行く者として，自らの経験を踏まえ，この社会をどのようにしていけばよいか，もっと発言してほしい。もうお客さんでも招かざる客でもなく，この社会の主人，あるじの一人ですから。また，ベトナムなどから難民として来日した人たちもかつて南米に渡った移民の子孫，日系の人々，またその他のニューカマーも同様，色々教えてほしいと思います。

9　日本は移民社会

　最後に，日本は移民社会かどうかということです。
　政府は，現政権は外国人受け入れについてわざわざ「移民政策と誤解されないように」といいます。閣議決定「日本再興戦略」の長期的な検討の箇所で「移民政策と誤解されないよう配慮し，かつ国民的コンセンサスを形成」といっています。安倍首相も政府関係者も，国会答弁などでも，移民を受け入れるのではない，といいます。しかし，これは現実に合致していません。あるいは社会学的，社会科学的には間違った認識です。昨年末，2016年末で日本に中長期的に在留している外国人は238万人です。これには観光や商用で短期に日本に来ている外国人は含まれません。このすべての在留外国人238万人のうち，在日コリアンなどの特別永住者，永住者，日本に定着し生活している定住者，永住者の配偶者等，日本人の配偶者等の5つの資格，在留資格を合計すると140万人で59％，約6割となります。この140万人の人々の生活，人生の基盤は日本です。外国ではありません。外国人のストック約6割の人々がこの日本の地に根を生やしている事実，現実は，事実としての移民です。さらに日本に帰化する人，日本人になる人がここ3年，毎年9000人台で推移しています。日本人と外国人の国際結婚は，年間2万件ぐらいです。国際結婚で生まれる子供は父母両系主義ですから日本人としてもカウントされます。帰化した人や国際結婚で生まれた人は日本人ですが，同時に外国にも出自があります。この人たちも社会学的には移民としてとらえることができます。戦後50万人以上の人たちが帰化しました。その子孫はどの位いるでしょうか。アメリカなどの移民国では，例えば日系アメリカ人といいます。韓国系日本人，中国系日本人がいるわけです。さらに毎年，3～6万人が永住許可を受けています。
　私は公務員のころ，ずい分前から「日本は移民国ではないという神話がある」といってきました。第1次小泉内閣のとき，当時も首相は日本の国柄について国会答弁で「世界から信頼される，日本に投資してみたいな，日本に行ってみたいな，あるいは日本で仕事をしてみたいな，という国にする」と答えました。私は「日本に永住したい。日本人になりたい」が欠落していると思います。ここを本格的に考えないと，日本はこれから本当に魅力ある国とはならない。それには事実に目をつぶっていてはならない。本格的な移民6割と他の外国人労働者，あるいは外国人材といってよいでしょう。これらの人々はもう既に社会の構成員，フルメンバーなのに，そしてかなりの数の者が移民となる可能性が高いにもかかわらず，せいぜい「生活者としての外国人」というところで思考停止しています。しかもこれについても確とした政策を打ち出していません。
　「生活者としての外国人」というテーマは，犯罪対策関係閣僚会議設置の「外国人の在留管理に関するワーキンググループ」で在留管理が議論され，一方，「地域における多文化共生プラン」が策定される過程で「外国人労働者問題関係省庁連絡会議」において，それらの議論，検討事項を後追いする形で，日系人を中心とする対応策を取りまとめたという経緯があります。その対応策も，地方自治体がそれまで直面し苦労して対処してきた外国人に対する諸施策を，列挙し支援したいとするものにすぎません。そもそもこの連絡会議は1988年に関係省庁申し合わせにより設置された局長

レベルの会議で老舗でもあり，外国人に関する問題や政策を各府省庁横断的に議論する唯一の会議体ですが，課題を外国人労働者問題に限っていること，構成員のレベルが閣僚等で構成する各種の会議に比べて低いこと，しかも会議の法令的な設立根拠が閣議決定等ではなく関係省庁申し合わせであることが，日本における外国人政策の位置付け，現状を表しています。しかも，2006年12月25日同連絡会議策定の「『生活者としての外国人』に関する総合対応策」では，わざわざ「日系人に関する政策を含め外国人政策全般については，さらに引き続き検討が必要である」ということわり書きをつけています。外国人政策は同連絡会議の所管外といっているのか，課題の引き延ばしをしているのか，おそらく外国人政策は所管外で，任にたえないということでしょう。

　その後，2008年リーマン・ショック後の日系人に対する救済や支援については，政府は2009年1月，急遽内閣府に「定住外国人施策推進室」を立ち上げ，副大臣クラスを構成員とする「日系定住外国人施策推進会議」を設置しています。ただし，この会議は日系人問題に特化されていて未だ外国人政策，外国人受け入れ，移民について，政府横断的，統一的に議論する場はありません。日本は既に移民社会であり，今こそ共生について，私は交流共生と呼んでいますが，本格的に取り組まなければ時機を失ってしまうと思います。人口に対する在留外国人比率も先進諸外国に比べて比較的低く，犯罪状況については良好，格差の問題はあるものの失業率が低いなど，諸条件はよいと思います。一方，共生ということは，当然のことながら日本が分断社会であってはならないということでもあります。そういうことにも意を注がなければなりません。

10　日本にとってアジアとは何か：むすびに代えて

　もう1つアジアということについて考えてみます。昨年末の在留外国人は238万人です。中国人が69万人で29％，韓国人が45万人で19％，フィリピン人が24万人で10％，あとネパール，台湾，タイなどを加えるとアジア人は全体の70％以上を占めます。ブラジル人，ペルー人を日系人，つまりアジア人として加えると80％を超えます。一方，フローの外国人，昨年の新規入国者2109万人のうちアジアの人々は1945万人で約84％です。第1位から第4位までは，韓国人535万人，中国人517万人，台湾人401万人，香港（中国）人174万人で，合計すると70％を占めます。要するに，7～8割がアジアの人々ということです。不正規面，イレギュラー，違法関係はほとんどがアジア人です。しかも，日本に入国する7割の人々，つまり，韓国，中国，台湾，香港の人々，上位4位までの人々は地理的に最も近く，歴史的にも最も関係が深く，しかも経済的には相互依存の関係にある国，地域の人たちです。外国人のストック，フロー双方の観点からみると日本の外国人政策はアジア人政策であり，アジア政策でなければならないという面を強く持っています。このことはアジアに対する外交政策と深く結び付くとともに，それ以上に，これらのアジアの人々が，これからも引き続き日本の交流共生社会を，大きな柱となって支えていきます。日本の内なるアジアです。明治以降，また戦後のアジアとのかかわり，特に植民地支配，アジア・太平洋戦争という負の遺産を考えるとき，また，アジアと日本との経済相互依存・連携を考えるとき，アジアは日本の外にあるだけでなく，日本のうちにあるということを十分知らなければなりません。日本にとって共

生とは，アジア問題であり，課題としてのアジアです。内なるアジアを考えるとき，日本がこれまで十分に果たしえなかったこと，実現できなかったことは，差別と偏見の排除，機会の平等，内外人平等，格差の是正，必要に応じてポジティブ・アクション（アファーマティブ・アクション），社会的モビリティへの配慮などです。

　少し別の観点からアジアをみます。ここからは未来の話です。アジアについて広く深く考えるとき，日本人は隣の内なるアジアの人々とこの日本の社会で共に実践すべき何かがあるのではないか。それは今までになかったような価値ではないか。私は，これは成長ばかり追い求める「経済主義」からも安心・安全という名の「治安・管理主義」からも生まれてこないと考えます。近代化，工業化をつき抜け成熟社会に向かおうとする日本には過去の近代化・西洋化でもない，そうはいっても今のままのアジアの続きでもない，何か可能性があるのではないか。これは内なるアジアの人々が参入してこそ，お互いに自他交流し共生してこそ生まれる何かだろうと考えます。混成文化，雑種文化といわれてきた日本には希望があります。アジアについて思いをめぐらすと，①自然への畏敬・環境適合，②敵対回避・平和志向，③秩序親和，④共同体重視，⑤多神競演，⑥自己充足，⑦静謐・夢想・諦観という言葉などが浮かびます。慈悲・無常・中庸という古くからの観念も思いつきます。必要なら和というのをつけ加えてもよいでしょう。

　さて，現政権は閣議決定までして「移民ではない」といいつのり，太平洋の向こうアメリカでは国境に壁を作り，難民受け入れを減らすといいます。ヨーロッパでは反移民・反難民の嵐が吹きすさぶとき，いささか反時代的なことを述べました。

　　※本稿は，2017年度移民政策学会（5月27日，成城大学）における特別講演「入管政策の来し方，行く末」の原稿をもとに質疑応答，その後の動向を追加し，テーマの趣旨に徹して講演体で加筆したものである。

The Changes in Japan's Immigration Policy and the Prospects for the Future Viewed from the Perspective of Immigration Control Administration:
Is a Society of Exchange and Coexistence or a Symbiotic Intercultural and Integrated Society Possible?

MIZUKAMI Yoichiro   *Support 21 Social Welfare Foundation*

Key Words: society of exchange and coexistence, boat people, Japan as an immigrant country

Japan's immigration policy began with the start of the immigration control administration after the war. The Immigration Bureau in charge played a major role in taking countermeasures against stowaways coming over to Japan from the Korean peninsula and took part in solving the issue of legal status of Korean residents in Japan. In the meantime boat people who had continued to arrive in Japan from Vietnam since their first arrival in 1975 made the government drastically switch its policy from not admitting refugees to allowing them to land and reside in Japan. At last Japan became party to the International Covenants on Human Rights and the Convention Relating to the Status of Refugees. After that there was a lot of argument on the issue of foreign workers including foreign nationals of Japanese descent, trainees, technical intern trainees, etc. Then the revised Immigration Control Law was enforced. The government publicly says that Japan does not accept foreign workers for "so-called unskilled labor", but welcomes foreign nationals in the professional and technical fields. However the realities are different from the official position.

The current administration is carrying out wide-ranging policies such as introducing immigration preferential treatment, utilizing the national strategy special zones etc. to implement the "Growth Strategy". However the government refuses to recognize that Japan is statistically a de facto immigrant country. So far it has not formulated comprehensive policy for receiving foreigners even though it is highly probable that not a few foreign residents in Japan will become immigrants in the future. 70 to 80 percent of foreign nationals coming into or residing in Japan are Asian people. We would be advised to pay more attention to this fact, looking back on history. We are also asked to develop imaginative powers in making up a society of exchange and coexistence where different people including those Asians meet and live together.

書評

髙谷　幸 著
追放と抵抗のポリティクス
―― 戦後日本の境界と非正規移民

ナカニシヤ出版，2017 年

　本書では，著者が研究者として，そして移住者支援NGO勤務の実践者として，外国人との距離感を図りながら，在留資格がない外国人の入国管理における取り扱いを，戦後から現在まで70年間を時代ごとに対象を分類して，分析を加えている。前半では，戦後の朝鮮韓国，ベトナム反戦，被爆者援護運動などの国内政治情勢とのかかわりが深いものが対象になり，後半でニューカマーである労働者，家族・「血」・ジェンダー，子どもといった経済情勢や国際的人口移動の中での移民が対象になっている。そして，それぞれの時期において，正規化と退去強制の線引きが検証され，国家が追放対象としている非正規移民について社会構成員としての立場に着目した受入れ状況を分析している点に特徴がある。

　著者によれば，本書は非正規移民を巡る追放と抵抗のポリティクスを描き出し，戦後日本における境界作用の論理と効果を明らかにするものとのことである。高度成長期を中心に確固たる境界を持つ島国として想定される一方で，80年代以降はグローバル化する日本というイメージが強調されてきたが，どちらにおいても人の移動と境界作用は対象とされてこなかったという認識を持って，「国家の境界と社会のメンバーのずれを体現する存在としての非正規移民」に着目し，国家の境界を描き出している。

　第1章で先行研究の検討，理論的枠組の考察，追放と抵抗のポリティクスの視座が示されている。「島国」と「グローバル化」というイメージ，そこから導き出される「国家の境界」を社会との関係から考察する視点に着目し，国家の境界は，追放というサンクションを持つ方を道具として利用する主権権力によって引かれるが，抵抗運動をはじめとする様々なアクターの交渉によって社会の規範的価値が導入され争われるという認識が示されている。

　第2章，第3章は，戦後の国籍喪失に係る韓国朝鮮出身者や旧日本領である朝鮮半島からの密航者との関係，ベトナム反戦運動・被爆者援護運動等政治的要素のある事案について，正規在留の継続を含めて扱われている。

　第4章から第7章は，主としてニューカマーにかかわるものであり，追放と抵抗がそれ以前の時期のケースとの断絶と連続が浮き彫りにされ，労働者，家族・「血」・ジェンダー，子どもという各観点から検討が加えられている。韓国朝鮮という近隣諸国が中心であったものが，経済発展に伴いアジアを中心とする多数の国を対象とするようになり，それらの人々が労働力の供給源としての黙認から，治安対策としての不法滞在者政策の対象になった様子が描き出される。労働・医療・地域

書評

　生活にかかわる権利運動では，入管法，労働法等が並列的関係に立って労働者等の立場を見るのに対して，入管から見る「入管法」は入管法の枠組みの中において労働法等他の法律があるという視点に立つという点も指摘されている。つまり，マクリーン判決に言う在留資格の枠内での人権保障である。

　終章において，社会的・歴史的存在としての非正規移民と国家の境界が検討されている。国家の主権の行政裁量の大きさに抵抗する戦略として，在留資格にかかわらず社会のメンバーであること，各外国人の子どもや家族などの社会性と植民地支配の歴史性の強調がある。非正規移民を社会的カテゴリーと捉えることは，国家主権の絶対性を否定することにはつながらないが，相対性を持ち込み，外国人を個人として社会的存在として肯定する作用をしてきたことが示されている。

　実務家として第4章以下の時期を体験し裁決取消訴訟等にかかわってきた立場からすると，入管行政を戦後から検証することによって在留資格がない外国人を正規化する過程を可視化している点は，現在非正規移民にかかわる実務家を含めた関係者でこの時期を知る者は減少してきている中で非常に貴重な資料である。そして，本書からは戦後における平和憲法の現実感とその時代の流れの中での変化を感じ取ることができる。そして，豊富な文献を参照し，また実践に伴う当事者の声を総合的に拾い上げている。

　今後の発展的研究で期待するとすれば，非正規移民と入管＝国家との対立に見えるが，入管は執行部門であって必ずしも全面的な意思決定機関ではないため，国の側の異なる機関などがどのように動いたかを教示願いたい。たとえば，「在留特別許可にかかるガイドライン」の策定に伴う透明性や公平性が国家主権の絶対性，つまり国家の裁量を制限する方向に向かう可能性があり，これの成り立ちについては単に入管の政策的判断によるものではなく，他の行政機関の判断によって影響を受けている。

　また，国際人権条約等の締結が国家の追放のメカニズムにどのような影響を与えているか，逆に国内法の視点では扶養等の親子関係が強調される反面入管法上は親に対する在留資格は用意されていないこととの整合性があるのか，という国際法及び国内法の観点との比較にも期待したい。

　本書は，入管行政の研究者，弁護士，行政書士等実務家，ボランティア，学生などにとって，多くの資料と考察の視点を提供する良書である。

宮崎　真（弁護士）

書評

許 之威 著
移民政策の形成と言語教育
—— 日本と台湾の事例から考える

明石書店, 2016 年

　日本では, 2016 年 10 月に外国人労働者数がはじめて 100 万人を突破し（厚労省 2017.01.27）, 2017 年 6 月末の在留外国人数は過去最高の 247 万 1548 人となった（法務省報道発表資料 2017.10.12）。これは総人口比で約 1.95％となる。これに対して許（131 頁）は,「2014 年の台湾における中長期滞在外国人は総人口の 3％以上を占める可能性がある。この割合は, 韓国をわずかに下回っている一方, 日本を上回っている」としている。最早, 東アジアの韓国, 台湾, 日本は,「移民受け入れ地域」と言ってしかるべきだと考える。しかし, これらの地域は移民受け入れ社会として, 必要な政策, 施策, システムを構築して対応しているだろうか。

　本書は, タイトルが示すように, 成人外国人移民に対する言語教育面に焦点を絞って, 台湾と日本における第二次世界大戦後から 2015 年までの政府等の対応状況について調査研究を行った第二言語教育についての言語政策研究をまとめたものである。ここで言う「成人移民への言語教育」とは,「成人移民を受け入れ国の国語を教えるために, 受け入れ国の実施する意図的・組織的な教育活動」だと定義している（12 頁）。

　「前書き」（3-4 頁）や「初出一覧」（237 頁）によると, 2015 年の著者による博士論文（「成人移民への言語教育——1945 年以降の日本と台湾の場合」京都大学〔人間・環境学〕）を中心に 3 編の論文（第 3, 4, 7 章）を加えた構成になっていると考える。全体は,「前書き」,「後書き」を除き, 序章, 第 1 章から第 7 章, 終章から成る。

　序章では, 欧米などの成人移民への言語教育状況等, 本書の研究テーマの背景を概観している。周知のようにオランダをはじめとして成人移民の受け入れ国の多くで, 当該国の主流言語学習機会が提供されているばかりか, 学習を義務化している。これについて日本や台湾ではどう扱うべきかという問題提起（15 頁）がなされていて興味深いが, 以降, それらについての深い議論が展開されず残念に感じた。また, 国際人権規約の教育を受ける権利と各国の政策との関係なども取り上げてほしかった。

　第 1 章から第 4 章は, 日本の移民等に対する地域日本語教室における第二言語教育としての日本語教育についての言及である。第 1 章は, 戦後から 2000 年以降まで, 第二言語教育における政府関与の度合いによって四つの期に分け, それぞれの特徴と取組について記述している。2000 年以降についてで文化庁が中心となって行っている「地域日本語教育支援事業」及び「『生活者としての外国人』のための日本語教育事業」を取り上げ, 政府が成人移民の生活にとって日本語能力を重視し

書　評

　行っている政策であるとしている。第2章は，「地域日本語教育」について，「これまで地域日本語教育の実態を反映している調査は皆無である」として，地域日本語教室のネットワークである「京都にほんごリングス」関係者に対する取材などによるケーススタディの報告となっている。19人の日本語教室代表者等への聞き取りによって現場にある種々の意見を紹介しているが，それらの意見に対して担当省庁，地域行政の見解も知りたいところだ。第3章と第4章は，「地域日本語教育」現場関係者が移民の日本語学習支援を行うことで「同化」を強いざるをえないという葛藤に関する議論だが，著者はマジョリティ日本側のナイーブな気持ちに理解を示しつつも，成人移民にとって生きるために必要な日本語学習機会保障が優先するというスタンスを取っている。成人移民当事者としての意見として受け止めたい。

　第5章から第7章は，台湾における成人移民に対する第二言語教育状況に関する記述である。第5章は，もともと移民社会であり多民族社会である台湾の成り立ちや戦後の移民政策について，中国大陸統治期，軍事政権統治期から李登輝，陳水扁，馬英九それぞれが総統の時期の移民政策を解説している。移民社会である台湾において，台湾人とは何かを考える上で分かりやすい解説となっている。第6章は，政府が行っているすべての台湾住民に対する言語政策がありその一部に移民に対する第二言語教育としての言語政策があることを明らかにしている。「帰化テスト」に焦点を当てた第7章も含めて，多くの行政担当者への取材から，この社会の本音として，外国人労働者等の成人移民を第二言語教育対象者とは考えていないことが分かる。対象としているのは外国人配偶者であり，それも彼女たちの「言語」教育というよりは，それも含んだ台湾での子育て能力向上教育と考えられそうである。これについては，2004年に政府が改正「国籍法」に組み込んだ「基本言語能力と一般常識の基準」に対し，「政府によると，この『基本言語能力と一般常識の基準』を実施する目的は，外国人配偶者の育児能力を高め，社会参加を促進することである」（178頁）と指摘している。少子化が著しい台湾社会が外国人配偶者に期待するものが何かがよく分かる。

　2014年11月，台湾の外国人登録者数は，62万9997人（129頁）であり，うち「ブルーカラー外国人労働者」数は，53万1283人（196頁）である。政府はこれらの人々を第二言語教育対象者とは考えていないということの意味も自ずと理解できる。

　日本社会でも日系人労働者や技能実習生等の言語権としての第二言語学習機会の社会的保障は，政府，行政，社会によって意図的にネグレクトされてきた。スイスの作家，マックス・フリッシュの「労働者を呼んだはずが，来たのは人間だった」という言葉を人権無視の告発として，移民を含めたすべての人間の自己実現を支える社会のあり方を考えたい。日本社会の移民受け入れを考えるうえで参考となる一冊であろう。

　　　　　　　　　　　　　　　　　　　　　　　　　　　　　　　　山田　泉（元法政大学教授）

書評

小井土彰宏 編
移民受入の国際社会学――選別メカニズムの比較分析

名古屋大学出版会，2017年

　「俺たちは何度でも帰ってくるからな」――これはアメリカ西海岸で生き抜く「不法移民」の言葉である。彼らのエスノグラフィックなルポをまとめた田中研之輔が，近著の帯に掲げている（田中，2017）。近年，合衆国新大統領D. トランプや欧州の右派政党などによる移民・難民排除政策が高まっている。しかし，このメキシコ系移民労働者の言葉に象徴されるように，国境管理がいくら厳格化されても，国家が移民や難民のフローを完璧にコントロールできる訳ではない。

　この間，欧米諸国では80年代の新自由主義を基調にしながら，90年代以降，多文化主義に対するバックラッシュが高まり，「新たな国民」の社会統合のあり方が課題化した。しかし，これは同時に，移民受入政策における選別主義的傾向が強化される過程でもあった。本書はこうした移民政策の動向を，日本も含めて比較社会学的な観点から捉え直そうとする意欲作である。

　編者の小井土によれば，論争の持続的蓄積と発展が不十分になる傾向がある日本における移民政策論に対し，本書は，「選別的移民政策のグローバルな展開の存立構造を示し，大きな鳥瞰図と比較考察の視点を提供すること」，そして「安易な制度移転の解毒剤となり，また新たな政策論争のための土台づくりになること」（353頁）を目指したという。本書は，こうした目標をみごとに達成した，すぐれた共同研究だと評価したい。

　本書における選別的移民政策の分析射程は，一方での同化可能性の高い高度技能移民の積極的受入政策と，他方での非正規滞在者＝潜在的犯罪者とみなされがちな「単純労働」者の排除，といった二項図式的な理解を超えて，多様な中間層の選別の具体的なメカニズムを解き明かす方向に拡張される必要があるとしている。また，移民の選別過程も，多くの場合，多段階的な選別過程となっており，そこで編者は，選別的移民政策を，「多元的基準が連結して時間的に多段階をとり，空間的・社会的には重層して配置された境界構造をなす複合的政策」（13頁）と定義しており，これらの点は大いに注目されよう。

　具体的に本書で比較考察されているのは，第Ⅰ部「古典的移民国の新たな選別戦略」（アメリカ合衆国，オーストラリア），第Ⅱ部「EU諸国の受入政策の転換」（EU，イギリス，フランス，ドイツ，スペイン），第Ⅲ部「後発受入国の戦略形式」（韓国，日本）であり，序章と終章のほかに12本の論考（うち合衆国，ドイツ，日本は各2本）が収録されている。

　終章で小井土は本書全体の総括を試みている。評者にとってとりわけ興味深かったのは以下の諸点である。第一に，「選別的包摂と排除の重層構造」という指摘であり，高度技能移民政策の多様性，「排除の中からの包摂」政策と「選択の中からの排除」のシステム化，周辺化したストックからのさ

書評

らなる排除（移民の一部の犯罪者化），「境界上の人々」（滞在許容の人々や仮放免者など）の増加，国家によるむき出しの主権行使が可能な「例外空間」（国内外の大規模収容施設）の存在など，今日の移民政策が「包摂か排除か」という単純な二項対立的なものでないこと。第二に，市場開放を前提としたグローバル市場での国家間の競争過程における政策の相互学習と制度移転の進展，そして結果としての，政策の重層構造を貫く国家機能のあり方の収斂（移民行政全般の集権化というべき統治様式の接近），そして第三に，移動する主体を選別・把握し追尾しうる動的な統治テクノロジーの浸透，という指摘である。

さらに編者は，今日の移民受入をめぐって国家が直面する新たな矛盾として，①国家間における「才能と市民権の交換」というべき競争の発生（デマンド側の選別の貫徹困難），②滞在期間の段階的な長期化への絶えざる圧力（新たに適合的な技能労働力の育成・選別のためには定住化の傾向を排除できないこと）を挙げている。これらの点は，冒頭に挙げた「不法移民」の言葉と同様，越境移動する多様な主体の側にも「選択という行為」が担保されていることを如実に示している，と言えよう。本書から評者は多くを学んだが，こうした政策の対象となっている主体側の視点や論理をどのように掘り下げ，多次元的に関連させながら政策分析していくか，今後ますます重要になると考える。

最後に，日本周辺の人の移動の活発化を考えるとき，中国，ロシアなどの北東アジア，そして東南アジア諸国などにおける移民政策の比較分析も重要な研究課題となっている。今後，こうした空間までウイングを広げた比較研究も積極的に展開されることを期待したい。また，1980年代以降，グローバル化によって高度資本主義が新たな段階に入り，過去20年間，中心的な社会・経済秩序から〈放逐〉される人間，企業，場が急増しているとの指摘がある（サッセン，2014=2017）が，ヒトの越境移動を取り巻くより大きな枠組みで，今日の移民政策を位置づける研究も求められていることを付言しておきたい。

《文献》
田中研之輔，2017『ルポ 不法移民――アメリカ国境を超えた男たち』岩波新書
サッセン，S.，2014=2017，伊藤茂訳『グローバル資本主義と〈放逐〉の論理――不可視化されゆく人々と空間』明石書店

渡戸 一郎（明星大学教授）

書　評

日本政策金融公庫総合研究所 編
中小企業の成長を支える外国人労働者

同友館，2017 年

　日本国内で就労する外国人労働者数は 2008 年 10 月末の 48 万 6398 人から 2017 年 10 月末には 127 万 8670 人と近年急増しており，外国人労働者にかんする報道も新聞等各種メディアで数多く扱われている。そうした中，2017 年夏に『中小企業の成長を支える外国人労働者』（日本政策金融公庫総合研究所編）は発行された。

　本書の第 1 章「日本における外国人就労の現状」は日本政策金融公庫総合研究所主任研究員である竹内英二氏により，2015 年までの官公庁統計を用いて，日本の入国管理政策，在留外国人の動向，新規入国外国人の動向，外国人労働者などについて論じられ，最新の状況を数字に基づいて理解できるようになっている（法務省『在留外国人統計』については 2016 年のものまで）。また，日本企業等への就職を目的とした「技術・人文知識・国際業務」に係る在留資格認定証明書交付状況（業務別）の 2010 年から 2015 年の推移など，各年の法務省報道資料もまとめられている。

　第 2 章では日本政策金融公庫総合研究所が 2016 年 8 月～9 月に実施した「中小企業における外国人労働者の雇用に関するアンケート」（回収数 3924 社／回収率 24.6％）の結果を用いて，第 1 章の筆者でもある竹内英二氏が中小企業の外国人雇用の実態について記述的分析を中心とした考察を行っている（資料として巻末に「外国人材の活用に関するアンケート」の調査票と単純集計結果も記載されている）。企業の外国人材の活用状況については，厚生労働者が発表している「外国人雇用状況」の届出状況を通じて国籍別，在留資格別，都道府県別，産業別などを活用して全体像を把握するケースが多いが，本調査では，外国人従業員の最終学歴・在籍先や日本語能力，そして外国人を雇用するようになった理由，必要とする「外国人ならではの能力」，外国人の能力に期待して担当させている仕事，外国人を雇用する利点などの詳細について 3924 社もの多くのサンプルから回答を得ている。外国人従業員の主な採用経路や，外国人従業員の日本語学習への支援，日本人への研修との比較，外国人従業員の住宅，外国人従業員の渡航・帰国の費用負担などについても調査が行われている。

　第 3 章では筑波大学人文社会系准教授の明石純一氏が「海外からいかに働き手を招き入れるか──日本の現状と課題」について包括的な分析と提言を行っている。本章は「この先の日本はいかに海外から人材や人手を招き入れることが可能なのか」という問いかけを出発点として，1989 年の「出入国管理及び難民認定法」の改正から，原稿執筆時点までの第 2 次安倍晋三内閣の外国人政策の取り組みについての整理が行われている。そして他のアジア諸国・地域との比較を通じた政策面，非政策面の考察に加え，日本の外国人労働者の中で近年，急速に存在感を増しているベトナム

から日本への労働者送り出しの状況について，明石氏が2014年から2016年にかけて3度，ハノイとホーチミンにおいて実施したヒアリング調査結果についての報告と考察も含まれている。

本書で特に興味深いのは，本書の編者である日本政策金融公庫総合研究所が1991年に実施した「中小企業における外国人労働者の雇用に関するアンケート」との結果比較を通じ，企業が外国人を雇用している理由として「人手不足」以外の要因（「外国人ならではの能力が必要だから」など）がバブル期と比べ，増加していることである。特に，雇用している外国人が「正社員」だけの企業では，「外国人ならではの能力が必要だから」が35.9％と，外国人を雇用している理由の中で最多となっている。さらに，必要とする「外国人ならではの能力」についても従業者規模別で回答が整理されており，外国人労働者がどのようなかたちで，どのような規模の企業の成長を支えているのか，その実態を明らかにしている点は本書の重要な貢献と言えるだろう。

惜しまれる点は，上述の調査結果もふまえた総括としての第2章第6節「中小企業における外国人従業員の役割」において，先行研究や理論的考察が，やや不足していることである。竹内氏は日本人労働者と外国人労働者の関係が「代替的ではなく補完的」な関係であり，日本人の起業や雇用の増加にもつながっていると主張しているが，その主張を支える理論的根拠や事例については十分な提示がされているとは言い難い。また，中小企業の成長を支える外国人従業員たちの家族の問題については，住宅について簡単に触れられている程度であったため，子どもの教育などについても，踏み込んだ議論を展開できていれば，さらに議論が深まったのではないだろうか。

とはいえ，これらは無いものねだりであり，中小企業の成長を支えるという視点から外国人労働者について論じている本書の価値を損なうものではない。本書は中小企業の人事担当者はもちろんのこと，外国人労働者問題に関心のある学部生・大学院生，そして市民団体関係者などにも幅広く手に取って頂きたい有意義な書籍である。

佐伯 康考（大阪大学特任助教）

宮島 喬著
フランスを問う──国民，市民，移民

人文書院，2017年

本書は，2015年のテロ事件以降，分断と排除が進む傾向にあり，また，ナショナルポピュリズム政党である国民戦線（FN）が無視できない勢力となってきている移民社会フランスで，「統合と多文化（多民族）の共生がいかにはかられうるか」（ⅰ頁）を問うものである。本書は，「フランスを問う」視点が述べられる序に続いて，著者が2014年以降発表した3篇の論考に，書き下ろしの5篇

書評

を加えた，次に示す8つの章からなっている。

1　「イスラーム問題」の構築と移民社会——2015年パリ危機からその後へ
2　同時的に起こっているヨーロッパの危機と変動
3　ナショナルポピュリズムとそれへの対抗力——フランス大統領選の社会学から
4　オリジンを問わないということ——フランス的平等のディレンマ
5　フランスの移民政策の転換——"選別的"政策へ？
6　若者，移民第二世代の雇用と福祉
7　フランス人とは何か——パトリック・ヴェイユを読む
8　デラシネとしての移民？——バーレス，デュルケム再考，ノワリエルを通して

　一見すれば，本書は，2010年代半ば以降のフランスで起きている出来事が移民の統合と多文化共生の視点から，それぞれのテーマに沿って書かれたものであるようにも思える。しかし，本書を貫くのは，「共和国モデル」や「共和国的統合」という強力な理念やそれにもとづく諸原則があり，それらが定着しているにもかかわらず，移民の社会的統合が進展せず，多文化（多民族）共生を否定するナショナルポピュリズムが拡大してきている現象を次の3つの視点から見るという姿勢である。

　A.「共和国的統合」の機能不全もしくはモデル適用の不徹底
　B.「共和国的統合」それ自体のもつ問題や限界
　C.「共和国的統合」の恣意的な読み替え

　本書の言う「共和国的統合」とは，「移民，難民，ディアスポラなどのフランス社会への迎え入れをはかる普遍的な原則とされ，オリジン，属性にかかわりなく，すべての者が『個々の普遍的な個人として』平等に受け入れられ，機会の平等が保障され，無償の公教育を利して職業や地位へとアクセスしていく」（7-8頁），そうした統合の仕方である。A.とB.については，著者はこれまでも積極的に論じてきたが，本書において著者が移民と移民第二世代の社会的な位置や移民に対する差別を論じるとき（とくに第6章），その背後には，A.の「共和国的統合」の機能不全もしくはモデル適用の不徹底という視点がある。また，「マイノリティの地位や条件を顧慮し，是正するポジティヴアクション政策はとられにくい」（27頁）と論じるとき，さらに，「教育優先地域」（ZEP）に代表される，「人」ではなく「場」を対象とする移民支援策のフランス的な形を論じるとき，統計の取り方や公表の仕方を論じるとき（とくに第4章），その背後には，B.の「共和国的統合」それ自体のもつ問題や限界という視点がある。

　FNというナショナルポピュリズム政党の言説・活動だけでなく，「政治的ライシテ論」にも，C.の「共和国的統合」の恣意的な読み替えを見ることができ，しかもそれが無視できなくなったことで，「『国民(ナシオン)』というこの語に含ませる意味」（9頁）を，過去を振り返りながら問わねばならないというのが，本書執筆の主要な動機であろうと評者は読んだ。1890年代のブーランジェ問題の時期，1940年代前半のヴィシー期という二度の「反共和主義」の時代に続いて，「はるか昔より土地と血

書評

に結びついて築かれてきた，個人を超える実体に関係するもの」（228頁）として「国民(ナシオン)」を捉える潮流が強まったのは，今日のFNが三度目であることが述べられる（とくに第7章と第8章）。それは，「私は糾弾する」のゾラに対するバーレスのコメント（228頁）とスタジに対するジャン＝マリ・ルペンの態度（103頁）が，発言者の出自(オリジン)から，発言内容の正当性や重要性を貶めるという点で同じであることからも裏づけられている。ただ注意が必要なのは，過去の二度が明確に「反共和主義」または「非共和国」であったのに対して，共和国が定着したいま，FNとくにマリーヌ・ルペンが党首になって以降のFNが「反共和主義」を掲げていない点である。その本質は「反共和主義的」であるにもかかわらず，FNは「共和国の守護者」を自任している。それゆえいっそう，C.の視点からフランスの出来事を読み解く必要がある。

　A. B. C. の視点はそれ自体がフランスに残された課題でもある。「共和国モデル」の市民への定着の結果，「民族差別や異なるものとの共生の拒否に通じる問題を政治の課題とすべきでないという拒否感」（77頁）から，一端はFNが政権を握るおそれは遠のいた。「ただ，問題はそこから先にもある。（中略）格差社会のなかで下方を占め，EUの中でも取り残されていると感じる層の条件の改善に，ポピュリスト的な言説によらず，どのような方法論で接近するか，である」（12頁）。このように著者はこれからのフランスをも問う。

　最後に，著者が本書のなかで日本に対する批判的視点を幾度か示していることにも触れておきたい。日本を思考の基盤とする者が「フランスを問う」とき，そこには「日本を問う」という間接的な比較がある。それでは，著者と同様の視点で日本を問うたとき，どのような結論が引き出せるか。そもそも，フランスと同じ枠組みで，つまり，問題や限界，そしてその恣意的な読み替えがあるにせよ，統合と多文化共生のための強力な理念やモデルをもっているフランスと同じように，日本を問うことができるか。日本は統合と多文化共生のための理念やモデルをもっているか。フランスを問う本書を介して日本について考える。これも本書の読み方の1つであろう。

中野 裕二（駒澤大学教授）

塩原良和 著

分断と対話の社会学
——グローバル社会を生きるための想像力

慶應義塾大学出版会，2017年

　興味深い本がまた出た。前著『共に生きる——多民族・多文化社会における対話』（弘文堂，2012年）以来の，私たちの思考を大いに刺激する著作だ。そう述べる理由は少なくとも3点ある。第1に本

書評

書は、「分断」に抗う著者が、対話を鍵概念として共生の問題をしなやかな思考力で論じる点。その柔軟かつ粘り強い思索には驚嘆する。第2は、その論述が決して独りよがりではなく、社会学を中心に鍛えられた諸概念を適切に選択して活用する点だ。それらは、単なる学説史的知識ではなく、問題を考察し解決に導くための道具や補助線として用いられる。第3は、そうした概念的・理論的な思索はときに現実から遊離しがちとなるが、本書は著者の調査研究に基づく重みのある論理展開となっている点だ。いうまでもなく、オーストラリアなどの多文化社会に関する実証的知見の積み重ねが土台にあるからだ。

一読者として私は、最初に『変革する多文化主義へ——オーストラリアからの展望』（法政大学出版局、2010年）を読み、オーストラリアでのボランティア活動の様子も織り込んだ記述の見事さに驚いた（なお最近、このテーマに関して著者は『分断するコミュニティ——オーストラリアの移民・先住民族政策』〔法政大学出版局、2017年〕を刊行した）。次に読んだのが『共に生きる』であった。この的確に整理された著書の続編が本書である。

さて、本書は10章構成。「はじめに」や第1章で、「他者の置かれた立場や思いに対する想像力」の不足・欠如、あるいはそれへの拒絶を問題としつつ、いかに他者への共感や（批判的）想像力を養うのかという主題が示される。「他者／社会に対する想像力とは他者との共約不可能性を前提として、なお他者を理解しようとする知的営み」（16頁）である。その際に生じる誤解等を回避するのは「他者との相互作用を通じた相互変容を行う意思」を伴った「対話」である（17頁）。ただし、その時に問われるもう一つの論点は「ナショナルな想像力の限界を越える」（18頁）点である。それゆえに、議論はグローバリゼーション（第2章）および移動（モビリティ）に及ぶ。ここでは「グローバリゼーションはコスモポリタニズムの成立可能性を増大させる」（51頁）という言葉に注目できる。だが、その可能性増大は容易ではない。そこで、「トランスナショナルな想像力へのレッスン」（第4章）が必要となる。

トランスナショナルなものへの着目が「グローバルに共有される価値規範の模索という理念的トランスナショナリズム、あるいはコスモポリタニズムの問いを呼び起こす」（79頁）とはいえ、ここで論ずべき点はさらに2つある。一つは「加速する資本主義」。そこでは「スピード感」の名のもとで効率性やステレオタイプ化が選好され、時間をかけた議論が忌避されて「参加の平等」が実質的に失われがちとなる（100頁以下）。惨事に便乗し焦りを活用した「復興」に象徴されるスピード感はこの種の資本主義の本質である（第6章）。熟議やケアは蹴散らされるかのようだ。もう一つは、国民国家におけるナショナリズムの問題だ（第7章）。ナショナリズムにも様々なタイプがあるが、国民であることが国の恩恵に浴することになる（「国に愛される」）論理は、「国益」とともに、国民ならざる者への不寛容な排外主義へと転じやすい（第8章）。それは「内なる敵」を探して他者化する風潮ともなる。ヘイトスピーチを行う人・黙認する人におけるいわば構造化された差別と排除への抗いは、特に「受苦可能性」と「加害可能性」への気づきが要諦となる（第9章）。だからこそ、

書 評

　在日コリアン3世がヘイトスピーチ集団の主導者に手渡した手紙で,「私たち出会い直しませんか」,「加害,被害のステージから共に降りませんか」と語る点は重要である (175頁)。そこで著者は,最終章「共生と対話」で「『聴くこと』から始まる対話」を提唱し,さらに「おわりに」で,私たちに「暴力的に押しつけようとしている議論の土俵そのものを,『共に決めなおす』こと」(206頁) を提案する。その志向はきわめて重要だ,と私も思う。

　とはいえ,本書ではほとんど触れられていない別の「分断と対話」の局面もある。いずれこの点に関する著者の見解が聴けることを期待して,あえて記しておきたい。それは,トランスナショナリズムや多文化社会をめぐるより広域圏への問いである。分断を克服し,共生を目指す先には,国家という枠組み自体がすでにかなり窮屈で,この意味で脱国家的な志向を必要とするだろう。そこでトランスナショナリズムは,リージョナリズムへ,すなわち国家単位ではなく,もっと広いリージョナルな東アジアや環太平洋といった広域圏のあり方へと進むように思われる。例えば,戦前の東亜協同体論は別にして,最近でも東アジア共同体が語られ,沖縄の思想家たちも移民ネットワークを踏まえた広域の連携を模索し,さらに政治経済的にはASEAN+6やRCEPなどの広域の単位が着目されている。分断をこえ共生をさらに問おうとするとき,こうした具体的な連携への未来構想も描く必要性があろう。おそらくそれは,著者自身が述べていることだが,「今日において,コスモポリタニズムとは世界市民共同体……を目指す理想というよりは,現実に出現しつつあるグローバルな政治（略）・経済・社会（略）・文化（略）の現実を踏まえたうえで,国家や民族,文化や宗教を越えた連帯や共働を目指す立場」(64頁以下) であるからだ。オーストラリアでの経験も踏まえて,本書の延長線上で著者から広域連帯への展望を聴きたいと願う。本書はそうした展望・理念への問いの,その出発点にして到達点でもある内容を含んだ著作である。

西原 和久（成城大学教授）

ロジャース・ブルーベイカー 著（佐藤成基・髙橋誠一・岩城邦義・吉田公記 編訳）
グローバル化する世界と「帰属の政治」
——移民・シティズンシップ・国民国家

明石書店, 2016年

　本書は,『フランスとドイツの国籍とネーション——国籍形成の比較歴史社会学』(佐藤成基・佐々木てる監訳, 明石書店, 2005年, 原著1992年) で知られる歴史社会学者ロジャース・ブルーベイカーが2000年以降に発表した論文や著作の一部を独自に集め, 日本語訳した論文集である。前訳書以降, ブルーベイカーの研究の射程は, 冷戦後の東欧や旧ソ連地域におけるナショナリズムへと拡張

書　評

し，エスニシティ，人種，ナショナリズムをめぐる包括的な理論枠組や研究方法についても積極的な発言を続けている。本書は，書き下ろしの序文と，新たに訳出された7篇の論文で構成され，エスニシティ／ナショナリズム研究における著者の多様な研究関心とその一貫した理論的立場を概観できる。

　本書は，前訳書以降の研究の展開を著者自身が解説した序章から始まり，第1部では，グローバル化時代の「帰属の政治」という課題に対して，基本的な研究視角としての「国民国家」や「ネーション」のあり方を議論する。第1章では，「国民国家」を分析的な理念型，規範的な理念型として概念化する。しかし，実際には理念化されたモデルと完全に合致する「国民国家」は存在しないため，「帰属の政治」が問題化する。それは，たとえば，移民・難民・少数民族など，国家の領土内で国家の成員とされていない人々や十全なメンバーシップを保障されていない人々をめぐる内的な帰属の政治，在外「同胞」など，国家の領土外にありながらも，国家や国民への帰属を求める（求められる）人々をめぐる外的な帰属の政治というかたちで現れる。ブルーベイカーは，このような「帰属の政治」の問題化を，国民国家の解体やネーションの弱体化としてではなく，国民国家モデルを拡張した「越境的ナショナリズム」として描き出す。さらに，第2章，第3章では，ナショナリズムを，規範モデルとして限定的に擁護し，「単一の近代」論への組み込みを図るなど，1990年代以降の人文社会科学の「流行」と一線を画す議論を展開している。第2部では，「帰属の政治」の実例として，冷戦とそれ以後のドイツと朝鮮における「越境的メンバーシップ」を比較し（第4章），フランス・ドイツ・アメリカ国内における移民マイノリティの「同化への回帰」現象（第5章）を指摘する。そして，第3部では，方法論的・認識論的な議論として，人文社会科学における「認知的転回」を取り込んだエスニシティ概念の再定義（第6章）や，「ムスリム」研究のための「分析のカテゴリー」と「実践のカテゴリー」の区分の有効性について議論を重ねる。

　巻末には編訳者による丁寧な解説が収録されており，ブルーベイカーの「ネーション中心的」なアプローチがもたらす知見が整理されている。とくに，「帰属の政治」研究における「集団」から「カテゴリー」への焦点の移行，「ネーション中心的」アプローチによるトランス（ポスト）ナショナリズム批判，構築主義的なエスニシティ／ナショナリズム論との距離については，この解説に詳しい。評者としては，解説との重複を避けつつも，本書が喚起する議論を2点挙げておきたい。

　まず，著者は「分析のカテゴリー」と「実践のカテゴリー」を「区別する」ことの重要性を繰り返し強調している。両者を混同すべきではないが，「帰属の政治」の社会学にとっては，相互の再帰的関係にこそ注意を払うことが必要ではないか。「分析」が規範的な問いかけを含み，運動としての「実践」が新たな分析的な視角を生み出すことは広く見られる。実際，第5章で言及されたグレイザーとモイニハンの『人種のるつぼを超えて』は，分析的な学術研究でありながら，その発見は「偶像破壊的」な規範転換をもたらした。また，人種エスニシティ研究では，反人種主義の社会運動が提起した「制度的人種主義」「国内植民地主義」など，社会運動の言語なしには分析的な概念形成を

語ることは難しい。

　また，本書は，人種やエスニシティを「世界についての見方」という心的な図式として再定義する認知的視座を提示し，ミクロな視点から「帰属の政治」を描こうとする。しかし，第2部で提示された事例研究は，「国境外民族同胞」をめぐる政策的位置づけの変化や，ホスト社会と移民集団内で生じる「同化」への大まかな移行を描いたものであり，認知的視座の優位性が活かされた事例とは言い難い。むしろ，当事者のミクロな認知世界を重視する認知的視座は，「国民国家」を越境する移民の生活世界に着目するトランスナショナリズムや，少数者の独自の文化的アイデンティティ形成に注目する差異主義的な立場との親和性が高いように思われる。認知的視座の提起が，「ネーション中心的」な著者の立場性とどのように有機的に結びつくのか，実証的な事例研究をふまえた説得的な議論が求められる。

　もっとも，ナショナリズム，エスニシティ，人種をめぐる規範的・差異主義的な議論の「社会通念」化に対する挑発的な問題提起は，ブルーベイカーの議論の魅力の一つである。評者の立場としては，そこにある種の政治的保守性を見ずにはいられないが，現代世界における「帰属の政治」を視る眼を鍛え上げるための重要論文のいくつかを丁寧な日本語訳で読めることの意義は大きい。

　　　　　　　　　　　　　　　　　　　　　　　　　　　　　南川 文里（立命館大学教授）

文献紹介

朝倉美江　『多文化共生地域福祉への展望――多文化共生コミュニティと日系ブラジル人』
高菅出版，2017年

社会福祉制度・援助から排除されている移民の生活実態と課題を日系ブラジル人に焦点をあてて明らかにした。なかでもトランスナショナルな移民の生活を支援するためには複数国にまたがる移民家族を支援する多文化生活支援システムの必要性が論じられた。その上で移民の生活，教育，労働等の権利を保障し，日常生活圏域であるコミュニティとともにグローバルなコミュニティを位置づけた多文化共生地域福祉の枠組みと展望について論じてある。

荒牧重人・榎井縁・江原裕美・小島祥美・志水宏吉・南野奈津子・宮島喬・山野良一 編　『外国人の子ども白書――権利・貧困・教育・文化・国籍と共生の視点から』
明石書店，2017年

学校教員や研究者，弁護士や社会福祉関係者，NPOスタッフなど，多様な分野の専門家，総勢73名の執筆者によって，「外国につながる子ども」の現状と支援の課題を網羅的にとりまとめた画期的な白書である。本書は，外国人の子どもの状況を把握し，移動や在留資格，貧困や差別など，外国人ゆえに直面する困難を理解し，子どもの権利をどのように保障していくかを考察し実践する者にとって，必読の書といえよう。

榎井縁 監修　『ちがいドキドキ多文化共生ナビ――在日外国人教育実践プラン集』
大阪府在日外国人教育研究協議会，2017年

在日外国人教育のための優れた教材である。「遊び」「あいさつ」「食文化」「フィールドワーク」といった多文化理解に関するものや「言葉の壁」「共生社会」「ヘイトスピーチ」「マイクロアグレッション」といった人権や差別に関するものなど，多様なテーマや切り口で，学年や学級，教科を問わず取り組めるプランが掲載されている。なお，収録されている教材は，府外教HPからダウンロードして活用することも可能である。

岡部みどり 編　『人の国際移動とEU――地域統合は「国境」をどのように変えるのか?』
法律文化社，2016年

本書は，欧州統合が人の国際移動にどのような影響を与えているかを法，経済，外交／安全保障，EU主要加盟国政治の観点から明らかにする良書である。欧州難民危機の根本原因や，英国のEU離脱の一因となった「人の自由移動」政策の欠陥を，制度的起源（シェンゲン／ダブリン体制の生成）を重視しつつEUの構造的な問題として理解せんとする試みである。EUに内在する移民・難民問題の

本質に迫る卓越した議論の集積である。

外国人人権法連絡会 編　『日本における外国人・民族的マイノリティ人権白書 2017』
外国人人権法連絡会，2017 年

人権NGOや弁護士，研究者などで構成されている外国人人権法連絡会が，2006 年から毎年刊行している白書である。ゼノフォビアとヘイトスピーチ，移住労働者の受入れ政策，"先進国"日本の外国人管理体制，移住女性の権利，マイノリティの子どもたちの権利，地域の「多文化共生」と人権など，例年の項目に加えて，2016 年に共同通信が実施した「外国人住民に関する全国自治体アンケート」の結果と分析も掲載されている。

『開発教育』編集委員会 編　『開発教育』64 号
開発教育協会，2017 年

「多文化共生教育社会の未来と開発教育」の特集号である。理論編として「日本における多文化共生社会の構想」（鈴木江理子），「包括的な平和教育の視点に基づく多文化共生教育の可能性」（孫美幸），「いじめ・レイシズムを乗り越える教育」（渡辺雅之），実践編として「高校での多文化共生と市民を育てる開発教育」（角田仁），「多文化共生社会のための"ばづくり・ひとづくり"」（榎井縁）他が掲載されている。

華僑華人の事典編集委員会 編　『華僑華人の事典』
丸善出版，2017 年

日本華僑華人学会の会員を中心に企画・編集され，外国人を含む学会内外の専門家約 150 人が執筆。中国発の国際移動の歴史，華僑華人の経済・政治・文化，世界各地のコミュニティ，研究の先端的論点についての約 210 項目（見開き 2 頁ないし 4 頁）とコラムを署名入りで論じる〈読む事典〉。引用・参照文献を明記し，索引と史・資料も充実している。

高 誠晩　『〈犠牲者〉のポリティクス──済州4・3／沖縄／台湾2・28 歴史清算をめぐる苦悩』
京都大学学術出版会，2017 年

本著の研究では，済州4・3事件と沖縄戦，台湾2・28 事件を事例として，各々の紛争後社会がめざすべき被害者救済や真相糾明のための過去克服への取り組みと，ローカル・コミュニティが創造・発揮してきた経験知の実践との比較が試みられた。紛争後社会における「負の歴史」の清算に有効とされてきた移行期正義論への批判を踏まえ，紛争とその後を生き抜いてきた人びとのローカルな知と実践の潜在的可能性が探られている。

後藤光男　『永住市民の人権——地球市民としての責任』
成文堂，2016年

　本書は法学における「外国人の人権」をめぐる論点を扱うものである。従来の通説判例では外国人には制限されるとされてきた人権につき歴史的・規範的に分析する本書は，地球規模の市民権すなわち「永住市民権」を構想し，人権が普遍的なものである以上，その享受は国籍によって左右されず，生活の本拠のある滞在国で保障されるべきだと主張する。外国人の人権保障に関して残された法的課題を俯瞰するのに最適の一冊である。

駒井洋 監修／人見泰弘 編　『難民問題と人権理念の危機——国民国家体制の矛盾』〈移民・ディアスポラ研究　第6号〉
明石書店，2017年

　難民問題が国民国家体制では解決困難なグローバルイシューとなり，それに対処する人権理念までもが揺らいでいることを示す。第Ⅰ部は難民流出の世界史的社会構造に迫り，グローバル資本や国家による排除や再編が明るみとなる。第Ⅱ部はアフリカ中東・欧米を舞台に，難民流出国・経由国・受入国での難民問題の位相の違いが見出される。第Ⅲ部は難民ディアスポラの包摂と排除をめぐり，国境を越える越境的社会空間の構築が描かれる。

佐竹眞明・金愛慶 編　『国際結婚と多文化共生——多文化家族の支援にむけて』
明石書店，2017年

　日本の各地で多文化共生のための施策が実施されている。しかし，増加する国際結婚の当事者たる結婚移民者等の権利が保障されているとは限らない。本書は多数を占める日本人男性と中国人，フィリピン人，韓国・朝鮮人の女性との結婚に絞り，夫婦，子ども・若者の実態調査がまとめられた。国際結婚夫婦への支援政策が整った韓国の例も紹介された。3年間の実態調査に基づき，望ましい支援体制・施策・政策を明らかにしようとされた。

鈴木江理子　「外国人労働者と労働災害——彼／彼女らが直面する制約的状況」『労働の科学』72巻9号，28〜33頁
大原記念労働科学研究所，2017年

　特集「労働災害統計を読む」に掲載された論文である。厚労省は，2004年から「労働災害発生状況」で，外国人労働者の労働災害死傷者数を公表している。本稿は，各種統計を参照しつつ，「外国人は労働災害にあいやすいのか？」「なぜ外国人は労働災害に直面しやすいのか？」という問いに対して，日本語能力や働く職場の特性，外国人差別や在留資格上の問題など，彼／彼女らが直面する制約的状況を指摘している。

寺田知太・上田恵陶奈・岸 浩稔・森井愛子　『誰が日本の労働力を支えるのか？』
東洋経済新報社，2017 年

　本書は，野村総合研究所の 2030 年研究室による未来予測プロジェクトの成果である。働き手が激減する中，日本の個人・組織・社会はどのような変化を求められるのか。これを考えるきっかけとして，外国人労働力と人工知能等のデジタル労働力の活用に着目する。オックスフォード大学との共同研究である人工知能やロボットによる日本の職業代替可能性も紹介される。

西日本新聞社 編　『新 移民時代──外国人労働者と共に生きる社会へ』
明石書店，2017 年

　「暮らしの隣　移民 100 万人　工場バス，アジア系続々」留学生に関する衝撃的な報道で始まった連載は，2016 年 12 月から 7 カ月に及び，留学生や技能実習生など働く外国人の実態に鋭く迫るとともに，彼らによって支えられる日本社会のあり方を深く考えさせるものとなった。取材は日本各地と海外 8 カ国に及び，他社の追随を許さない報道は 2017 年の早稲田ジャーナリズム大賞を受賞した。日本の移民研究者必読の一冊である。

学会報告

2017 年度年次大会

　2017年度年次大会は，東京都世田谷区の成城大学で2017年5月27日，28日の2日間にわたり，のべ200名を超える参加者を得て下記内容で開催されました。

5月27日（土）
【特別講演会】（13時～14時30分）　　　　　　　　　　　　　　司会：近藤　敦（名城大学）
テーマ：「入管政策の来し方，行く末」
　　　　　　　　　　　　　　　　　　　　　　　　　　講演者：水上 洋一郎（元東京入国管理局長）
【ミニシンポジウム】（14時45分～16時45分）
テーマ：「基礎教育を保障する共生社会の構築に向けた課題と展望
　　　　　――多様な教育機会確保法の成立，施行を踏まえて――」
　　　　　　　　　　　　　　　　　　　　コーディネーター（企画・司会）：野山　広（国立国語研究所）

趣旨説明
〈パネリストによる報告〉
　1．「法案成立と今後の展望」　　　　　　　　　常盤木 祐一（文部科学省初等中等教育局）
　2．「法案成立までのロビー活動と今後の課題」　　関本 保孝（基礎教育保障学会）
　3．「法案成立を踏まえた基礎教育保障の在り方展望」　　岩槻 知也（京都女子大学）
　4．「法案成立を踏まえた法曹界からの期待と展望」　　　高橋　済（弁護士）
　5．「海外の事例等を踏まえたコメント（課題，展望）」　　新矢 麻紀子（大阪産業大学）

【総会】（17時～18時）
【懇親会】（18時15分～20時）

5月28日（日）
【自由報告・国際セッション】（10時～12時）
〈自由報告Ⅰ〉　　　　　　　　　　　　　　　　　　　　　司会：菅原　真（南山大学）
　1．「脱柱状化時代のオランダにおけるムスリム移民の社会的排除／包摂」
　　　　　　　　　　　　　　　　　　　　　　　　　　　　　久保 幸恵（神奈川工科大学）
　2．「ロシアにおけるナショナリズムと『同胞』の定義について――問題提起――」
　　　　　　　　　　　　　　　　　　　　　　　　　　　　　ムヒナ・ヴァルヴァラ（上智大学）
　3．「韓国における二重言語教育政策にかんする研究」　　　川本 綾（大阪市立大学）
　4．「公共人材に対する多文化対応力研修」　　　　　　　　松岡 洋子（岩手大学）

〈自由報告Ⅱ〉　　　　　　　　　　　　　　　　　　　　　司会：塩原 良和（慶應義塾大学）
　1．「台湾介護市場で働く失踪外国人介護労働者の現状——失踪労働者インタビューによる一考察——」　　　　　　　　　　　　　　　　　　　　　　　鄭安君（宇都宮大学大学院）
　2．「技能実習生受け入れに対する自治体の支援と『多文化共生』——埼玉県川口市を事例として——」　　　　　　　　　　　　　　　　　　　　　　山口 塁（法政大学大学院）
　3．「日中を移動する中国人若年人材の国際労働移動に関する考察——元留学生と非留学生の就職と離職——」　　　　　　　　　　　　　　松下 奈美子（名古屋産業大学）
　4．「多文化共創による経済的価値の効用——別府市における留学生受入れを事例として——」
　　　　　　　　　　　　　　　　　　　　　　　　　　　　佐藤 由利子（東京工業大学）

〈国際セッション〉　　　　　　　Chair: IGUCHI Yasushi（Kwansei Gakuin University）
Theme: Muslim Societies and International Migration in Japan

　1．Introduction to the Theme of "Muslim Societies and International Migration in Japan"　　　　　　　　　　　　　　　The Committee of International Exchange, JAMPS
　2．Multicultural Symbiosis and Diaspora Identity: Bangladeshi Muslim Community in Japan　　　　　　　　　　　　　　　　　　Anamika Sultan（University of Tsukuba）

【Interest Group A（難民部会）】（12 時〜 13 時）
　　　　　　　　　　　　　　　　　　　　　　　司会：滝澤 三郎（東洋英和女学院大学大学院）
　　　　　　　　　　　　　　　　　　　　　　　　　報告者：橋本 直子（サセックス大学）

【Interest Group B（学会と高等学校の連携部会）】（12 時〜 13 時）
　　　　　　　　　　　　　　　　　　　　　　　　司会：池上 重弘（静岡文化芸術大学）
報告：「日本とイタリアにおける少子高齢化社会と移民問題の関係性」
　　　　　　　前川 裕史（兵庫県立国際高等学校主幹教諭）／嶺山 和希（同校 2 年生）

【シンポジウム】（13 時〜 16 時）
テーマ：「日本における移民政策のグランドデザイン構築に向けて——入国管理体制の再検討——」
挨拶：移民政策学会会長
趣旨説明，進行役：明石 純一（筑波大学）
〈パネル〉
　1．「日本における国際人口移動転換とその中長期的展望——日本特殊論を超えて——」
　　　　　　　　　　　　　　　　　　　　是川 夕（国立社会保障・人口問題研究所）
　2．「出入国管理政策の改革及び包括的な外国人政策の課題——東アジア経済と労働市場の構造変化を展望して——」　　　　　　　　　　　　　　　　井口 泰（関西学院大学）

3.「外国人技能実習制度 30 年の歴史と今後の課題」　　　　　上林 千恵子（法政大学）
4.「移民・難民政策の入口としての留学生政策」　　　　　　佐藤 由利子（東京工業大学）

2017 年度冬季大会

2017 年度冬季大会は，2017 年 12 月 2 日（土）愛知県名古屋市の南山大学で開催されました。参加者は，114 名でした。

【自由報告・国際セッション】（13 時 10 分〜 15 時 10 分）
〈自由報告Ⅰ〉　　　　　　　　　　　　　　　　　　　司会：西原 和久（成城大学）
　1.「カナダにおける退去強制・国家安全・憲法的統制」　　山本 健人（慶應義塾大学大学院）
　2.「合法と非合法の連続性において生じる人身取引の研究――芸術興行ビザで韓国に移住した
　　　フィリピン人女性に注目して――」　　　　　辻本 登志子（青山学院女子短期大学）
　3.「日本人若者の東南アジアへの移動と就労――タイとフィリピンでのインタビューから――」
　　　　　　　　　　　　　　　　　　　　　　　　　　　　　　　宣元錫（中央大学）
　4.「ニュージーランドの中等学校で活動する間文化的媒介者としてのティーチャーエイド――
　　　オークランドにおける ESOL の実践に着目して――」　　柿原 豪（成城大学大学院）

〈自由報告Ⅱ〉　　　　　　　　　　　　　　　　　　　司会：石井 由香（静岡県立大学）
　1.「在日ロシア語圏女性移住者の事例で考える外国人女性の労働市場への統合」
　　　　　　　　　　ゴロウィナ・クセーニヤ（東京大学）／ムヒナ・ヴァルヴァラ（上智大学）
　2.「日本企業における外国人高度人材育成戦略」　　　　福嶋 美佐子（法政大学大学院）
　3.「高度外国人材育成を支える日本語学校に関する事例研究――多様化する留学生に即応した
　　　進学予備教育及び指導に着目して――」　　　　　　文朱姫（名古屋大学大学院）
　4.「高齢中国帰国者の居場所づくりに関する先行研究の検討――多様性を尊重した支援のため
　　　に――」　　　　　　　　　　　　　　　　　　　蒋潔程（広島大学大学院）

〈国際セッション〉　　　　　　　　　　　　　　　Chair: Yolanda TSUDA（Kobe College）
　1. The Integration of Japanese Migrants into German Society: The Example of
　　　Dusseldorf　　　　　Vanessa TKOTZYK（Bonn University/Japan Foundation）
　2. The Impact of Extreme-right Parties on the Policy Orientation of the Mainstream
　　　Party in the Area of Immigration
　　　　　　　　　　　　　　　　　　　TOMITA Saki（Mitsubishi Research Institute）
　3. The Demographics of Foreign Residents and Government Efforts at Multilingual
　　　Disaster Information Dissemination: A Cross-Sectional Analysis of 21 Japanese Cities

David GREEN, Matthew LINLEY & Justin WHITNEY（Nagoya University）
4．Rethinking Student Migration Policies in Japan as a Non-Immigration Country in the Context of Aging Society and Immigration

KWON Daesung（Doshisha University）

【学会と高等学校の連携セッション】 司会：塩原 良和（慶應義塾大学）
1．「ベトナム人労働者への調査結果からみる日本の技能実習制度への考察——"STEP HARIMA in HANOI"プロジェクトによる外国人労働者の受け入れについて——」

前川 裕史（兵庫県立国際高等学校教諭）／中嶋 龍祐（同校2年生）

【シンポジウム】（15時30分～18時30分）
　挨拶：近藤　敦（名城大学，移民政策学会会長）
　テーマ：「難民政策の制度構造の再検討——名古屋東海圏の動きから考える——」
1．企画趣旨：人見 泰弘（名古屋学院大学）
2．「名古屋東海圏の難民および難民申請者の現状」　　羽田野 真帆（名古屋難民支援室）
3．「名古屋東海圏の難民認定裁判の分析と難民認定制度に対する意義」

川口 直也（弁護士，名古屋難民支援室）
4．「難民の社会統合に向けた市民社会の取り組みと今後の政策課題」

石川 えり（難民支援協会）
5．「当事者の視点から——日本の難民政策へのコメント——」
6．ディスカッサント　　　　　　　　　　　　　滝澤 三郎（国連UNHCR協会理事長）

小坂田 裕子（中京大学）

【懇親会】（18時45分～20時30分）

『移民政策研究』編集規定

(2013年12月14日改定)

1. 本誌は，移民政策学会の機関誌で，1年1号として発行する。
2. 本誌は，原則として本会会員の移民政策関係の研究の発表にあてる。
3. 本誌に論文，報告，書評，学会動向の各欄を設ける。なお，論文と報告は英文での執筆も認める。
4. 論文は，投稿論文と依頼論文とからなる。
5. 報告は，事業や実践についての単なる事実の記述だけでなく，筆者の解説・分析等を加えたものである。
6. 依頼論文，報告，書評の依頼は，編集委員会で行う。
7. 学会動向欄は，学会大会，各関連学会等の活動状況の紹介にあて，その依頼は編集委員会において行う。
8. 原稿の掲載は編集委員会の決定による。
9. 原稿の著作権（著作者人格権を除く）は，発行後1年間，無償で移民政策学会に帰属するものとし，1年経過後は著作者に帰属するものとする。なお，著作者は，移民政策学会のホームページ上に原稿を掲載することを承諾し，その対価は求めない。

『移民政策研究』執筆要項

(2016年3月26日改定)

1. 原稿の長さ
原稿の長さは，以下の範囲内とします。分量計算はすべて文字数を単位とします。
(1) 論文は12,000字以上20,000字以内
(2) 報告は12,000字以内

2. 構成
論文と報告には，タイトル，著者名と所属，本文（図表・注・引用文献を含む）のほか，和文要約と英文要約，およびキーワードを添付してください。
(1) 和文要約は600字以内，英文要約は250語以内とします。
(2) キーワードは，和語・英語各3語で，和文要約と英文要約の前にそれぞれ記載してください。
(3) 本文には，見出し，小見出し，注，引用文献，図表までを含めます。
(4) 論文と報告の構成はタイトル，著者名と所属，和語キーワードおよび和文要約，本文，英語キーワードおよび英文要約の順序としてください。

3. 書式
原稿の書式は以下の原則にしたがってください。
(1) 原稿はA4判の用紙を使って，40字×40行で見やすく印字したものを提出してください。各頁には，通し番号を付してください。
(2) 英数字は，1文字については全角，2文字以上の場合は半角文字を用います。ただし，欧文中はすべて半角となります。
(3) 章，節，項には半角数字を用いて，それぞれ「1」「(1)」「(a)」のように記してください。
(4) 英文字人名や英文字地名はよく知られたもののほかは，初出の箇所にその原綴りを，「マックス・

ウェーバー(Max Weber)」のように記してください。
⑸　原則として西暦を用います。元号を使用する場合には,「平成9 (1997) 年」のように記してください。

4. 図表・写真
⑴　図表・写真は,執筆者の責任で電子形態で作成し,オリジナルおよび仕上がり寸法大のコピーも原稿とともに提出してください。電子形態での様式については,査読審査後にお知らせします。またその作成にあたって編集委員会でなんらかの費用が必要な場合は,執筆者からその費用を徴収する場合があります。
⑵　図表の頭に「図1　外国人入国者数の推移(2008年12月末現在)」のように題名を記し,データ類を他の文献から引用する場合には,下部に「出典：法務省入国管理局編,2007『出入国管理 平成19年版』」のように,引用した文献を挙示します。
⑶　図表・写真の挿入位置を原稿中に明記してください。大きさに応じて1/4頁大＝400字相当, 1/2頁大＝800字相当と字数換算します。

5. 注・文献引用
⑴　注は,本文該当箇所の右肩に通し番号*1, *2のように記し,本文の最後にまとめて記載します。
⑵　本文中における引用文献の参照形式は,「Levi-Strauss, 1962：253＝1995：229」のように,「著者名,原著発表年：原著引用頁＝和訳書刊行年：和訳書引用頁」を記します。
⑶　引用文献リストは,著者名(日本語文献は五十音順,外国語文献はアルファベット順),発行年,論文名(書名),雑誌名,巻号,出版社名,所在ページの順で記載します。和文文献は,書名・雑誌名を『　』で,論文名を「　」でくくってください。英文書名・雑誌名は,イタリック体にするか下線を引いてください。
〈例〉
単著和文　駒井洋, 2006『グローバル化時代の日本型多文化共生社会』明石書店, ○頁
単著欧文　Tomlinson, S., 2008, *Race and Education: Policy and Politics in Britain*, Open University Press, p. ○
編著和文　児玉晃一, 2007「裁決・退去強制令書に対する異議申立て―司法の現場から」渡戸一郎・鈴木江理子・A.P.F.S.編著『在留特別許可と日本の移民政策―「移民選別」時代の到来』明石書店, ○〜○頁
編著欧文　Anwar, M., 2000, New Commonwealth Migration to the UK, in R. Cohen (ed), *Cambridge Survey of World Migration*, Cambridge University Press, pp. ○ - ○
雑誌和文　近藤敦, 2009「なぜ移民政策なのか」移民政策学会編『移民政策研究』1号, 現代人文社, ○頁
雑誌欧文　Taylor, C., Fitz, J. and Goard, S., 2005, Diversity, Specialization and Equity in Education, *Oxford Review of Education* 31(1), p. ○
⑷　判例は,頁は,原則として判例が掲載されている初出の頁を引用し,最高裁判所判決は,大法廷判決を「最大判」と表示し,小法廷判決を「最判」と表示します。
〈例〉
「最判」平成20年2月5日「民集」43巻6号355頁
「東京地判」平成19年11月10日「判時」1410号23頁
　なお,先例,通達は,文部科学省平成21年5月2日初等中等教育局長「通知」などのように表記します。法律や判例を収録している文献からの引用は,単著和文に準じます。

(5) インターネット上のホームページの情報を文献として利用したときは，サイト名，URL，アクセス日を以下の例にならって明記してください。

〈例〉

和文　統計局 HP 内「平成 17 年国勢調査」(http://www.e-stat.go.jp/SG1/estat/List.
　　　do?bid=00000102519 1&cycode=0，2010 年 3 月 21 日アクセス)

欧文　Immigration Support, 2009, citizenship (http://www.usimmigrationsupport.org/
　　　citizenship.html, March 16, 2010)

6. 校正等

著者による校正は 1 回とします。投稿論文については，掲載決定後，直ちに完全原稿の電子ファイル（原則としてテキストファイル）とそのプリントアウトをあらためて提出してください。その際，注および図表の位置，特殊な指示などは，プリントアウトの上に朱書してください。

論文投稿規定

(2017 年 3 月 25 日改定)

1. 本誌に投稿できるのは本学会会員に限る。なお，共著論文の場合も同様である。
2. 本誌に発表する論文は，未刊行のものに限る。なおディスカッションペーパーなど元となる論文がある場合には，投稿時にその旨を別紙にて申し出ること。
3. 他で審査中あるいは掲載予定となっているものは二重投稿とみなし，本誌での発表を認めない。
4. 本誌に会員の投稿原稿が掲載されたときから，1 カ年を経過するまでは当該会員は新たな原稿を投稿できない。
5. 投稿する会員は下記送付先に審査用原稿コピー 4 部および E メールにて添付ファイルで送付する。

　　【送付先】
　　移民政策学会　編集委員会
　　〒101-0021　東京都千代田区外神田 6-9-5　明石書店　気付
　　E-mail: migration-policy-review@iminseisaku.org

6. 締切日は毎年 9 月 15 日（必着）とする。
7. 原稿は所定の執筆要項にしたがうこととする。

投稿論文査読規定

(2015 年 12 月 12 日改定)

1. 投稿
   (1) 会員は投稿規定にもとづき，投稿原稿（和文および欧文の要約を含む）のコピー 4 部および電子ファイルを編集委員会宛に送付する。

2. 審査
   (1) 編集委員会は，各投稿原稿について，別紙書式により審査を依頼する。
   (2) 査読は 2 名の査読委員で行い，審査結果は，下記の評価区分で表記する。なお，場合によっては 3 名で審査を行うことがある。査読論文の専門性に応じて非会員に査読を依頼することもある。

Ａ - 掲載可
　　　Ｂ - 部分的な修正をすれば掲載可
　　　Ｃ - 大幅な修正をすれば掲載の可能性がある
　　　Ｄ - 掲載不可
　　　Ｅ - 題材・内容が『移民政策研究』の掲載論文としては適切でない。
（3） 投稿者および査読委員の氏名は相互に匿名とする。審査および編集をつうじて，個人のプライバシーは保護されなければならない。
（4） 編集委員会からの所定回数の督促にもかかわらず，査読委員が審査結果を提出しない場合には，編集委員会は査読委員の変更をすることができる。
（5） 査読委員の２名がＤあるいはＥの場合には，掲載不可として投稿者に通知する。

3. 審査結果の通知
（1） 審査が終了次第，編集委員会は審査にもとづいて掲載の可否，査読委員のコメントおよび原稿修正期間の指示などを投稿者に通知する。
（2） ただし，再々審査を受けても依然として評価がＣの場合には掲載不可として通知することができる。

4. 修正原稿
（1） 評価区分ＢおよびＣに対する修正原稿は，原則として同一の査読委員が再審査する。ただし，Ｂの場合は，査読委員が再審査の必要なしと特別に判断するならばその限りではない。
（2） 修正区分Ａに対する修正原稿の点検は，編集委員会の責任で行う。
（3） 編集委員会による点検終了次第，前条にしたがって，投稿者に結果を通知する。

附則
1. 本規定は，『移民政策研究』第９号より適用する。

Editorial Provisions: *Migration Policy Review*

(Amended on December 14, 2013)

1. This journal comprises the official journal of the Japan Association for Migration Policy Studies, with one issue being published each year.
2. In principle, this journal shall be devoted to presenting the migration policy-related research of the members of the Association.
3. This journal shall provide sections for articles, reports, book reviews, and developments within the Association. Articles and reports may be submitted in English.
4. Articles shall consist of refereed articles and invited articles.
5. Reports should not describe the mere facts of a project or practice, but also include the author's comments and analysis.
6. Requests for invited articles, reports and book reviews shall be made by the Editorial Committee.
7. The section on developments within the Association shall introduce conferences as well as the activities of other related academic societies, with requests for manuscripts being made by the Editorial Committee.

8. The decision as to whether manuscripts will be published shall be made by the Editorial Committee.
9. Copyright on a manuscript (with the exception of the author's personal rights) shall belong to the Japan Association for Migration Policy Studies gratis for one year following publication and, thereafter, revert to the author. Authors shall consent to having their manuscripts carried on the website of the Japan Association for Migration Studies, and shall not demand compensation for this.

Writing Guidelines for Authors: *Migration Policy Review*

(Amended on March 16, 2013)

1. Length of Manuscripts

The length of manuscripts should be kept within the following limits, with the calculation of length based wholly on word number.
(1) Articles shall consist of 5,000-8,000 words.
(2) Reports shall consist of up to 5,000 words.

2. Composition

Articles and reports shall consist of title, author's name and affiliation, main body (including tables, and charts, notes, and references), and be accompanied by keywords and an abstract.
(1) Abstracts shall consist of up to 250 words.
(2) Three keywords should be chosen and listed above the abstract.
(3) Headings, sub-headings, notes, references, tables and charts should be included in the main body.
(4) Articles and reports should follow the order of title, author's name and affiliation, keywords and abstract, main body.

3. Writing Format

In principle, authors shall comply with the following writing format.
(1) Manuscripts should be printed on A4-size (297 mm x 210 mm) paper, using a readily legible font. Each page should comprise forty lines, and be numbered.
(2) Single-byte numerals/letters should be used to differentiate between chapters, sections and paragraphs (clauses), taking the form of "1.", "(1)", and "(a)".
(3) In principle, the Gregorian (Western) calendar should be used to denote years.

4. Tables, Charts and Photographs

(1) Authors shall take responsibility for devising tables, charts and photographs in an electronic format, and are requested to submit both originals and copies of the graphics in their finished dimensions along with manuscripts. Authors will be informed of the requisite style of the electronic format after their manuscripts have been refereed. Any costs incurred by the Editorial Committee in the production of graphics shall be borne by the author.
(2) Titles shall be inserted at the top of tables, charts and photographs, (e.g., Figure 1 Number of Alien Registrations by Brazilian Nationals), and where data has been quoted from other references, this should be indicated at the bottom of the graphics (e.g., Source: OECD, 2012, *International Migration Outlook 2012*).

(3) Authors should clearly stipulate the position of tables, charts, and photographs in the manuscript. Word count equivalency will be calculated according to the size of the graphics. A diagram taking up one-quarter of a page shall be counted as 160 words, and one which takes up half a page, as 320 words.

5. Notes and References

(1) Notes should take the form of endnotes, and be indicated numerically in the main body of the manuscript by inserting *1, *2, et cetera, immediately on the right of the relevant section.
(2) The quotation of references in the main body should be indicated by writing the author's name, year of publication, and page quoted, e.g., "Levi-Strauss, 1962: 253".
(3) The full list of references should be given in the order of author (alphabetical order), year of publication, title of article (book), name of journal, volume, publisher, and relevant page numbers. Titles of books and names of journals should be italicised, and the names of articles should be denoted using quotation marks (" ").

<Examples>

Books

Tomlinson, S., 2008, *Race and Education: Policy and Politics in Britain*, Open University Press, p. ○.

SUZUKI Eriko, 2009, *Nihon de hataraku hiseiki-taizaisya: Karera wa "konomashikunai gaikokujin-rodosya" ka? [Irregular Migrants Working in Japan: Are they really "unfavourable foreign workers"?]* (Japanese), Akashi Shoten, pp.○-○.

Articles in Books

Anwar, M., 2000, New Commonwealth Migration to the UK, in R. Cohen (ed.), *Cambridge Survey of World Migration*, Cambridge University Press, p.○.

Journal Articles

Taylor, C., Fitz, J. and Gorard, S., 2005, Diversity, Specialization and Equity in Education, *Oxford Review of Education* 31(1), p.○.

(4) With regard to the citation of cases, in principle, the page on which the judgement is first carried should be cited. Judgments of Grand Bench of the Supreme Court should be noted as, 'Sup. Ct, G. B.', and those of the Petty Bench as, 'Sup. Ct.'

<Examples>

Judge 5 Feb. 2008, Sup. Ct, *Minshū* 43-6-355.

Judge 10 Nov. 2007, Tokyo Dist. Ct, Hanji 1410-23.

Precedents and notifications should be cited as, for example, "Notice of the Director-General, Elementary and Secondary Education Bureau, MEXT, 2 May, 2009". When citing from literature in which laws and cases are compiled, the author referencing instructions above should be adhered to.

(5) Where utilising information from sites on the Internet, the website name, URL and access date should be clearly specified as follows.

<Example>

US Immigration Support, Citizenship
(http://www.usimmigrationsupport.org/citizenship.html, March 16, 2010)

6. Proofreading

Authors shall receive proofs of their articles once. After publication has been decided upon, authors of refereed articles are requested to promptly re-submit both the electronic file (in principle, a text file) and hardcopy of their completed manuscripts. At this stage, the position of notes, tables and charts, and any specific instructions should be indicated in red on the hardcopy.

Provisions for the Submission of Articles

(Amended on March 25, 2017)

1. Eligibility to submit manuscripts to this Journal is restricted to members of the Association. This provision applies equally to the submission of co-authored manuscripts.
2. Only previously unpublished articles will be considered for publication in the Journal.
   If a manuscript is based on the author's prior work such as a discussion paper, the author must notify the Editorial Committee about it, in writing, at the time of submission.
3. Manuscripts which are simultaneously under consideration elsewhere, or due to be published elsewhere, shall be deemed as duplicate submissions and, accordingly, will not be approved for publication in this Journal.
4. Members, whose manuscripts have been published in this Journal, shall not be able to submit a new manuscript until one year has lapsed since publication.
5. Members submitting manuscripts to be refereed should send four hardcopies as well as an electronic file via e-mail to the following address:
   Editorial Committee, Japan Association for Migration Policy Studies
   Akashi Shoten CO., LTD.
   6-9-5 Sotokanda, Chiyoda-ku Tokyo 101-0021 Japan,
   E-mail: migration-policy-review@iminseisaku.org.
6. The closing date for the submission of manuscripts is September 15. Manuscripts must arrive by this date.
7. Submitted manuscripts should comply with the Writing Guidelines, as provided for separately.

Provisions for the Refereeing of Articles

(Amended on December 12, 2015)

1. Submission
   In accordance with the Provisions for Submission, members should send four hardcopies as well as an electronic file of their manuscripts (including abstracts in both Japanese and English language) to the Editorial Committee at the following address:
   Editorial Committee, Japan Association for Migration Policy Studies
   Akashi Shoten CO., LTD.
   6-9-5 Sotokanda, Chiyoda-ku Tokyo 101-0021 Japan,
   E-mail: migration-policy-review@iminseisaku.org.

2. Evaluation
(1) The Editorial Committee, using a prescribed form, shall make a request for the evaluation of each submitted article.

(2) Evaluation shall be conducted by two appointed referees, and the results shall be graded according to the following classification. Incidentally, in some cases, it may be evaluated by the three referees. Depending on the specialisation of the submitted article, refereeing may be entrusted to non-members.

    A – Accepted
    B – Accepted upon the condition of partial revision
    C – Acceptance contingent upon substantial revision
    D – Rejected
    E – Theme and subject matter inappropriate for publication in *Migration Policy Review*

(3) The names of authors and referees shall be withheld from each other. Individual privacy must be protected throughout the editing and refereeing process.

(4) The Editorial Committee may change referees where a referee fails to submit the results of his/her evaluation, despite having been issued with the requisite number of reminders.

(5) Where two referees evaluate an article with a "D" or "E" classification, the author will be notified that the manuscript has been rejected.

3. Notification of Results

(1) After articles have been refereed, the Editorial Committee shall notify authors of the results, referees' comments, and permissible period for revision.

(2) Articles that, following revision, are once again assigned a "C" classification may be rejected.

4. Revised Manuscripts

(1) In principle, revised versions of manuscripts having been classified as "B" or "C" shall be re-evaluated by the same referees. However, in the case of "B", where the referees specifically determine that a re-evaluation is unnecessary, a second refereeing will not be conducted.

(2) The Editorial Committee shall examine the revised versions of manuscripts that have been classified as "A".

(3) Following the examination of the Editorial Committee, authors shall be notified of the results according to the preceding articles.

Supplementary Provisions

1. These provisions have come into effect with *Migration Policy Review*, Volume 9.

〈編集後記〉

　『移民政策研究』第 10 号をお届けします。第 10 号という区切りのよい号ですが，学会としては別途，移民政策学会設立 10 周年記念論集刊行委員会編，2018『移民政策のフロンティア――日本の歩みと課題を問い直す』（明石書店，定価 2500 円〔税別〕）を刊行しておりますので，本号は通常の形態での発刊です。

　さて，本誌第 10 号は，第 8 号，第 9 号の編集委員長であった渡戸一郎先生の後を引き継いだ現編集委員会の初めての担当号です。9 号の 10 人の編集委員のうち任期により渡戸先生の外，小林真生，賽漢卓娜の両先生が交代しました。長い間の御尽力を有難うございました。編集委員には専攻学問分野，勤務先所在地，そして何よりも委員となることを承認された方をお願いしますので，委員の再任がありますのは，こうした事情によるものです。

　本号では，投稿論文が 5 本，そのうち 4 本を掲載しました。9 号の投稿数が 7 本，8 号の投稿数が 8 本，7 号の投稿数が 14 本ですので，投稿数が減少しています。どうか会員の皆様からの投稿をお待ちしております。また本誌では「文献紹介」欄で会員の著書・論文を紹介しておりますが，会員の中でご自身の著作を本誌書評欄で取り上げることをご希望の方は，編集委員会までご著書をお送りください。単著を共著よりも優先する，教科書は対象としない，といった大まかな原則はありますが，書評対象本の選択の際に参考にさせていただきます。本誌は慣例に従って，2 年後の 2020 年 5 月末にはレポジトリ化されます。

　最後に，年間のスケジュール進行がわからないまま編集作業を支えてくださった各編集委員，事務局の矢内優さん，明石書店編集部の遠藤隆郎さんに深く感謝します。また本号ではお名前は出さず，次号の 11 号にお名前を出す予定の査読委員の方々も，投稿論文に対するアドバイスを有難うございました。顔の見えない会員同士に生まれる信頼関係に，編集委員長としての醍醐味を感じました。

編集委員長　上林 千恵子

『移民政策研究』バックナンバーのご案内

- ●創刊号 Vol.1（2009 年 5 月 /May 2009）
  　特集：日本における移民政策の課題と展望
- ●第 2 号 Vol.2（2010 年 5 月 /May 2010）
  　特集：日本の留学生政策の再構築
- ●第 3 号 Vol.3（2011 年 5 月 /May 2011）
  　特集：人権政策としての移民政策
- ●第 4 号 Vol.4（2012 年 5 月 /May 2012）
  　特集：移民の「選別」とポイント制
- ●第 5 号 Vol.5（2013 年 5 月 /May 2013）
  　特集：「在留カード」導入と無国籍問題を考える
- ●第 6 号 Vol.6（2014 年 5 月 /May 2014）
  　特集：在日コリアンの過去・現在・未来
- ●第 7 号 Vol.7（2015 年 5 月 /May 2015）
  　特集：再生産労働を担う女性移民
- ●第 8 号 Vol.8（2016 年 5 月 /May 2016）
  　特集：岐路に立つ難民保護
- ●第 9 号 Vol.9（2017 年 5 月 /May 2017）
  　特集：排外主義に抗する社会

移民政策学会 編集委員会
委員長　　　　　　上林 千恵子（法政大学社会学部教授）
副委員長　　　　　佐々木 てる（青森公立大学経営経済学部教授）
委　員（五十音順）石井 宏明（難民支援協会常任理事）
　　　　　　　　　柏崎 千佳子（慶應義塾大学経済学部教授）
　　　　　　　　　志甫 啓（関西学院大学国際学部教授）
　　　　　　　　　昔農 英明（明治大学文学部専任講師）
　　　　　　　　　宣 元錫（大阪経済法科大学アジア太平洋研究センター客員研究員）
　　　　　　　　　館田 晶子（北海学園大学法学部教授）
　　　　　　　　　人見 泰弘（名古屋学院大学国際文化学部准教授）
　　　　　　　　　皆川 涼子（大谷＆パートナーズ法律事務所弁護士）

移民政策研究 第10号
Migration Policy Review 2018 Vol. 10

2018年5月20日発行

編　　者　　移民政策学会
　　　　　　連絡先／移民政策学会 編集委員会
　　　　　　〒101-0021 東京都千代田区外神田 6-9-5
　　　　　　明石書店 気付
　　　　　　migration-policy-review@iminseisaku.org

発 行 者　　移民政策学会
　　　　　　URL http://www.iminseisaku.org

発 行 所　　株式会社 明石書店
　　　　　　〒101-0021 東京都千代田区外神田 6-9-5
　　　　　　TEL: 03-5818-1171 ／ FAX: 03-5818-1174
　　　　　　URL http://www.akashi.co.jp

装　　丁　　明石書店デザイン室

印刷・製本　モリモト印刷株式会社

ISBN978-4-7503-4680-9